书山有路勤为径,优质资源伴你行
注册世纪波学院会员,享精品图书增值服务

项目管理核心资源库

# 项目管理的敏捷方法
## （第2版）

[美] 约翰·古德帕斯丘（John Goodpasture）著
陈伟 郑攀峰 译

Project
Management
the Agile Way

SECOND EDITION

电子工业出版社
Publishing House of Electronics Industry
北京·BEIJING

Project Management the Agile Way, Second Edition by John Goodpasture

Copyright © 2016 by J. Ross Publishing.

Simplified Chinese translation copyright© 2021 by Publishing House of Electronics Industry Co., Ltd.

All rights reserved.

本书简体中文字版经由 J. Ross Publishing, Inc.授权电子工业出版社独家出版发行。未经书面许可，不得以任何方式抄袭、复制或节录本书中的任何内容。

版权贸易合同登记号　图字：01-2020-1467

图书在版编目（CIP）数据

项目管理的敏捷方法：第 2 版 /（美）约翰·古德帕斯丘（John Goodpasture）著；陈伟，郑攀峰译. —北京：电子工业出版社，2021.5
书名原文：Project Management the Agile Way, Second Edition
ISBN 978-7-121-40882-3

Ⅰ. ①项… Ⅱ. ①约… ②陈… ③郑… Ⅲ. ①企业管理－项目管理 Ⅳ. ①F272

中国版本图书馆 CIP 数据核字(2021)第 063201 号

责任编辑：刘淑敏
印　　刷：三河市龙林印务有限公司
装　　订：三河市龙林印务有限公司
出版发行：电子工业出版社
　　　　　北京市海淀区万寿路 173 信箱　邮编 100036
开　　本：720×1000　1/16　印张：21.5　字数：337 千字
版　　次：2021 年 5 月第 1 版（原著第 2 版）
印　　次：2021 年 5 月第 1 次印刷
定　　价：98.00 元

凡所购买电子工业出版社图书有缺损问题，请向购买书店调换。若书店售缺，请与本社发行部联系，联系及邮购电话：（010）88254888，88258888。
质量投诉请发邮件至 zlts@phei.com.cn，盗版侵权举报请发邮件至 dbqq@phei.com.cn。
本书咨询联系方式：（010）88254199，sjb@phei.com.cn。

# 前　言

## 本书简介

这是一本从项目管理的视角来讨论敏捷方法论的书。在项目管理中出现了一些新的和具有挑战性的方法，这些方法特别适合管理创新和技术项目，尤其是复杂性日益增加的软件项目。敏捷是我们讨论的这些方法的总称。

| 敏捷意味着什么? |
| --- |
| 敏捷意味着小型团队和集体协作，并要完成以下任务：<br>• 根据需要和交付能力进行优先排序，提供包含创新功能和特性的频繁、增量发布。<br>• 根据用户的反映和反馈，对功能和特性不断地迭代演进。<br>• 尽可能实现最佳价值。[1] |

## 方法论

敏捷方法主要有 Scrum、极限编程（Extreme Programming, XP）、Crystal、看板（Kanban）。此外，还有敏捷方法的变种，如快速应用开发（Rapid Application Development, RAD）、动态系统开发方法（Dynamic Systems Development Method,

DSDM）、规范敏捷交付（Disciplined Agile Delivery，DAD）、特性驱动开发（Feature Driven Development，FDD）、自适应软件开发（Adaptive Software Development，ASD）、精益开发（Lean Development）、团队软件过程（Team Software Process，TSP）和个人软件过程（Personal Software Process，PSP）。[2]当然，还有SAFe（Scaled Agile Framework）和LeSS（Large Scale Scrum）这样的框架系统。有一些更早的方法为敏捷奠定了基础，如螺旋模型（Spiral）、统一软件开发过程（Rational Unified Process，RUP）、联合应用开发（Joint Application Development，JAD）、快速应用开发。[3]

项目管理行业并不是在一夜之间就形成了敏捷方法。由于项目和项目管理方法不能很好地满足业务需求，所以解决客户需求的流程通过不断反馈来进行改进。在很多时候，错误的东西被交付了，正确的东西被错误地交付了，或者干脆什么都没有被交付。以正确的方式做正确的事情似乎只是项目故事的一小部分。

所有敏捷方法都有一个共同点：每种方法都以自己的方式解决了在构建复杂的、无形的、具有用户接口的产品时所遇到的困境，即客户所说的他们需要和想要的东西总是不确定的。实际上，解决方案通常定义了需求，但客户往往看到产品才知道需求。

敏捷方法所做的是，授权团队快速响应不断变化的需求，并在较长的商业和市场周期内快速交付客户价值。敏捷团队在相对较短的时间内可以稳定地做小块的需求，在解决方案出现时，咨询客户和用户，频繁地发布产品增量，然后在每次发布后邀请他们参与正式的评论。

人们已经提出了许多解决方案，而且做了一些改进。例如，在瀑布中加入了反馈和迭代[4]，引入了成熟度模型来度量、激励员工和组织，并且越来越强调对需求的透彻理解。访谈与故事板、亲和力分析、跟踪数据库、建模系统，以及无数其他工具和框架都已经被引入，以确保没有任何遗漏。

现在，越来越多的项目拥有无形资产，这些无形资产以几乎难以想象的组合方式相互作用。显然，要把事情做好就更加困难了。在过去，提高项目管理的艺术性和科学性的重点大多放在以正确的方式做事，以及将质量融入项目过程和工作流程中。

> **敏捷思想**
>
> - 需求太重要了,不能只停留在开始。随着用户交互和解释的发展,所有的含义都会显现出来,需求也应得到相应的发展。
> - 过程是为了适应环境而出现的,控制指标是根据经验来决定的,而不是像六西格玛方法那样由历史表现来定义。[5]
> - 计划非常重要,但遵循计划不如满足客户需求重要。

## 敏捷方法有效吗

写作本书的一个动机是解决两个问题:

1. 当面对用户未说出口或未知的需求时,敏捷是答案吗?
2. 项目集经理对使用敏捷方法来取得好的项目结果有多少信心?

并且,敏捷方法对于大型项目、需要保护遗留投资的项目、低信任度的项目,以及需要为投资者和企业管理者提供确定性承诺的项目有多大的适用性?

现在,像微软和 IBM 这样的大公司在一些项目上使用了敏捷方法,这一事实或许可以增加人们对敏捷的信心。

需要指出的是,敏捷方法是可行的,它确实在很多项目中成功过,它确实能缩短进度,它确实可以产出非常高质量的产品。[6] 但是敏捷不是一个银弹。敏捷方法并不适用于所有的情况,只有当项目拥有适当的环境和管理思想时,敏捷才能有效工作。

## 敏捷可能是答案

项目经理应该认真地考虑发生的事情。网络时代快速的商业周期使绩效和客户价值方面的问题更加严重,这促使一些行业创新者以完全不同的方式看待整件事情。从产品开发社区、软件工程社区到系统工程社区,真正富有想象力和实用性的协议已经被设计出来并付诸实践。敏捷方法和实践不仅改变了利用项目人才的方式,而且也改变了几十年来直观地记录项目事件的方式。随着近年来对主流敏捷方法的推动,大量项目专业人员正开始认真地对待这些观点。

你将在本书中阅读到一些实践,这些实践为协作、分配工作和度量结果提供了新的方法。客户承担着不同的角色,他们更接近实时的产品专家角色。在项目的成功中,客户的参与和责任更紧密地交织在一起。满足客户比遵循计划更有价值。当然,成功的部分诀窍是,能够较早地获得收益,对于自费项目能够尽早地看到可行性。另外,敏捷方法能比传统的顺序方法更快地实现价值,从而提升客户满意度。

这些方法的优点是,能够处理不断变化的需求,并在项目生命周期的后期处理需求变更。请注意,后期以较低的成本处理变更会使风险与所涉金额的关系曲线变平,从而改变项目治理的动态。

| 项目管理提示 | 关于敏捷 |
|---|---|
| | • 本书中所描述的敏捷方法与管理范围、成本和进度的传统项目管理方法有着明显的不同。 |
| | • 当需求变化、未知或不可知时,敏捷方法是一个好的选择。 |
| | • 敏捷方法最适合小型团队,通常少于50个开发人员。 |
| | • 相比有合同约束的项目,敏捷方法对内部项目更有效。敏捷方法不适用于固定价格的合同。 |
| | • 相比有文化差异、沟通渠道有限的虚拟团队,敏捷方法对位于同一工作地点的团队更有效。 |

# 讨论框架

本书讨论了四种敏捷方法:

1. Scrum。Scrum基本上是一个管理框架。尽管有一套Scrum规则,但它并不是对实际技术实践的规定。Scrum是最简单的敏捷方法,也可能是当今最流行的敏捷方法。

2. XP。XP是一种高度规范的方法，并且指定了明确的软件实践。与Scrum相比，XP更倾向于工程，它对管理实践的指导更少。

3. Crystal。Crystal是最具感情色彩的方法论，宣称以人为动力。它意识到方法必须适应项目规模。Crystal是一种不强调个人规范的XP，它需要更多的文档以弥补对个人沟通的较少依赖。

4. 看板。看板是一个非常实用和精益的软件项目工作流管理方法。

## 本书的目标读者

本书由专业人士为专业人士而写。本书的目标读者是经验丰富的项目经理、架构师和系统分析师，他们熟悉经典和传统的项目管理方法，并发现即将踏上一段不确定的旅程。在本书中，经理、架构师和分析师不仅可以找到对新的和不同的实践的简洁而实用的解释，而且还会找到将敏捷方法与那些更为熟悉和主流的方法集成和协调的技巧和建议。

如果你参与了技术项目和项目集，并且有以下情况：

- 寻求新的、面向结果的替代方法。
- 希望提高项目管理的价值。
- 检查替代方案，因为在使用其他项目管理方法时遇到了问题。
- 由于被分配了使用敏捷方法的项目，而寻求有关敏捷的知识。

那么，你就应该读一读本书。

## 本书的章节

本书的架构是对敏捷项目架构的模拟。除了第4章和第12章，本书与第1版很相似。另外，本书的架构比第1版更加敏捷，也算"身体力行"了。我把每章都看作待办事项列表（Backlog）的框架，并且把章节划分成类似冲刺（Sprint）的模块。就像冲刺一样，每个模块都是独立的，每个模块都有一个主题、学习目标、内容和摘要。当学习了一整章的所有模块后，你就相当于执行了一个"发布"，即这一章进入"完成"状态。

第1章对本书要讨论的四种敏捷方法提供了快速浏览。接下来的几章将围绕敏捷方法讨论项目管理的几个特定主题。

第2章是关于商业论证的。项目是改善企业及其受益者的战略工具。敏捷商业论证尊重并鼓励将企业的周期目标与客户需求的紧迫性和重要性结合起来。在该章中，我们将讨论如何有效地将商业论证实践与敏捷方法结合起来。

第3章讨论了质量管理，这可能是采用敏捷方法最重要的动机之一。质量管理不但意味着没有错误，而且是一个更全面的概念，包括：适合度、功能和形式，对客户时间框架的承诺和对其价值主张的实现，使用和维护的经济性适合度，对相关方关于业务绩效期望的承诺。

第4章讨论了所谓的混合敏捷（敏捷和传统方法在同一个项目不同的工作流程中）。因为传统方法有时也被称为瀑布方法，所以混合敏捷有时被称为瀑布中的敏捷。

第5章介绍了有关范围及收集和组织需求的方法。该章讨论了敏捷项目的工作分解结构、评估复杂性的方法，以及将需求分配到发布的推荐技术。

第6章提供了有关成本和进度计划的指导。虽然计划从商业论证开始，但从那之后计划代表了关于团队如何交付用户所需的所有特性和功能。主要的计划模式为规划波，它又被分为多个时间盒式的开发周期。[7]

第7章解释了如何使用数学来估算成本和进度。成本是团队所有投入的总和，但总的投入又取决于进度，即需求多快能被转化为已完成的产品。成本和进度取决于敏捷团队的吞吐量。速率是常用的吞吐量度量。速率通过测量燃尽率来衡量项目的生产力，即完成产品增量的速度。[8]

第8章的内容是关于团队的，而团队是敏捷方法组织模型的核心。每种方法使用团队的方式都有点不同，但理念是一样的：人们在小型团队中通过协作来实现协同效应，最终结果对所有相关人员来说都是双赢的。

第9章讨论了治理。如果运用常识，治理是件好事。治理为相关方提供了一个机会，使其能够接受不断变化的范围和交付时间表。治理带来了资源承诺，并为项目的继续提供了稳定的基础。

第 10 章描述了累积价值和实际管理结果。累积价值意味着满足客户需求、投资取得回报和建立收益流。价值跟踪不需要给项目经理或团队带来很大的开销。在这一章中，我们将研究在应用中不仅有效而且高效的实践。

第 11 章提供了扩大规模及允许合同和外包协议成为一部分项目活动的想法。事实上，敏捷方法是围绕小型自组织团队设计的。本章讨论了将敏捷实践扩展到企业级的挑战。

第 12 章的内容涉及从传统环境到敏捷的转型，讨论了一些项目管理和企业管理的问题。此外，客户经常被要求转型到与他们通常习惯不同的参与方式，该章还对客户转型问题进行了研究。

附录 A 提供了书中涉及的四种敏捷方法的更多细节。附录 B 提供了具有独特含义的术语表。

## 注释

1. 在本书中，产品基础、产品、系统、可交付成果和结果可以互换使用。它们指的都是用户或客户在项目结束时拥有或使用的任何东西。适用于敏捷方法的项目通常都是软件密集型的，但是也可能包含许多复杂的硬件组件。项目可能只生成支持软件的过程，也可能生成供内部使用的系统或应用程序，或者供企业或消费者使用的系统或产品。项目可以对已安装的系统或产品（在本书中称为"遗留系统或产品"）进行或大或小的修改。

2. 团队软件过程和个人软件过程是卡内基梅隆大学的服务标志。

3. 在本书中，缩略语 RUP 指的是统一软件开发过程（IBM/Rational 的产品），RAD 指的是快速应用开发，JAD 指的是联合应用开发。

4. 瀑布是顺序的项目计划，它由收集需求、设计解决方案、开发和测试解决方案、交付结果等步骤组成。瀑布的名字来源于其图示中的形态，即一系列层叠的步骤看起来像瀑布。为了改进瀑布模型，在 20 世纪 70 年代添加了回到先前步骤的迭代。

5. 六西格玛是一种"定义的控制"方法，它包含了一个多步骤的问题识别实践和一个缺陷控制标准，缺陷控制标准要求在每 100 万次机会中超出控制范围的缺陷少于 3.4 个。实际控制界限则通过分析和历史测量确定。

6. 有关敏捷项目跟踪记录的一些度量信息，可以参考 *Balancing Agility and Discipline: A Guide for the Perplexed* 一书的附录 E。

7. 时间盒的概念将在本书的许多章节中详细阐述。总而言之，时间盒是一个预先计划好的活动持续时间，每个人都在该时间限制内工作。在时间盒结束时，工作要么完成，要么未完成。

8. 敏捷方法对旧的概念使用了一些新的术语。速率是吞吐量的敏捷词汇。这是一个衡量团队在一次迭代期间生产了多少产品的指标。

# 目 录

## 第1章 概述 .................................................. 1
- 1.1 敏捷的历史、背景和宣言 .............................. 2
- 1.2 传统生命周期 ............................................ 7
- 1.3 敏捷生命周期 ............................................ 13
- 1.4 企业敏捷的扩展 ......................................... 17
- 1.5 四个敏捷方法 ............................................ 19
- 1.6 一些使阅读更容易的术语 .............................. 26
- 1.7 小结 ....................................................... 26
- 1.8 本章附录 ................................................. 27
- 1.9 本章注释 ................................................. 30

## 第2章 商业论证 .......................................... 31
- 2.1 商业论证概述 ............................................ 31
- 2.2 业务价值模型 ............................................ 37
- 2.3 项目资产负债表 ......................................... 44
- 2.4 按级别构建商业论证 ................................... 48
- 2.5 小结 ....................................................... 56
- 2.6 本章注释 ................................................. 56

## 第3章 敏捷质量管理 ... 58
### 3.1 质量价值观和原则 ... 59
### 3.2 思想领袖与敏捷质量 ... 65
### 3.3 质量验证抽样 ... 70
### 3.4 小结 ... 74
### 3.5 本章附录 ... 74
### 3.6 本章注释 ... 77

## 第4章 瀑布中的敏捷 ... 78
### 4.1 第一原则和必要条件 ... 78
### 4.2 黑盒、接口、链接 ... 82
### 4.3 治理 ... 87
### 4.4 小结 ... 100
### 4.5 本章注释 ... 101

## 第5章 项目范围与需求 ... 102
### 5.1 敏捷范围 ... 102
### 5.2 构想 ... 106
### 5.3 需求 ... 110
### 5.4 规划 ... 120
### 5.5 小结 ... 126
### 5.6 本章注释 ... 126

## 第6章 计划和进度 ... 129
### 6.1 企业中的计划 ... 129
### 6.2 进度 ... 144
### 6.3 敏捷项目中的其他计划 ... 149
### 6.4 小结 ... 154
### 6.5 本章注释 ... 154

## 第 7 章 估算成本和进度计划 ... 156
- 7.1 估算的本质 ... 156
- 7.2 成本和进度的驱动因素 ... 162
- 7.3 建立估算 ... 167
- 7.4 小结 ... 175
- 7.5 本章附录 ... 176
- 7.6 本章注释 ... 179

## 第 8 章 团队就是一切 ... 180
- 8.1 社交单元 ... 181
- 8.2 指导团队的原则和价值观 ... 185
- 8.3 团队是敏捷项目的基本单元 ... 190
- 8.4 有的团队成功,有的团队失败 ... 200
- 8.5 敏捷领域的矩阵管理 ... 208
- 8.6 小结 ... 213
- 8.7 本章注释 ... 213

## 第 9 章 治理 ... 216
- 9.1 治理建立在质量原则之上 ... 217
- 9.2 治理验证符合性 ... 226
- 9.3 小结 ... 228
- 9.4 本章注释 ... 229

## 第 10 章 价值管理 ... 230
- 10.1 定义和计算价值 ... 231
- 10.2 燃尽图和价值计分卡 ... 240
- 10.3 小结 ... 244
- 10.4 本章附录 ... 245
- 10.5 本章注释 ... 249

## 第 11 章　规模化和合同 ............................................. 251
### 11.1　规模放大了所有问题 ............................................. 251
### 11.2　网络使规模化变得可能 ......................................... 257
### 11.3　虚拟团队扩大吞吐量 ............................................. 260
### 11.4　敏捷通过合同来扩大规模 ..................................... 263
### 11.5　小结 ............................................................................. 270
### 11.6　本章附录 ..................................................................... 271
### 11.7　本章注释 ..................................................................... 272

## 第 12 章　敏捷转型 ............................................................. 274
### 12.1　领导力转型 ................................................................. 274
### 12.2　客户关系转型 ............................................................. 279
### 12.3　项目管理转型 ............................................................. 284
### 12.4　项目组合管理转型 ..................................................... 295
### 12.5　公共部门的敏捷转型 ................................................. 297
### 12.6　小结 ............................................................................. 300
### 12.7　本章注释 ..................................................................... 301

## 附录 A　方法论 ..................................................................... 303

## 附录 B　术语表 ..................................................................... 323

# 第 1 章

# 概述

敏捷意味着即使在复杂和不确定的需求漩涡中仍然能获取有效的项目结果,这主要是通过小型团队的协作以频繁地交付商业价值的增量,并根据业务有效性、重要性和紧急程度进行需求的优先级排序来实现的。

任何项目方法论都有它的适用场景,任何项目方法论也都可能在一些项目上失败。重量级流程可以成功,轻量级流程经常更为成功。重要的是,越来越多的项目团队把成功归功于项目方法的轻量性。

——阿利斯泰尔·科伯恩(Alistair Cockburn)

本章概述了敏捷项目行动和行为的管理原则。敏捷是指在业务和市场周期中,交付商业价值的速度快于需求变化的速度,并且适应和响应不断变化的客户需求及业务环境。

严肃而引人注目的问题促使许多思想领袖投入时间、精力和智慧来开发敏捷的价值、原则和实践。他们不知疲倦地工作,使敏捷变得有用,并把敏捷推广给项目经理、架构师和开发人员。也许是受到业务增长速度的刺激(特别是自从互联网和所有相关的电子通信技术出现之后),也许是对令人不满意的项目结果的反应,这些结果似乎是误解、未知或不可知需求的牺牲品,关于如何管理高科技项目的非传统想法已经扎根。所有人都有一个共同的目标,那就是,即使客户的需求存在易变和不确定性，也要提供对企业和客户有益的高质量结果。[1]

改善客户价值的主张是任何项目经理都不能忽视的，也是每个项目经理都可以接受的。在一定程度上，改进来自针对项目制定的更好的实践；其他改进来自更好地应用管理制度。

在所有的敏捷方法中，都要更多地倾听客户的声音（实际上是价值主张的声音），倾听客户关于项目产出的声音。由于本书的读者是项目经理、项目集经理、商业分析师和其他职能经理，所以本书接下来的讨论将从管理的角度，特别是项目管理的角度进行。

本章对敏捷实践进行了对比介绍，并提供了克利夫笔记式的导读，以便管理人员对这些方法进行评估并在项目中进行应用。

| | 敏捷方法是一个项目管理框架 |
|---|---|
| 项目管理<br>提示 | • 敏捷首先是一种项目管理方法，它是一个不同的管理框架，在这个框架里有很多熟悉的实施实践。<br>• 敏捷非常信任个人。<br>• 相对于命令和控制流程、文档，敏捷更注重面对面的沟通。<br>• 敏捷使管理人员能够将项目能量和活动最大化地引导至增值的产出，并允许用户和终端客户在价值规范中近乎实时地发出声音。 |

## 1.1 敏捷的历史、背景和宣言

寻求一种更有效的方法来满足客户和项目发起人的期望。

### 1.1.1 目标

- 让读者熟悉敏捷的历史和起源。
- 将早期敏捷领导者的思想告诉读者，这些思想促使敏捷宣言和敏捷原则产生。
- 讨论并解释敏捷宣言，呼吁改变当前处于主导地位的方法和实践。

- 讨论并解释敏捷原则，改变对传统的计划和过程方法的"迷信"。

### 1.1.2 历史背景简介

敏捷方法起源于产品开发行业，首先是在20世纪80年代的日本，最近是在美国的软件行业。受到新概念、在你看到它们之前很难想象的软件组件和通常比业务周期更长的项目周期的困扰，产品常常不能满足预期。面对一些令人不安的表现，一些业内人士开始考虑用一种不同的方式来做软件项目。

#### 1.1.2.1 早期思想家

对非传统方法的一些早期研究始于两位日本学者竹内弘高（Hirotaka Takeuchi）和野中郁次郎（Ikujiro Nonaka），他们分别考察了本田、富士施乐、佳能、NEC和爱普生在消费电子行业的产品开发项目，并在1986年《哈佛商业评论》（Harvard Business Review）的一篇文章《新产品开发游戏》（The New Product Development Game）[2]中描述了他们的发现。

在这篇文章中，他们创造了Scrum这个术语来描述他们在研究的企业中观察到的行为。Scrum是橄榄球运动中一个紧密合作的团队组织形式，整个团队作为一个集体，利用队员们即时自主的战术来移动球。尽管软件不是竹内弘高和野中郁次郎关注的焦点，但他们所写的大部分内容都类似现在软件方法论中的Scrum。

在美国，杰夫·萨瑟兰（Jeff Sutherland）被认为是Scrum的早期思想领袖，这归功于他在20世纪90年代初期的工作成果。肯·施瓦伯成了杰夫·萨瑟兰的亲密伙伴，他们一起推动Scrum向前发展。

阿利斯泰尔·科伯恩博士是敏捷方法的另一位思想领袖，他是敏捷Crystal方法的创始人之一，也是一位在软件开发领域关于人和过程方面的多产作家和思想家。他曾在20世纪90年代初与IBM合作，观察了许多IBM软件团队的表现。令他震惊的是，许多成功的项目在过程意义上都不"正规"，团队参与者故意避免使用经过批准的IBM流程，而采用他们自己的发明。当时，还没有一个正式的命名方法，这些项目的一个共同特点是，开发人员坐在一起，讨论他们正在开发的东西。此外，他注意到许多遵循 IBM 流程的团队经常失败。

肯特·贝克（Kent Beck）是敏捷方法早期的实践者。20 世纪 90 年代末，克莱斯勒公司聘请肯特·贝克和他的同事帮助开发一种新的工资系统软件。当肯特·贝克、沃德·坎宁安（Ward Cunningham）、罗恩·杰弗里斯（Ron Jefferies）和马丁·福勒（Martin Fowler）接手时，项目正陷于困境（尽管项目遵循了正式的开发计划）。肯特·贝克等人不喜欢他们发现的情况，他们成功地重做了这个项目，这也许是第一个极限编程（XP）项目。作为最早使用 XP 的工业项目之一，正如 1998 年 10 月在《分布式计算》杂志上报道的那样，C3 团队对这个良好的结果非常满意。

#### 1.1.2.2　17 人联盟（Group of 17）

阿利斯泰尔·科伯恩、肯·施瓦伯和肯特·贝克等 17 人于 2001 年聚集在犹他州（Utah）雪鸟城（Snowbird）的一个度假胜地，他们试图在相互竞争的几个非传统的方法中找到共同点。[3] 虽然在一开始这并不是一个紧密联系的小组，但是他们能够把他们一直在寻找的东西放在一起：一个他们命名为敏捷宣言的框架，旨在指导各种轻量级方法的实践者。在那次会议上，他们还就"敏捷"这个名字达成了一致，认为它更好地代表了他们所提倡的东西。随后，他们起草了敏捷原则并建立了敏捷联盟。

### 1.1.3　敏捷宣言

敏捷宣言是一个具有强烈信念的价值观声明，它以偏好而不是绝对原则的方式表达。一般来说，所有的敏捷方法都会将敏捷宣言融入他们的价值体系中。

敏捷宣言最重要的策略思想是这样的：宣言呼吁将主导地位、优先级和重要性从基本的传统思维转移到敏捷思维，但不是完全拒绝传统方法。

---

**敏捷宣言**

我们一直在实践中探寻更好的软件开发方法，身体力行的同时也帮助他人。由此我们建立了如下价值观：

- "个体和交互"高于"流程和工具"。

> - "工作的软件"高于"详尽的文档"。
> - "客户合作"高于"合同谈判"。
> - "响应变化"高于"遵循计划"。
>
> 也就是说，尽管右项有其价值，但我们更重视左项的价值。

**个体和交互高于流程和工具**。首先，尽可能进行面对面的个人交流，并认识到每个人的独特性及他们所做的贡献，因此，这与仅做人员配备并遵循流程是不同的。虽然定义的过程控制提供了活动的框架，但它不能很好地处理情景感知和响应。

其次，依靠人际交流在范围和复杂性上有明显的局限性。即使被细分为多个团队，也只能在脑子里或白板上记住这么多。很明显，随着项目规模的扩大，必须添加文档来促进交流，记录决策和结果，记录绩效，并提供审计跟踪。

**工作的软件高于详尽的文档**。考虑到整个产品的环境，这个表述最好由"工作的软件"改为"工作的产品"。花费过多的精力来编写和更新文档，而不是开发和更新产品，这并不能给发起人提供价值。

**客户合作高于合同谈判**。协作以一种亲密的方式将客户引入开发。但是许多客户还没有准备好承担所需要的责任，而且对于许多企业来说，与客户的密切接触是反文化的。合同提供了更多的距离，合同谈判通常是"敌对的"，很难是自适应的。无论是密切合作还是在合同框架内指导客户的绩效都可能成为一个重要的项目任务。

**响应变化高于遵循计划**。不使用计划驱动方法的明确出发点是，将满足客户放在更高的优先级上，也就是说，根据经验动态地响应变更的需求，而不是遵循项目计划。响应变化听起来被动，但是这与 XP 的价值观一致，使产品设计尽可能简单，而不是为客户没有要求的功能预埋代码。[4]

然而，需要注意的是，过度简化会破坏产品的内聚性，沉迷于修剪树木会失去整片森林。我们需要一些主动的、预先准备的架构来预测可能的变化。如果不尽早考虑整体系统的影响，那么在后期进行变更的代价会很大。

## 1.1.4 敏捷原则

在敏捷宣言之后，一套敏捷原则被起草出来。这些原则指导实践敏捷方法的组织实施特定的项目。

像敏捷宣言一样，有一个战略意图可以概述这些原则，也就是说，要实现敏捷，就必须从传统的遵循计划和规范转变为满足发起人和客户/用户的价值需求和要求。

实际上，这是一种从投入到产出的转变，从衡量投入的多少到衡量产出的效率。

这些度量的转换可扩展到所有项目参与者的绩效度量，对于项目管理领域中的许多人来说，他们习惯于通过消耗与计划（成本、进度、资源）的符合程度来度量，采用这些原则直接导致了新的度量或对度量的修改。

---

**12 条敏捷原则**

1. 我们最重要的目标是，通过持续不断地及早交付有价值的软件来使客户满意。

2. 欣然面对需求的变化，即使在开发后期也一样。为了客户的竞争优势，敏捷过程将掌控变化。

3. 经常地交付可工作的软件，如间隔几星期或一两个月，倾向于采取较短的周期。

4. 业务人员和开发人员必须相互合作，这在项目中的每天都不例外。

5. 激发个体的斗志，以他们为核心搭建项目，并提供所需的环境和支援，辅以信任，从而达成目标。

6. 不论在团队内外，传递信息效果最好且效率也最高的方式是面对面交谈。

7. 可工作的软件是进度的首要度量标准。

8. 敏捷过程倡导可持续开发。责任人、开发人员和用户能够始终保持步调一致。

9. 坚持不懈地追求技术卓越和良好设计，敏捷能力由此增强。

> 10. 以简洁为本，极力减少不必要的工作，这是一门艺术。
> 11. 最好的架构、需求和设计出自自组织团队。
> 12. 团队应定期反思如何能提高成效，并依此调整自身的行为。

#### 1.1.4.1 对 12 条原则的评论

我们认为，在所有涉及软件的原则中，软件应该被理解为产品或服务的替代品。

在本书中，我们认为原则11有明显的局限性，这一原则告诉我们，最好的架构和设计出自自组织团队。我们相信，为了扩展到复杂的项目和产品，只有涌现式架构是不足的。我们认为架构在某种程度上必须是固定的，并且符合商业计划的战略意图。当然，任何管理架构的协议细节都可以通过涌现的方式来设计，但是战略架构对于商业论证来说太重要了，它最好是静态的。

#### 1.1.4.2 其他的敏捷原则

似乎12条原则还不够，我们在12条敏捷原则的基础上又加上了以下这些。
- 交付最佳价值：为可用资源交付可以使企业效率、重要性及应急响应能力最优化的最大范围。
- 敏捷项目在战略上是可预测的，但在战术上是涌现的和迭代的。
- 原则 1 与同时忠实于商业论证的战略意图是一致的。

### 1.1.5 思考与讨论

你如何解释敏捷宣言？它是否要求把重要性从敏捷宣言里的右项转移到左项，同时又以某种比例保留所有的右项，或者它要求彻底改变范式，抛弃传统的成分？

## 1.2 传统生命周期

预测型方法依靠预先制订的计划、规格和变更管控来达成项目目标。

### 1.2.1 目标

- 让读者熟悉传统生命周期的组成。
- 引入罗伊斯模型来显示混合了顺序模式的迭代。

### 1.2.2 计划驱动的生命周期

大多数项目开发生命周期（Project Development Lifecycle，PDLC）都有一个简单的组织原则，即根据主项目计划构建并交付指定的结果，该计划指定并基准化范围、质量、预算和进度。生命周期通常由几个连续的阶段组成，如图 1-1 所示。此方法通常被简称为瀑布，但是为了避免在后文中对其进行解释，我们更喜欢称它为传统方法。

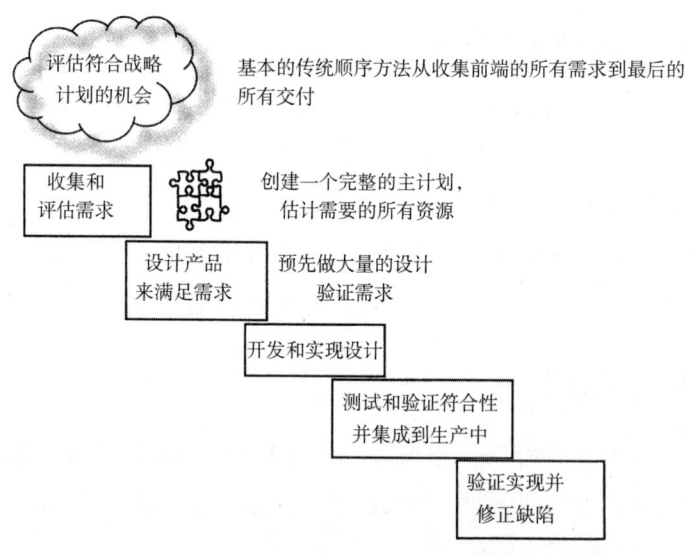

图 1-1　生命周期（基本的传统顺序方法）

| PD-PDLC |
|---|
| • 传统的方法是计划驱动的，我们把它缩写为 PD-PDLC（Plan-driven Project Development Lifecycle，PD-PDLC）。<br>• 大多数项目经理集中规划他们的顺序 PDLC，因此在本书中，我们将瀑布和中央计划的思想联系起来，并将该过程称为计划驱动的 PDLC，或 |

> PD-PDLC。
> - 有时，我们会对 PD-PDLC 模型使用另一种说法，称为以计划为中心的模型，以强调其最突出的一点，即活动是提前计划并承诺的，而不是准时生产（Just-in-time）的。

也许业界最早关于 PD-PDLC 方法的描述来自温斯顿·罗伊斯（Winston Royce）一篇著名的论文，该论文最初由美国 TRW 公司出版，并提交给 1970 年的 IEEE WESCON。[5]我们将罗伊斯的想法称为罗伊斯模型。罗伊斯设想了一个顺序步骤的项目计划，使用原型和其他方法来降低项目的风险，使用结构化分析来收集需求，步骤之间的反馈和迭代在整个过程中提供了检查和平衡，因此并不是真正地等到最后才看到是否以正确的方式开发了正确的东西。"本章附录"中有关于罗伊斯模型的更多信息。

根据规划好的预测和承诺实现结果是按计划驱动项目的动机。在这方面，传统的 PD-PDLC 项目在战略和战术上都是可预测的和固定的：当你查看这样一个项目时，战略和战术都与计划保持一致。

计划驱动方法的核心思想是在一开始就设想需求，进行充分的分析（有时称为结构化分析）以排除所有的风险和依赖，然后才致力于产品设计和开发。计划和需求的变更作为一个问题受到政策和治理的抵制。使用治理系统来控制变更，因为变更可能将整个计划置于风险之中。

#### 1.2.2.1 商业机会

计划驱动的生命周期始于一个商业机会。如果一个新的机会适合企业和它的战略计划，发起人可能认为下一步最好启动一个项目来开发这个机会的商业潜力。

在消耗任何重要资源之前，业务部门会收集并批准顶级和有远见的需求。从顶层需求出发，对所需的资源、技术、环境和无数其他承诺进行风险调整预测。对不确定性的收益进行估计和折现。

在发起人批准商业论证后，项目开始其生命周期，需要预先编写和批准集成了设计、开发和测试计划的项目主计划。许多业内人士将计划驱动的 PDLC 称为 BDUF（Big Design Up Front），我们称之为 PD-PDLC。

#### 1.2.2.2 简单直观

PD-PDLC最吸引人的地方在于，它是一种直观自然的思考如何做事的方式。它适用于任何技术、工业或工程领域。但是PD-PDLC在其简单性方面具有欺骗性：

- 从一个包含需求的愿景开始。
- 接下来考虑如何一步步地做到这一点，制订一个包含一系列活动的计划。

每一步都分配资源，每一步都取决于前一步的结果，每一步只执行一次，项目生命周期的进展按线性顺序进行。时间线表现得很好，它们不会在不断扩大的圆圈中盘旋，也不会随着迭代而后退。

传统方法有超大规模项目取得巨大成功的历史记录，而与之形成鲜明对比的是，传统方法也有许多失败和部分成功的历史记录，并且失败和部分成功的记录仍在继续。它之所以经久不衰，是因为它适用于几乎每个行业的所有规模和复杂性的项目，从最小的到最大的，以及它与大多数管理者直觉的自然和谐，即复杂的工作必须仔细规划和安排。

传统方法的命名来自它通常的呈现形式，即按照"完成到开始"的依赖关系（PDM包括四种依赖关系：完成到开始、完成到完成、开始到开始、开始到完成。完成到开始的意思是，只有紧前活动完成后紧后活动才能开始）排列的一系列步骤。[6]回顾图1-1，它是传统方法的一个非常简化的视图。

注意，在图1-1中，这些步骤是重叠的，放松了严格的"完成到开始"的顺序，严格的流程通常用"关口"审查以决定是否进入下一个阶段。严格遵循"阶段关口"审查流程是有问题的，因为低优先级和不重要的任务往往会落后。在更复杂的场景中，来自后续步骤的反馈被应用到前面的步骤，允许前面步骤的一些迭代尽早修正缺陷。

在另一个改进中，有些产品提前快速交付。即使有时是增量的和迭代的，但演进和涌现是缺失的。在需求被批准之后，产品的演进是不允许的，除非一个治理实体介入并为变更进行设计。过程和技术的涌现也不被鼓励，因为涌现式的过程与要求可重复、可预测过程的成熟度模型是对立的。

### 1.2.2.3 隆重仪式

许多人说 PD-PDLC 是一个高度仪式化的方法，认为它沉迷于正式定义的流程、度量和文档并教条化。文档成为步骤之间的交接的一部分，它记录了审批及每一步骤发生的事情。

此后，需要更多的流程来维护带有变更和修改的文档，以便内容始终与项目的状态保持一致。这些辅助流程，以及其他影响项目的流程，都在标准、指南和计划中进行了定义和制定，这就是我们所说的"隆重仪式"。

具有隆重仪式的方法依赖文档作为沟通的关键手段。这些项目通常会持续数年，因此必须防止员工流失，否则可能导致关键信息流失。隆重仪式在某种程度上低估了个人的贡献；工作（jobs）的定义是希望任何合格的人都能介入并有效地完成工作（do the job）。的确，当有隆重仪式时，不需要有高度的信任。事实上，隆重仪式往往伴随着低信任。

隆重仪式的目的是促进可预测的项目结果，使组织的项目管理能力更成熟，即类似情况下的项目可以重复产生近似相同的绩效和质量。

### 1.2.2.4 PD-PDLC 中的客户角色

在计划驱动的方法中，客户与开发团队的关系更为疏远，通常是合同将客户与开发团队分开的。客户通常在组织和空间上是相当分散的，许多不同的组成部分都是通过一个执行契约的管理通道来集中的。

尽管如此，客户经常会做大量的功课来准备合同，从更多的用户那里收集需求；许多客户甚至开发自己的原型，并运行自己的模拟作为合同前的准备。签订合同后，有理由期望客户提供功能指南并参与产品验证。遗憾的是，这种疏远的关系往往是对抗性的，对项目的目的不利。

### 1.2.2.5 PD-PDLC 的优缺点

表 1-1 和表 1-2 分别总结了 PD-PDLC 方法的优点和缺点。虽然表 1-2 中的缺点比表 1-1 中列出的优点要短，但是缺点很严重；在某些情况下，如动态需求，这些问题就是障碍。

表 1-1　计划驱动方法的优点

- 适合大型和非常大型的项目，分布式和外包的工作流程，以固定的价格完成的合同项目
- 有潜力为可重复和可预测的结果开发特殊的过程能力成熟度
- 不过分依赖一支非常有才华的员工团队
- 预先的结构化分析可以有效地支持可靠性和安全性要求高的关键使命项目，如航天飞机、医疗仪器、精密机器人
- 可以轻松地支持原型设计和其他降低风险的方法，以确定可行性
- 支持遗留项目的桥接，大型遗留系统的维护，以及与增量能力矛盾的产品或系统，如航天飞机上升控制系统
- 大量的支持工具
- 包括承包商和咨询公司在内的大量训练有素的从业人员
- 有大学、认证机构（如 PMI）、标准和标准委员会的支持
- 使历史数据库支持参数估计等方法
- 按照"完成到开始"的顺序执行以达成结果，过程简单、直观，易于理解
- 可以处理大量工作人员与可交付成果之间的依赖关系
- 通常有丰富的报告
- 支持规范验证和功能验证
- 通过厚重的文档和可重复的流程支持认证和法规遵从性

表 1-2　计划驱动方法的缺点

- 当需求无法确定或客户变更频繁时（在开发或计划驱动周期内）不适用
- 不适用于少于 25 个开发人员的小型团队，因为流程成本会超过交付业务结果的成本
- 当不确定的应用压倒了过程规范，导致对挣值预测的不断重新基准化和重新分析时，就不合适了
- 由于商业价值的交付在生命周期的后期，所以在短期价值至上的情况下是不适当的
- 重视计划，尽管计划需要长期的持续维护以确保其价值
- 鼓励规范，但阻碍过程的创造性
- 晚期的变更代价非常大，在许多情况下比升级的价值要大得多
- 沉重的流程和文档，容易在最后发现错误
- 需要高度的规范和承诺来维护流程中的工件，以确保它们在整个生命周期中是有价值的和最新的

续表

- 依赖并要求治理程序
- "早期"工件必须有很长的生命，否则最终的结果是错误的

### 1.2.3 思考与讨论

随着罗伊斯模型的引入，结构分析、原型法和对传统生命周期前期步骤的反馈，许多对瀑布方法的批评得到了回应，然而敏捷已经获得了合法性。尽管如此，你认为罗伊斯模型有哪些限制或问题可能导致你使用不同的生命周期？

## 1.3 敏捷生命周期

战略上稳定，但战术上是涌现式、迭代和增量的。

### 1.3.1 目标

- 让读者熟悉敏捷生命周期的组成部分。
- 将敏捷管理者的议程与敏捷生命周期的特征联系起来。

### 1.3.2 敏捷生命周期

敏捷方法是 PD-PDLC 的对立面。敏捷 PDLC（Ag-PDLC）在战略上始终与商业论证保持一致，但是战术实现是涌现的，并且对需求和优先级非常敏感，因为它们在整个项目生命周期中变得非常明显。在这个意义上，我们说：敏捷项目在整个项目生命周期中战略上是稳定的，但是战术上是涌现式的。

| | 敏捷 PDLC |
|---|---|
| 项目管理提示 | • 结果被增量地计划和指定，迭代地构建，并在频繁地发布中交付。 |
| | • 敏捷项目由顶层商业计划管理，该计划包含产品目标、顶层需求、商业里程碑及可承受的投资资金。 |

| | |
|---|---|
| 项目管理提示 | • 范围、质量、预算和进度计划由商业计划的顶层架构确定，但是细节随着项目的进展涌现出来。<br>• 价值随着产出的交付而递增。<br>• 允许客户从一个版本到下一个版本时改变主意，以便使价值主张始终与业务和市场现实保持一致。 |

Ag-PDLC 具有三个区别于 PD-PDLC 的特征：

**涌现式的**：实施团队使用的过程和程序要考虑经验、企业文化和与任何经认证的协议保持一致的需要。尽管如此，流程和过程来自团队对需求和任务的分析。实际上，团队会适应过程。过程控制是经验主义地通过观察和反应实现的，而不是像六西格玛那样通过定义有误差范围的过程控制来实现的。[7]

**迭代和演进**：Ag-PDLC 是一组被称为迭代或冲刺的开发周期。在每次迭代中，需求待办事项列表（Backlog）的一部分被投入开发，然后在随后的迭代中重新访问待办事项列表，直到待办事项列表耗尽为止。在产品体验和客户反馈的驱动下设计随迭代演进，即随着待办事项列表的减少设计不断地自适应和改进。在顶层架构的框架中，客户可以根据市场和业务需要重置优先级，以及添加、删除和更改待办事项列表。

**增量的**：迭代的结果被打包成产品的更新版本发布到生产环境中。

为了使交付与商业论证中的价值主张保持一致，迭代时间相对较短，从 XP 中的 2~3 周、Scrum 中的 30 天，到 Crystal 和看板中的更长时间。发布的频率与企业吸收变化的频率一样高，但通常不低于一个日历季度。若没有硬性规定，每个项目都与客户一起制定日程。

#### 1.3.2.1 敏捷管理者的工作

每个 PDLC 内部都有计划、管理、度量和结果核算。在 Ag-PDLC 中，项目经理的工作有几个重要的要素。所有这些要素都与对商业计划的战略忠诚度相关；所有这些元素都是为了允许战术灵活性，以便处理变化和紧急的需求、要求、优先级和紧急情况。

> **敏捷管理者的工作**
>
> - 客户：指导客户和最终用户接近实时和几乎连续地参与项目。许多客户需要帮助才能有效地扮演这个角色，许多组织将不得不为这种客户亲密关系进行文化调整。
> - 沟通：鼓励在团队内部和团队之间进行开放、诚实和实时的沟通。管理文档和面对面的讨论、交互之间的平衡，以便及时准确地沟通。
> - 结果：关注结果，而不是过程和活动。在这方面，只有当服务于客户需求的产品投入生产时，才能获得价值。
> - 人：把万物需要管理的想法藏在心底；"人是被领导的"，这是著名的计算机科学家、海军少将格蕾丝·霍珀（1906—1992年）奉行的原则。激励和鼓舞个人是高效团队成功的关键，高效团队依赖个人的有效合作、抛开竞争保密、问题只对事不对人。
> - 创新和技术卓越：支持创新和技术卓越，使项目成功、产品卓越和客户满意。[8] 作为最佳实践的标志，成为一致架构、无懈可击的质量和系统内聚性的捍卫者。

#### 1.3.2.2 敏捷管理者的指导原则

敏捷管理者遵循以下原则：

**计划是自适应的**：敏捷项目不是由单一计划驱动的。在商业论证中会有一个大致的计划，还有其他渐进的、迭代的、准时生产的详细计划。

**价值是客户的特权**：需求的价值最终由业务和客户做出判断，在商业论证中进行设想，并在每次迭代中进行细化。

**进度和成本是派生的**：商业论证描述了投资和主要里程碑，但实际的成本和进度是由项目过程中团队的表现决定的。

**拥抱和鼓励变更**：不抵制变更。从政策和治理的角度看，敏捷实践鼓励最终用户维护能反映当前市场和业务状态的价值主张。

**文档是在个人交互之后出现的**：个人之间的讨论和辩论被认为是许多正式文档的有效替代品。文档仍然很重要，并且随着项目规模的不断扩大，文档的重要性也越来越高，但文档不像在 PD-PDLC 中那样重要。

**个人是可信的**：高绩效团队依赖于信任个人并以正确的方式做正确的事情。在这种情况下，做正确的事情意味着服务于客户、项目和他们自己的利益，同时对结果负责。

| 项目管理提示 | 敏捷承诺 |
|---|---|
| | • 敏捷项目经理致力于为发起人、客户和用户提供最佳价值。<br>• 总的成本和资源消耗取决于交付的价值，但受到商业计划中投资资金和里程碑的限制。<br>• 根据客户和最终用户的要求，重点关注产品在形式、适用性、特性和功能方面的质量。<br>• 相关方和管理者可能不得不放弃通过中央计划规划和预测结果的舒适性，但他们不必放弃对项目结果的预期，这些预期与愿景、架构和效益前景一致。 |

### 1.3.2.3　应对重大风险

敏捷方法解决了传统方法的主要风险，这些风险被认为是产品质量差和项目绩效差的原因。

| 敏捷解决的主要风险 |
|---|
| BDUF：敏捷并没有试图做一个大的前期设计，大的前期设计不能保证它在整个项目生命周期中都是有价值的；也没有假设复杂的系统可以在项目生命周期开始时通过结构化分析完全想象出来。<br>未知或不可知的需求：允许客户在每次迭代开始时添加、删除、修改和重新排序需求，但不允许在迭代期间这样做。这种方法创建了一个分段冻结，以便在一段时期内可以稳定需求范围。<br>与客户保持一定距离：客户包括在开发团队中，并得到有效参与的指导。<br>测试和交付都在项目周期的末尾：在 XP 方法中，测试脚本是作为开发过程的第一步编写的，它是记录设计需求的手段。可工作的产品在项目生命周期 |

的多个点交付。只有可工作的产品才能获得价值，只有可工作的产品才能集成到产品基础上。

文档不具有成本效益：文档被最小化到指导开发的指示；文档被日常协作和非正式沟通方式所取代——电子邮件、即时消息、产品设计中的评论、故事卡、计分卡和仪表板。

### 1.3.3 思考与讨论

与带有指导计划和规范的 PD-PDLC 不同，敏捷范式为管理者提供了相当大的自由，使他们能够找到满足战略意图的最佳途径。但是你可以想象，如果没有预先的计划和规范，一些管理者会感到非常不舒服吗？你想对有这个问题的人说什么？

## 1.4 企业敏捷的扩展

大规模的项目复杂性高，通常要采用混合型的方法，并且在组织架构上采用团队网络而不是线性团队组织。

### 1.4.1 目标

- 证实并解释敏捷是可扩展的，不局限于小型项目。
- 讨论并解释作为业务现实的混合模型。
- 讨论并解释团队网络作为扩展工具。

### 1.4.2 规模的定义

规模是指企业在功能上的广度，对整个企业有着广泛的触动和影响。这不一定需要一个庞大的代码库；相反，如果企业的触角很窄，一个庞大的代码库在规模上可能不需要太多。一个永远工作的小型团队可以产生很多代码，但对于我们的目的来说，这不一定是大规模的。

规模驱使产品架构从关系不紧密的线性互联变为网络结构的功能节点。规模引入了复杂性，其定义为：系统性能和功能无法从其组成部分预测。

### 1.4.3 "敏捷—传统"混合方法

事实上，大规模的项目都由多个线程、泳道或工作分解结构（Work Breakdown Structure，WBS）等开发软件所需要的活动组成。这些活动很可能是计划驱动的，并用传统方法处理。有了这些，敏捷方法必须与之共存。这些项目被称为混合的或"敏捷—传统"方法混合的。

当然，拥有一个计划驱动的主线或泳道依赖于涌现的或战术规划的开发工作，往好了说是有问题的，往坏了说是不兼容的和适得其反的。

事实上，如果项目最初被认为是战略上固定的，那么它就可以工作。也就是说，在商业论证中定义的项目就是正在执行的项目。这时候真的没关系，从战略上来说，这是同一个项目。这就是时间静止的本质。

也就是说，只要项目的架构是具有良好定义接口的多个对象或容器（这些接口的功能是预先确定的，并且是神圣不可侵犯的），那么项目实际上在战术上是涌现式的和敏捷的。因此，通过使用接口，可以灵活地选择传统或者敏捷方法来开发容器的内部，并像网络连接节点那样将各个独立的工作组合起来。

我们将在以后的章节中更充分地阐述这一思想。如果要成功地扩展到更大和功能更复杂的项目并将这些项目连接到一个投资组合中，战略稳定和战术敏捷的原则是关键。

### 1.4.4 规模化的驱动力

规模化驱动产品经理不再是一个人的职责，而是需要一个产品委员会或组织。企业的各种支持都在进行中，远程的、虚拟的和契约的从业者可以被吸引进来。现有的产品代码基础（如果有的话）必须得到尊重，从而施加约束，引入复杂性，并可能降低精益实践的效果。

规模化驱动的项目团队成为一个比普通多学科组织更大的组织，涉及功能、技术、管理和艺术要素。规模化驱动多个团队形成团队网络，以交换信息、保持协调，并在其中传递部分产品。

### 1.4.5 思考与讨论

我们断言，规模化问题比仅仅构建更多代码或维护更大的代码库更大。本模块确定了一些问题和实践，这些问题和实践是可扩展的工具。你能想到其他在企业中更大规模所必需的工具吗？

## 1.5 四个敏捷方法

管理简单，过程规范，个人安全，可测量的进展。

### 1.5.1 目标

- 讨论并解释有代表性的敏捷方法。
- 让读者熟悉敏捷操作和实践。

### 1.5.2 有代表性的敏捷方法

正如书的前言中所述，在所有敏捷方法中，有四种敏捷方法最具代表性：

1. Scrum。它基本上是一个管理框架，没有规定实际的技术实践。

2. XP。它是敏捷实践方面的一种规范的软件工程方法，在管理实践方面比 Scrum 规定更少。

3. Crystal。Crystal 方法是以人为本、善解人意的方法论。Crystal 直接解决了可伸缩性问题，提出了一个以颜色作为名字的方法阶梯。Crystal Clear 适用于单团队，Crystal Orange 是多团队的放大版本。

4. 看板。它有一种实用的方法来管理工作流程，具有很少的开销和较大的灵活性来处理紧急需求。

这四种敏捷方法都有一个共同的思想，这是需要掌握的要点。

| 共同思想和要点 | 敏捷项目是一系列持续时间固定、范围可变的交付，每次交付都由其开发团队保证增加价值并按计划工作，但是每次交付之后都要重新开始计划。 |
| --- | --- |

脑海中浮现的图像如图 1-2 所示，它就像一列货车，每列长度相同，但车厢的容量和功能各不相同，每辆车对客户来说都是重要和有用的。

敏捷项目的每次交付都是一个创新的、有价值的特性或功能

图 1-2 敏捷的简化

### 1.5.2.1 方法比较

比较这些方法的一个好办法是从人员、过程和技术的角度来看每种方法。人员包括相关方、发起人、项目经理，以及包括客户和最终用户的团队成员。过程涉及管理、沟通和度量。技术实际上是技术实践，是方法论的主要特征：估计、开发和结束。

表 1-3、表 1-4 和表 1-5 从人员、过程和技术实践的角度比较了四种敏捷方法。关于方法论特定术语的更多信息，包括它们的定义，见附录 A（方法论）和附录 B（术语表）。

表 1-3 敏捷方法的比较——人员

|  | 看 板 | Scrum | XP | Crystal |
| --- | --- | --- | --- | --- |
| 项目管理 | 教练、协调员和促进者 | Scrum Master[1] | 教练、协调员和促进者 | 项目协调员 |
| 客户 | 产品大师或专家 | 产品大师 | 嵌入式的产品经理 | 业务专家 |
| 用户 | 其他嵌入式的功能用户 |  |  | 近在咫尺，随时可用的专家用户 |

续表

| | 看板 | Scrum | XP | Crystal |
|---|---|---|---|---|
| 团队负责人 | 根据项目的约定从团队成员里选择 | | | |
| 团队成员 | 具有很高的天赋和团队合作精神 | | 拥有所有所需技能的"完整团队"[2] | 具有很高的天赋和团队合作精神 |
| 团队角色 | 架构师、首席设计师、程序员、测试人员、资料人员、用户和领域专家、技术专家、系统集成人员、基础设施专家 | | | |
| 其他 | 高管、发起人、相关方 | | | |

1 Schawber, K., *Agile Project Management with SCRUM*, Microsoft Press, Redmond, WA. 2004, Chapters 2, 5, and 8.
2 Beck, K. with Andres, C. *Extreme Programming Explained—2nd Edition*, Addison-Wesley, Boston, 2005, Chapters 4 and 10.

表1-4 敏捷方法的比较——过程

| | 看板 | Scrum | XP | Crystal |
|---|---|---|---|---|
| 规则和原则 | 敏捷宣言和原则 — | 敏捷宣言和原则 — Scrum规则[1] | XP价值和原则[2] — XP实践[3] | Crystal原则[4] — 团队规则 |
| 沟通 | 最好面对面沟通,允许规模化 — 符合项目规模的合理文档 | 最好面对面沟通,允许规模化 — 除用户以外最少化文档 | 最好面对面沟通,允许规模化 — 除用户以外最少化文档 | 渗透式沟通 — 符合项目规模要求的文档 |
| 规划 | 产品愿景和规划 准时生产的交付周期规划会议 | 产品愿景 产品待办事项列表 每个冲刺的规划会议 | 产品愿景 产品待办事项列表 准时生产的交付周期规划会议 | 产品愿景和架构 准时生产的交付周期规划会议 |
| 估算 | 基于用户故事的相对估算,根据经验和反馈进行修正 | | 速率估算 计划扑克或同等游戏 | 用例 德尔菲方法 Blitz规划 |

续表

|  | 看板 | Scrum | XP | Crystal |
|---|---|---|---|---|
| 交付周期 | 每个交付周期有多个任务周期<br>—<br>通过看板查看进度 | 30天的冲刺<br>—<br>每个冲刺都有可能发布版本<br>—<br>通过燃尽图查看进度 | 2~3周的迭代<br>—<br>每个迭代都有可能发布版本，更多的是2~3个迭代发布一个版本<br>—<br>通过燃尽图查看进度 | 团队规划的短迭代<br>—<br>每个迭代都有可能发布版本，更多的是2~3个迭代发布一个版本<br>—<br>通过不同的图表查看进度 |
| 度量[9] | 不同的图表 | 燃尽图 | 燃尽图 | 燃烧图和其他不同的图表 |

1　Schawber, K. Agile Project Management with SCRUM, Microsoft Press, Redmond, WA, 2004, Appendix A.
2　Beck, K. with Andres, C. Extreme Programming Explained-2nd Edition, Addison-Wesley, Boston, 2005, Chapters 4 and 5.
3　Beck, K. with Andres, C (2005) op. cit. Chapter 7, 9
4　Cockburn, A. Crystal Clear—A human-powered methodology for small teams, Addison-Wesley, Boston, 2005, pp. 19-34.
5　Osmotic communications refers to communications by osmosis: absorbing information in your immediate vicinity, whether directly or indirectly intended for you. See: Cockburn, A. 2005 op. cit., p. 24.
6　Several unique terms are used to explain estimating in agile methods. See Chapters 6 and 7, and Appendix I for definitions, explanations, and examples.
7　Malotaux, N. Evolutionary Project Management Methods, Version 1.4b, 2007, retrieved from http://www.malotaux.nl/nrm/Evo/EvoEng.htm June 2009, p. 9.
8　Malotaux, N. Time line: getting and keeping control of your project, Annual Pacific Northwest Software Quality Conference, Portland, OR, 2007 p. 2 and 6.
9　Burn charts refer to earned value accounting wherein charts of planned and expended effort per deliverable object track progress toward accomplishing all the work. Burn refers to effort. Burn up or burn down refers to working up or down a chart of required objects until the scope is complete.

表 1-5　敏捷方法的比较——技术实践

| | 看板 | Scrum | XP | Crystal |
|---|---|---|---|---|
| 开发 | 在制品周期为短序列周期<br>系统架构<br>频繁的集成 | 每日 Scrum 会议<br>24 小时检查<br>时间盒<br>冲刺待办事项列表<br>重构<br>频繁的集成 | 每日站会<br>每日构建<br>时间盒<br>测试驱动开发<br>结对编程<br>频繁的集成 | Crystal技术与策略[1]<br>方法塑造<br>短周期<br>行走的骨架<br>UML 用例<br>重构<br>频繁的集成 |
| 测试和集成 | 自动化测试<br>频繁的集成<br>尽可能每日构建 | | 测试驱动开发<br>自动化测试<br>频繁的集成<br>尽可能每日构建 | 自动化测试<br>频繁的集成<br>尽可能每日构建 |
| 收尾 | 回顾和经验教训总结<br>—<br>频繁发布[2] | | | 回顾研讨会<br>—<br>频繁发布 |

[1] Cockburn, A. Crystal Clear—A human-powered methodology for small teams Addison-Wesley, Boston, 2005, pp. 46-105.
[2] Beck, K. and Fowler, M. Planning Extreme Programming, Addison-Wesley, Boston, 2001, Chapter 17.

#### 1.5.2.2　循环的过程

所有敏捷方法都是关于迭代执行的响应性的。它们都包含重复嵌套循环的概念，尽管术语在不同方法之间有所不同。

基本单位是标准的一天，理想情况下是 8 小时的增值活动。每天的开始都有一个团队站会，这个团队站会是有时间限制的，也就是说，限制在规定的时间内，然后是开发活动、自动化测试，在理想情况下，结束时将一天的结果集成到预生产产品基准中。

迭代以天为单位，最多持续几周。在 Scrum 中，迭代被称为冲刺。一个迭代被计划为一个阶段，在此期间团队开发一个选定的需求待办事项列表。一旦进行了选择，迭代内就不允许对需求范围做变更；出于开发目的，需求在迭代期间是稳定的。在迭代结束时可交付成果被作为产品增量集成到产品基准中。

一个或多个迭代生成一个版本发布。版本发布是一个或多个产品增量进入生产操作以供内部或外部使用。

版本发布计划是滚动波浪式的。一个规划波是一个由一个或多个版本发布组成的规划周期。规划的时间周期通常不超过几个月，这是我们能够看清产品演进的合理时间周期。

规划波与商业周期是同步的。正常的商业周期分别是季度、年度和多年度的，以对应战术结果、年度结果和战略规划。

图 1-3 说明了年度业务规划和长期战略规划中嵌入的敏捷周期。

敏捷项目周期嵌入在年中和年度的业务规划周期中，以及未来几年的战略规划周期中

一个固定时间盒的迭代由多天组成
一个版本由一个或多个迭代组成
一个波浪由一个或者多个版本组成
一个项目由一个或者多个规划波组成

长达数年的战略规划周期

年中规划

年度业务规划

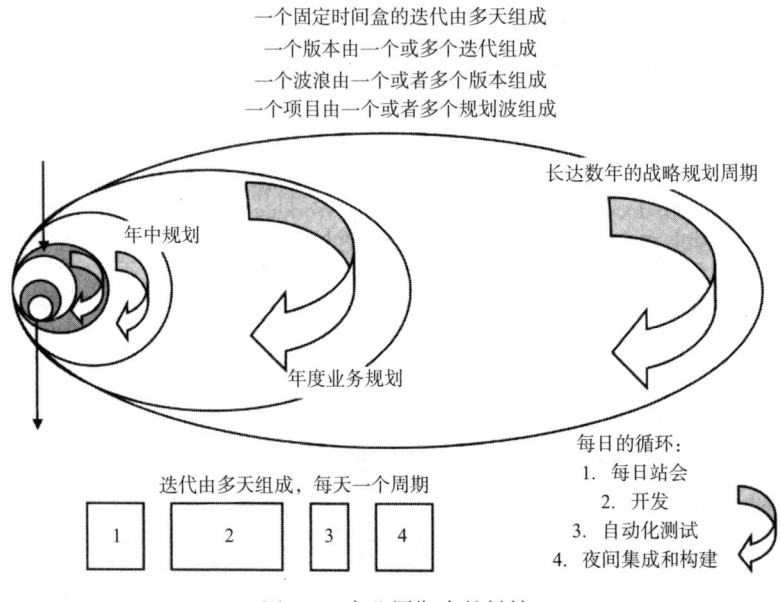

迭代由多天组成，每天一个周期

| 1 | 2 | 3 | 4 |

每日的循环：
1. 每日站会
2. 开发
3. 自动化测试
4. 夜间集成和构建

图 1-3 商业周期中的敏捷

### 1.5.3 敏捷方法的优点和缺点

表 1-6 和表 1-7 总结了敏捷方法的优缺点。在许多方面，这些属性都是 PD-PDLC 方法优缺点的镜像。

表 1-6　敏捷方法的优点

- 快速、频繁地交付到生产中会使收益流提前；项目有可能在财务上自给自足
- 对业务里程碑有较强的承诺
- 有效地适应不断变化的客户优先级和需求，保持项目的最新性和相关性
- 对于 25 人或更少的开发团队来说成本效益非常高
- 当项目开展时，客户和项目团队紧急合作以强化价值主张
- 只有在满足客户需求的情况下，小型团队才能发挥其创新潜力
- 在每次成功的迭代和版本发布中都会提供一种成就感及一个值得庆祝和加强的理由
- 项目目标是以客户为中心的，不一定与过时的计划绑定
- 客户价值验证是内置的，并且几乎是自动设计的
- 相关方和客户的信任是通过实际行动建立起来的

表 1-7　敏捷方法的缺点

- 在战术细节方面对整体范围的承诺不足
- 容易出现团队人员流动
- 不是架构驱动的，所以可能有很多依赖关系发现得晚
- 很难将小型团队动态扩展到企业范围的项目
- 如果没有对文档的承诺，很难扩展规模
- 很难将团队工作联系起来，因为需求和范围不太确定
- 它在很大程度上依赖于良好的后勤保障，包括团队协作、面对面的沟通、一群才华横溢和训练有素的员工，以及与知识渊博、能力强大的客户或最终用户的即时接触
- 测试不是独立的
- 验证是通过测试进行的，不可追溯到规范
- 高可靠性和任务关键性要求强大的验证

## 1.5.4　思考与讨论

所有的敏捷方法都包含这样一个理念：一个有效的软件项目不能为可预测的结果进行预先规划。因此，敏捷实践者自然会得出这样的结论：范围不是完全可预测的。你认为将这一原则内化并应用到你的项目中会有什么问题？

## 1.6　一些使阅读更容易的术语

在本书中，我们将采用一些重要的术语和概念的具体定义。我们已经用了大部分的术语，都包含在"本章附录"的术语表中。

## 1.7　小结

在本章中，我们一直在阐述这样一个主题：敏捷意味着即使在复杂和不确定的项目需求的漩涡中也能获得有效的项目结果，主要是通过紧密协作的小型团队来交付业务价值的增量，并根据业务有效性、重要性和紧迫性确定优先级。

在 1.1 节中，我们学习了敏捷的简短历史，在 2001 年组织的关键会议上起草了敏捷宣言。同样从 1.1 节中，我们了解到不仅有一份宣言，还起草了 12 项原则，为敏捷宣言提供了可行的操作方法。

在 1.2 节中，我们了解到计划驱动的方法有自己的位置，特别是在规模非常大的项目、安全关键需求、任务关键目标和许多合同的情况下。然而，它们在动态需求环境中显然是不合适的，不适合快速和增量的交付，并且在较小的项目中效率低下。敏捷项目的最佳点是由不到几十个开发人员组成的团队，他们高度重视对不断变化的业务需求的快速响应，增量的产品交付是实用的和有用的，而且人们也承认，响应客户比遵循一个可能已经过时的计划更有可能成功。

在 1.3 节中，我们摆脱了敏捷中项目经理仍然存在的事实，尽管大多数敏捷方法中都存在其他管理角色。

在 1.4 节中，我们了解到敏捷可以扩展到更大的项目，并且可以和传统方法在项目中以混合的方式一起使用。

在 1.5 节中，我们了解到有许多方法支持敏捷宣言和敏捷原则。每种方法论的思想领袖都有一个特定的观点来确定方法的基调：Scrum 是一种管理方法；XP 是一套规范的实践；Crystal 使方法适合大多数人使用；看板是一种以增量方式管理工作流的实用方法。

所有这些方法都适用于这样一个周期：每日周期→迭代→版本发布→规划

波→商业周期→市场。

说到底，敏捷是一个集体协作的小型团队，以完成以下使命。

| 敏捷使命 | 根据用户的反映和反馈，从商业论证出发，根据业务效率、重要性和紧迫性，频繁迭代式地交付创新功能和特性的增量版本，创造最大的价值。 |
|---|---|

## 1.8 本章附录

### 1.8.1 温斯顿·罗伊斯

20世纪70年代，温斯顿·罗伊斯是航空航天和国防行业的技术专家，他撰写了一篇关于PD-PDLC的开创性论文，题为《管理大型软件系统的开发》，该论文开启了瀑布方法衰落的序幕。温斯顿·罗伊斯实际上是在报告他在预算内按时交付工作软件遇到的挫折。他在一篇十页的短文中非常清楚地解释了层叠顺序，但实际上他以不同的方式执行这个过程。

也许温斯顿·罗伊斯预见到了20年后敏捷方法的发展趋势，他从这样一个前提出发：如果项目规模较小，并且可能在本地部署和维护，那么项目方法论可以仅仅是两个增值步骤：

1. 分析问题。
2. 实现解决方案。

显然，这样一种简单的方法是低礼仪的，但它也是一种高度信任和高价值的方法。高价值是指每步都会对最终产品增加价值。高度信任是指项目团队不需要提供大量的书面证据来证明所做的工作。项目管理很少进行指挥和控制，也很少编制和批准文件。

如果项目规模不小，即不能简单地两步走，那么温斯顿·罗伊斯认为某些风险必须减轻。自温斯顿·罗伊斯的论文发表以来，项目管理界多年的经验并没有更好地改变风险状况。管理者普遍认可的传统PD-PDLC的主要风险在以下项目管理提示中给出。

| | |
|---|---|
| 项目管理提示 | 传统 PD-PDLC 方法的主要风险<br>• 在项目生命周期的后期，需求永远不足以阻止潜在的、未知的和不可知的需求的发现。<br>• 生命周期早期编写的文档总是面临需要修改并变得过时的风险。<br>• 在基准设置之后发现的需求几乎总会产生不利的影响。<br>• 测试在最后进行。测试总会发现问题，并暴露出未满足的需求，这些需求本应该在成本和对项目成功的影响更易于管理时更早地得到处理。<br>• 收益来得晚并且可能不会实现，因为不管项目结果如何，业务和市场已经变化。 |

为了应对这些风险，温斯顿·罗伊斯主张在过程的早期采取更多的步骤，以便有更多的机会揭示隐藏的问题和需求。这些步骤被称为结构化分析。温斯顿·罗伊斯还大力提倡反馈和迭代；他还呼吁并行地做原型工作，以便客户可以提前见到产品原型。他提倡精细的控制程序来管理实现过程，这个被称为治理。他还呼吁团队规范，遵守项目管理所要求的控制机制。温斯顿·罗伊斯很快意识到他所倡导的许多东西被认为是不增值的，最终用户和业务相关方都不买账。很少有人会和他争论。

| | |
|---|---|
| 项目管理提示 | 传统方法中风险减轻的策略<br>• 在不同阶段的顺序步骤之间和非连续步骤之间进行迭代，以反馈错误和遗漏并进行修正。<br>• 在详细的实现开始之前，要彻底和完整地收集需求及系统分析与设计。<br>• 充分地使用原型和预生产模型，使客户提前见到产品原型。<br>• 开发和维护项目设计、开发及测试的所有文档。<br>• 强调测试，以至于测试比任何其他一种活动消耗更多的项目资源。<br>• 尽早并频繁地与客户沟通。 |

## 1.8.2 术语表（见表 1-8）

表 1-8 术语表

| 术语（英文） | 术 语 | 定 义 |
|---|---|---|
| Agile Methods and Practices | 敏捷方法和实践 | 方法论更注重情景驱动、更少的集中管理和更多的自我管理，强调对客户需求的近乎连续的响应。即使结果在开始时不可预测或者结果不符合计划，也要聚焦结果的质量<br>示例：XP（极限编程） |
| Customer | 客户 | 作为项目主要受益人的人员和组织；用户或者最终用户是具有详细功能知识的客户；客户可以是组织外部或内部的 |
| Knowledge Area | 知识领域 | 有共同联系的关于如何开展任务或活动的知识体系<br>示例：风险管理 |
| Method or Practice | 方法或实践 | 在知识领域内进行特定活动的一种手段。一般来说，先有输入，然后采取合适的步骤产生了输出结果<br>示例：计划结果的蒙特卡洛模拟 |
| Methodology | 方法论 | 与产生结果有关的活动集合，其中每项活动都用特定的方法来开展。实际上，方法论是项目的生命周期，如我们在其他地方所描述的 PDLC<br>示例：Crystal Clear |
| Non-traditional Methodologies | 非传统方法论 | 见"敏捷方法和实践" |
| Practice standard | 实践标准 | 一种商定的完成任务的方式，其中协议由一个标准团体（组织）管理，该团体在标准社区中有资格证书<br>示例：ISO/IEC 12207 软件工程实施标准 |
| Process | 过程 | 与产生结果有关的活动集合，活动所使用的方法可能没有指定<br>示例：项目启动过程 |
| Product | 产品 | 项目的预期结果或可交付成果，对客户有用，在很大程度上符合客户的质量理念：特征、功能、应用有效、使用高效、环境兼容、经济可操作和在整个使用生命期内可支持 |

续表

| 术语（英文） | 术　语 | 定　义 |
|---|---|---|
| Product | 产品 | 产品可以是有形的，也可以是无形的，它可以是流程、系统、应用程序，也可以是面向内部或外部客户的产品 |
| Stakeholder | 相关方 | 主要是供应链中的业务单元，或者为项目提供一些资源，但对项目成功没有具体承诺的个人。换句话说，参与但不承诺的个人 |
| Traditional Methodologies | 传统方法论 | 从项目开始就做好计划并根据计划进行集中管理的方法，如PD-PDLC方法，其重点是根据计划的规范来预测结果<br>示例：瀑布 |
| User | 用户 | 见"客户" |

## 1.9　本章注释

1. 在本书中，商业、组织和企业三个词可以互换使用。客户和用户也可以互换使用，指的是项目结果的目标受众，无论是内部的还是外部的。

2. Takeuchi and Nonaka, *The New Product Development Game*.

3. Beck, K. with Andres, C., *Extreme Programming Explained, 2nd Edition*, Addison-Wesley, Boston, 2005, Chapters 4 and 10.

4. Schawber, K., *Agile Project Management with SCRUM*, Microsoft Press, Redmond, WA, 2004, Appendix A.

5. IEEE-WESCON 是 IEEE 的一个西方会议。见 WESCON Technical Papers, vol. 14, (1970), A/1-1to A/1-9.

6. 结束到开始是紧前关系绘图法（PDM）中的调度优先级，它意味着只有紧前活动完成，紧后活动才能开始。

7. 六西格玛的定义见附录 B。定义的过程控制（Defined Process Control）是一个来自制造业的概念，在第二次世界大战后因 W. Edwards Deming 等人的工作而大力推广开来。见 Schawber, K., *Agile Project Management with SCRUM*, 2-4.

8. Highsmith, *Agile Project Management: Creating Innovative Products*, 27.

# 第 2 章

# 商业论证

敏捷业务的重点是将商业目标和策略与客户需求的紧迫性与重要性结合起来。

每个人都努力地运用自己的资本，最大化自己的产出。

——亚当·斯密《国富论》

## 2.1 商业论证概述

描述项目的战略、愿景，证明资源合理性，建立期望。

### 2.1.1 目标

- 解释作为敏捷工具的商业论证如何使项目增值。
- 确保将最佳价值作为项目的首选目标。

### 2.1.2 商业论证的价值

即使在公共和非营利部门，我们也需要使用商业论证。项目的目标可能不是在商业环境中赚钱，但每个项目都有一些期望，每个项目都需要资源。因此，我们总会面临选择：要么采取这种方式开展项目，要么采取另一种方式。这样选择的原因在商业论证中会进行解释和说明。

这些观点对任何项目都是有效的，即使最小的敏捷项目。实践证明，敏捷商业论证本身在精神上和实践中也是敏捷的。敏捷方法使商业论证变得必不可少。实际上，商业论证佐证了项目是实现商业目标的战略抓手。

即使只是简单地修复了 BUG 列表的项目，也可以通过搜集每个参与者的想法，并思考和探索它可能的解决方案，使项目获益。一些人将项目过程阶段贴上了诸如构想阶段、推测阶段或者 360 探索策略[1]的标签，或者更简单的如肯特·贝克和马丁·福勒编写的《规划极限编程》第 9 章所述的探索项目范围[2]。

商业论证是一个获取价值信息的文档。它是决策者、发起人、无数的相关方和项目经理之间的接口机制，项目和业务之间的连接机制。商业论证本身应该符合精益和敏捷原则，即简单、增值、及时响应、不断演进。

| 项目管理提示 | 相关方关注结果 |
|---|---|
| | • 敏捷思维的相关方对结果怀有偏见，认为投入和过程是实现目标的手段。<br>• 敏捷管理者基于一个简短且稳定的项目待办事项列表来预测产出结果。<br>• 每个迭代或交付周期都会基于待办事项列表产出一个产品增量。 |

#### 2.1.2.1 商业论证的三个级别

根据对业务的影响程度，我们定义了商业论证的三个级别。

- 0 级：适用于单团队小项目的只有一页的表单。级别为 0 的商业论证由一个单步工作流管理的审批流程审批。
- 1 级：适用于更复杂的团队项目的简单模板。级别为 1 的商业论证在两步工作流中审批。
- 2 级：适用于具有重大业务影响的企业级项目。级别为 2 的商业论证需要公司管理层的审批。

每个项目都会对组织产生影响，这四组问题经常出现在商业论证里面：

1. 项目是获得业务需求和期望的正确方法吗？是否应该有超出项目以外的方法被考虑？

2. 具体来说，为什么被提议的需要启动的项目是正确的？备选的项目是否被检验过？

3. 可用的资源（如时间、金钱、人力、技术）能否支持项目交付其业务价值？

4. 风险是什么？如何降低风险？

#### 2.1.2.2　商业论证的敏捷框架

商业论证是承载内容的框架，其适用于多种场景，并且随着解决方案的确定而不断迭代和演进。商业论证来源于公司的高层思路，包含对预期结果的愿景，分类呈现了产品特点及这些特点所包含的功能点。

在高层看来，这些预期的结果是项目的范围，它的结果是用户或客户带来的价值驱动，而不是发起人和项目经理的计划驱动。在第 1 章提到，敏捷项目的特点是不断演进，这意味着，每次交付的产品增量，用户都将视其为演进的基础，不断评估和反馈。

关于预期投资与回报的几个方面：

- 投资目标受限于可用的资金。
- 回报是与愿景相关的预期收益流。
- 投资和回报与里程碑相关。
- 里程碑明确了项目时间表，并按价值优先级将预期的结果和收益反馈到日历中。

如图 2-1 所示，每个框架元素在项目周期中都会不断演变。

商业论证框架为管理项目的实施提供了边界和限制

| 框架元素 | 商业论证的详细内容（示例） |
|---|---|
| 机会 | 以吸引回头客的方式改善新订单的客户服务 |
| 目标 | 将客户满意度指标提高 50%，将现有客户的销售额提高 25% |
| 策略 | 优化业务操作工具和场景，将一些订单输入功能转移给客户操作 |
| 项目愿景 | 一个集成的、可被内部和外部客户使用的、近乎实时的订单输入应用程序，它减少了订单输入时间并提高了输入过程的质量 |
| 功能范围 | 基于 Web 且能够验证产品功能、价格和客户账户的应用程序<br>集成产品目录和价格表 |
| 里程碑 | M1：内部订单流程或功能<br>M2：外部客户用户使用功能<br>M3：自动化销售积分 |
| 投资 | 总计：100 万美元　M1：50 万美元　M2：30 万美元　M3：20 万美元 |
| 受益人 | 订单处理人、销售团队、账单和信用团队、外部客户 |
| 有益的回报 | 在两个商业周期内通过增加销售和减少运营费用来收回投资 |

图 2-1　商业论证框架

## 2.1.3　战略上锚定最佳价值，战术上涌现最佳价值

提倡项目价值，在旁观者的眼中——无论是企业领导者还是客户，都意味着赋予了项目价值。以项目价值作为信念的想法，通常来自企业的高层。那些将项目价值作为商业机会的想法，则来自内部或外部各个方面的客户。

> **最佳价值**
>
> 　　利用可用资源交付最大的项目范围，它显示了业务的重要性和紧急性及执行业务的效率。

我们认为，最佳价值是敏捷项目的产出结果，也是最优目标。

为什么会这样认为呢？因为最佳价值并不代表：

- 最低的成本（可能存在一种价值成本换算逻辑，即更高的成本获得更大的价值）。
- 最短的计划，需要不断思考最有利而不是最短的实现方式。
- 最大的可交付范围，因为期望的项目范围在经济上可能不支持。

这是因为，最佳价值是信念、业务机会、能力和可承受价格下的生产力的集合。信念和业务机会提供了商业论证的方向；当出现市场机会时，能力和生产力提供了实现方法和手段。

我们可以想象出一个链条，将远处模糊的业务机会、愿景，到目标，再到战略和运营连接在一起。假设业务机会是未开发的价值，等待着被抓住和实现其业务结果，那么抓住业务机会就为项目提供了充足的动力。

图 2-2 说明了从机会到目标满意度之间的链路关系。链路以熟悉的 V 形显示，使得图形能够横向清晰地对齐。大多数组织都将这种关系链路放到一个战略计划里面。

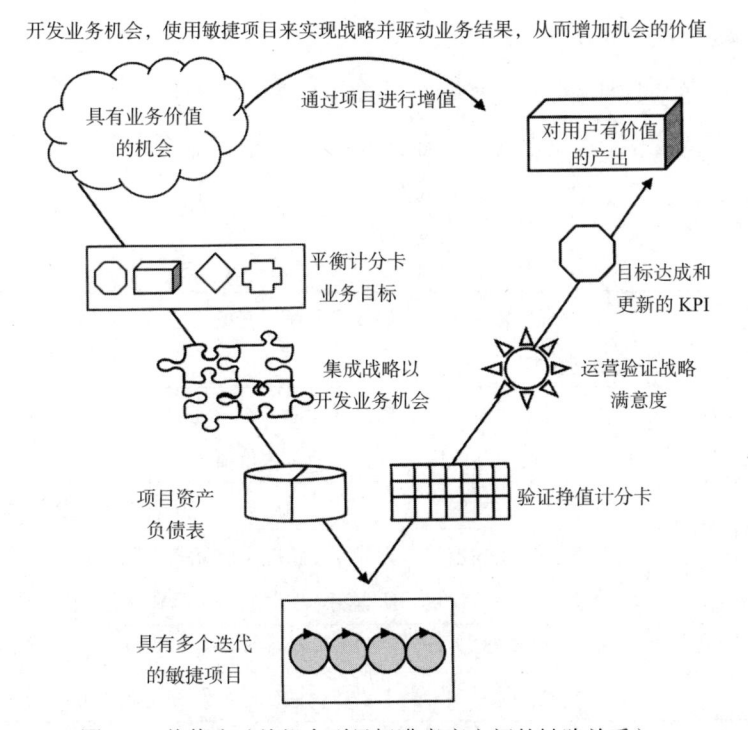

图 2-2　价值流（从机会到目标满意度之间的链路关系）

#### 2.1.3.1 战略和目标

按照惯例,战略规划会设定目标并确定实现这些目标的方法,实现目标的方法被称为战略。

策略是一组相互联系且有序的,明确地指向目标的可行步骤。

战略是针对业务环境、优势与劣势,以及威胁与机会来制订的行动计划。业务使项目成为行动计划的一部分,成为战略的要素,从而成为实现目标的手段。

| 项目管理提示 | 项目的价值在于它们对战略的影响<br>● 机会即价值所在,如果一个项目能够成功并将机遇转化为业务成果,那么它就是有价值的。<br>● 一个项目的价值来自它所处的战略。<br>● 最佳价值是在可承受的投资范围内,按优先级交付的,并与企业的信念保持一致的最大项目范围。 |
| --- | --- |

#### 2.1.3.2 规划元素间关系

为了更好地把握业务规划的基础,表 2-1 展示了这些业务规划元素之间的关系。请注意,在敏捷商业论证中,业务规划元素之间有许多相交的地方,其中许多将随着业务的研发和客户的期望而变化。

表 2-1 敏捷商业论证中业务规划元素关系

| 客户重视的产品特性和功能 | 所有的产品功能都依赖客户所赋予其的价值和重要程度,并随着项目的推进周期而不断演进 |
| --- | --- |
| 范围 | 客户看重所有的产品特性和功能,以及完成该项目或业务所需的一切能力,即使这些能力没有直接的客户价值 |
| 资源 | 在规定的时间内为客户创造价值所需要的所有人员、技术和环境 |
| 投资和资金 | 投资:企业确定的作为机会价值的承受能力极限<br>资金:根据该项目,所有用于支付资源但受限于承受能力极限的资金 |
| 计划表 | 某一时间需要增加产品特性和功能的业务里程碑 |
| 价值 | 在可用的时间和资金上最适合的产品特性和功能 |

项目是按照计划进行推进的，它虽然有着看似精确的估计值和可预测的结果，但以往的记录通常并非如此。估计和结果以极低的准确性和巨大的差异而令人感到沮丧。另外，在商业论证中给出的战略方向的指导下，项目的最佳价值才会出现。从商业论证中描述产品愿景开始，最佳价值会受到客户的价值驱动、技术架构、里程碑和可用投资的影响，并在每个迭代版本中逐步得到定义和实现。

如下面这个"项目管理提示"所描述的，业务方（包括客户）和项目管理人员在参与业务项目规划时均具有对应的权利和责任。

| 项目管理提示 | 商业论证中的权利与责任<br>• 业务方有责任提供一个清晰的业务愿景。<br>• 业务方有权利对业务需求做出最佳价值的判断。<br>• 项目管理人员有责任为企业提供价值判断和实现最佳价值的解决方案。<br>• 项目管理人员有责任遵守资金的限制和商业论证中确定的里程碑。 |
| --- | --- |

### 2.1.4 思考与讨论

- 有些人说，对于敏捷项目来说，商业论证增加了太多的项目过程，像这种方向性与文件性的东西对项目来讲并不需要。你是否赞同呢？原因是什么？
- 最佳价值假定交付的范围涌现自许多业务和项目因素的融合。当它不是最低的成本、最短的计划，或者最大的可交付范围时，你能证明其是最佳价值吗？

## 2.2 业务价值模型

将敏捷项目置于企业文化之中。

## 2.2.1 目标

- 讨论并解释流行的业务价值模型在敏捷领域的适用性。

## 2.2.2 两个业务价值模型

有两个业务价值模型可用来帮助敏捷项目设计商业论证,一个是**平衡计分卡**,它通过相互协同的指标记录了整个业务过程;另一个是**价值信条**(Treacy-Wiersema),它更多地描述了业务价值的来源。

每个模型都通过自己的方式将敏捷项目置于企业文化之中。反过来,这两个模型又会影响敏捷项目中商业论证的指标选择和关键绩效指标(Key Performance Indicator, KPI)的量化。[3]

### 2.2.2.1 平衡计分卡

平衡计分卡是罗伯特·卡普兰(Robert Kaplan)和大卫·诺顿(David Norton)发明的一种度量工具。在《哈佛商业评论》一篇名为《驱动绩效的平衡计分卡衡量方法》[4](*The Balanced Scorecard-Measures that Drive Performance*)的文章中,卡普兰和诺顿描述了业务价值的四个评分领域:财务绩效、客户、内部运营、学习和创新。

**财务绩效**:该领域是由计划驱动的,在各个方面可能并不敏捷。财务计划可以提供预测,也可以记录公司业绩。历史数据是敏捷项目经理判断趋势、预测未来风险的基础。预测可以提醒所有的管理人员,采取正确的行动来减少偏差,并确保开支在商业论证中设定的投资预算内。所有项目,无论采用哪种实施方法,都必须对财务绩效做出反应。

**客户**:该领域的绩效指标衡量客户的满意度。因为要求客户是一个积极的项目参与者,所以敏捷项目在这方面得分很高。客户可以随时对需求进行解释,并对有关业务事项做出决策。

**内部运营**:该领域的指标衡量内部计划的有效性和效率,通常被称为运营效率(Operational Effectiveness, OE)。效率是关于项目影响的反馈,即多大程度上对受益人起到作用。运营效率指标的价值在于为内部项目带来了运行效率和更大的有效性。

**学习和创新**：该领域的绩效评估不仅衡量企业如何更新其产品和服务，而且衡量企业如何开发其人力资源。在该视角下，由于给予了企业竞争优势分析而受到重视。

| 项目管理<br>提示 | 敏捷项目的平衡计分卡 |
|---|---|
| | • 每个敏捷项目都有可能涉及平衡计分卡的四个领域。<br>• 客户满意度是实施敏捷项目的主要动力。敏捷宣言倾向于提供客户价值而不是遵循计划。<br>• 财务指标和运营 KPI 可以直接写入商业论证中，但是计划驱动的 KPI 将不得不随着敏捷项目的绩效进行调整。 |

### 2.2.2.2 平衡计分卡和敏捷

与传统项目计划相比，敏捷项目度量有重要性和优先级的参考。在考虑什么是项目成功及如何衡量成功方面需要对敏捷优先级做出调整。从财务角度来看，成本和收益取决于由价值驱动的持续性结果的产出。

在投资许可的条件下，交付最大的项目范围比遵循当初设定的预算重要。回收成本收益流变得更加依赖客户在项目过程中所做的选择——部分取决于选择结果所带来的收益。

### 2.2.2.3 敏捷在财务绩效领域

每个项目都需要投资，评估该投资所需资金涉及企业的支付能力、项目回报情况和风险。由于没有针对成本进行单点评估的解决方案，所以敏捷项目可归纳为如下两个因素。

1. 可承受性，对商业论证中设想的产品的支付能力、支付意愿制约着项目总开支。

2. 可能的回报，一旦设想的产品功能得到完整的部署和客户接受，随后产生的财务绩效风险会影响企业的投资信心。投资信心、支付能力和对后续不确定性的接受程度驱动着企业的投资意愿，而这种意愿是建立在企业可支付能力和有益的可选方案基础上的一种决策。

回报驱动着企业继续前行。回报首先需要覆盖成本，然后产出投资利润。在通常情况下，企业决策通过平衡计分卡上记录的最佳财务绩效（包含投资回报情况）来选择将要开展的项目。没有回报，则项目无法继续推进。风险会降低回报，从而影响企业投资意愿。但是在敏捷领域，早期增量价值交付减少了项目风险，并增加了收益的价值。

图 2-3 所示为投资和回报关系。

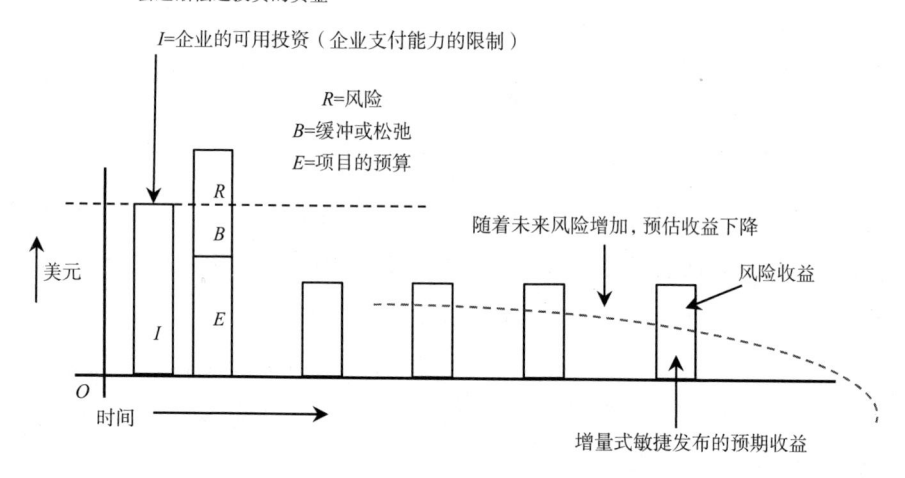

图 2-3　投资和回报关系

#### 2.2.2.4　敏捷在内部运营领域

从内部角度看，KPI 关注减少内部工作流程的冲突。冲突会阻碍顺畅和有序的工作流程，且它并没有为产品带来增量价值或者降低内部协作效率。敏捷团队是自组织、受到最低限度监管的团队，且几乎和职能经理与业务发起人实时沟通，以避免信息不畅。

运营效率（增值工作成本/总工作成本）是通过确保最小化管理开销和最少的无关工作来提升的。最值得注意的是，没有像第 1 章描述的 IEEE 12207 推荐的标准文档。

#### 2.2.2.5 敏捷在客户领域

敏捷的客户关系非常实用。在 Scrum 中，产品经理将融入开发团队中，在敏捷方法中，客户都可以参与到敏捷团队里面，包括确定需求优先级，解释需求，测试产品功能及反馈产品价值和验收意见。在短期内，有助于产品获得最有效的开发；从长远来看，这将增加客户对产品的持续投资，从而提高客户忠诚度和满意度。

#### 2.2.2.6 敏捷在学习和创新领域

学习和创新是敏捷项目追求的目标。小型团队和多专业协作促进了团队学习，小型团队通常更灵活，更有创新精神，即需要规避更少的风险，更可能追求非传统的想法。对团队学习和创新能力的强化 KPI 包括产品新特性和功能创新、上市时间计划、新产品市场份额占有率及对新愿景和方向的响应速度。

表 2-2 和表 2-3 说明了平衡计分卡与敏捷项目的度量机制。

表 2-2 财务和客户视角下的平衡计分卡和敏捷项目

| 视角 | 平衡计分卡 | 敏捷项目 |
| --- | --- | --- |
| 财务 | 一般业务税后利润 | 增量交付可能影响资本资金的折旧计划 |
| | 经风险调整后的财务指标净现值和经济增加值 | 现金流受益于早期和频繁地不被阻碍的敏捷发布 |
| 客户 | 忠诚和满意度 | 客户参与到敏捷团队中，对产品使用率及后期的故障和保修措施产生了积极影响 |
| | 产品线或产品带来的收入 | 客户参与到敏捷团队中，对产品的购买决策产生了积极影响 |

表 2-3 内部运营与学习和创新视角下的平衡计分卡和敏捷项目

| 视角 | 平衡计分卡 | 敏捷项目 |
| --- | --- | --- |
| 内部运营 | 以产量/资源为单位衡量运营效率 | 敏捷团队以吞吐量为基准 |
| | 以内化质量改进和部署来衡量运营效率 | 通过反馈、迭代和对每次敏捷迭代后经验教训的反思来驱动过程改进和衡量运营效率 |

续表

| 视角 | 平衡计分卡 | 敏捷项目 |
|---|---|---|
| 学习和创新 | 产品线增加了新的特性和功能 | 根据客户的要求，为产品线增加新的特性和功能 |
| | 以技能多样性和技能成就来衡量员工的素质 | 以敏捷团队中的技能多样性和技能成就来衡量员工的素质 |

#### 2.2.2.7 价值信条模型

迈克尔·特里希（Michael Treacy）和弗雷德·维尔塞马（Fred Wiersema）在他们的研究中描述了一个有趣的商业价值模型——"客户亲密度和其他价值准则"。[5] 正如他们书中所指出的："市场领导者的原则"[6] 与平衡计分卡所诉的领域很接近。价值信条模型（Treacy-Wiersema）有三个重点领域，每个都与敏捷思维方式相关。

1. 客户亲密性，意味着具有洞察力和理解力，也具有建立双方协作效率的业务合作关系。

2. 产品领导力，意味着产品卓越，领先的创新和客群分层能力。

3. 卓越运营，意味着以有效的协作效率和有效的过程及程序，按照最小的成本交付业务结果。

特里希和维尔塞马认为，企业中可以真正做到这三者的佼佼者，能够将企业文化、思维方式和经营动机发展为最佳状态。但通常这是以牺牲普通企业为代价的。

| 项目管理提示 | 客户亲密度和其他价值准则<br>• 项目经理可以轻松地采用敏捷实践，使组织共享迈克尔·特里希和弗雷德·维尔塞马描述的价值模型。 |
|---|---|

把关系管理放在首要位置的组织也在实践客户的亲密关系原则。在关系管理中很强的公司可以单独了解每个客户和用户，但也需要了解他们所在的社群。当一个客户或用户呼叫、登录或以其他方式接触时，将会很快地建立起从陌生到熟悉的关系。

一些组织以其产品的卓越性和优越性而闻名。它们的愿景是，产品永远是基础。在设计产品的时候，它们就期待着从各个方面关注产品效果的人拿到产品时的惊喜状态。显然，这样的产品通常会产生价格溢价，并为组织回报丰厚的利润。

第三个领域是卓越运营，即尽可能使内部过程、方法和流程无相互冲突。在精益思想盛行的时代，低成本是企业的座右铭，通常这也会给客户带来低价格。资源的价格由客户的支付意愿决定，客户更愿意支付低价格的产品。

表 2-4、表 2-5 和表 2-6 提供了敏捷项目价值与迈克尔·特里希和弗雷德·维尔塞马提出的价值模型的比较。

表 2-4　敏捷项目与卓越运营对比

| 价值主张 | 敏捷项目 |
| --- | --- |
| 无情地关注运营效率 | 小型的、位于同一地点的团队面对面交流，开销小、内部摩擦小 |
| 使客户方便快捷地参与到业务中来 | 客户和最终用户嵌入小型团队中来陈述和解释业务需求 |
| 清除阻碍流动的障碍 | 信任团队成员，减少仪式和正式程序，包括支持性文件 |
| 使流程在跨功能和组织边界方面起到作用 | 将多个规范的成员纳入可以处理跨职能问题的团队中 |
| 最小化管理成本，并将节省的成本传递给客户 | 信任团队成员，减少仪式和正式程序，包括测量、控制和跟踪进度所需的支持文档 |
| 内部规范 | 极限编程方法是最好的合作形式；把高度规范作为信任的一部分 |

表 2-5　敏捷项目与客户亲密性对比

| 价值主张 | 敏捷项目 |
| --- | --- |
| 为单个客户量身定制的产品 | 客户和最终用户嵌入小型团队中来陈述和解释业务需求 |
| 高度重视客户忠诚度，为客户终身服务并为确保客户的忠诚度而为其量身制订服务计划 | |

表 2-6 敏捷项目与产品领导力对比

| 价值主张 | 敏捷项目 |
| --- | --- |
| 具有前沿特性和功能的产品创新 | 小型的、同一地点的团队进行面对面的讨论和试验新想法 |
| 不论创意来自何处，都要高度重视 | |
| 通过产品开发将想法迅速传达给客户 | 快速、频繁的发布，通常与客户、用户和市场变化的速度保持一致 |
| 通过自我迭代与产品革新来获取新的东西 | 不断处理积压，对创新和改进的想法进行反思 |

### 2.2.3 思考与讨论

- 如果平衡计分卡的思想能告诉你敏捷项目的商业论证的内容，那么作为项目经理，你在规划项目时应该如何应对呢？
- 价值信条模型断言，你不可能成为所有人的一切。假设你的组织认同这种哲学，你如何看待它对敏捷项目的影响？

## 2.3 项目资产负债表

连通业务价值模型与项目风险和能力模型。

### 2.3.1 目标

- 介绍、讨论和解释作为敏捷项目工具的资产负债表。
- 讨论并解释商业论证和项目章程之间的价值—风险—能力关系。

### 2.3.2 项目资产负债表工具

要将话题从业务价值模型转移到项目模型上，我们需要寻找共同点。这里有一个认知前提：项目发起人和为项目负责的业务主管是真正的投资者。作为投资者，他们更倾向于项目获得成功。商业论证更像对项目的一个写照：预估产出、评估投入、对不确定性做出预警。

像所有的投资者那样，项目发起人和企业管理层了解项目的收益伴随着风险，他们对风险的态度既有来自机构数据的因素，也有个人的看法。这可以用风险承受力来概括，它意味着超过一个点，即多一美元的风险对企业的影响相当于其表面价值的许多倍。如果感知到的影响太大，投资就会被阻断。

具有敏捷思维的决策者知道项目价值是多元的，价值的设定一部分来自想要将一个感知到的机会转化为真正的战略价值的业务领导者，这需要一个更长的项目周期才能与公司战略保持一致。另一部分不那么确定和模糊的价值来自客户和最终用户——我们称之为客户驱动价值。客户驱动价值具有以下特征：

- 社区内的所有人可能不完全拥有一个共同的产品愿景。
- 在更多用户参与下，价值观呈现多样性；我们很容易捕捉到客户强烈和迫切的对产品的需求信息。
- 需求和期望比业务变化得更快，甚至在客户群体中也是相互冲突的。

只有在业务得到实现和客群成员都满意的情况下，项目才能成功。为此，需要追求业务目标和项目表现的一致性。即使在最好的情况下，项目成功也可能存在挑战，这种挑战一方面是项目生产力和执行力间的差距，另一方面是业务价值和客户价值的差距。

那么，我们要做什么吗？答案无疑是冒险。冒多大的风险？平衡业务需求和项目实现能力之间所需要承担的风险才是最大的。

谁来承担这个风险呢？答案是项目经理，即最终的风险管理者。[7]

| 项目管理提示 | 平衡业务需求和项目能力 |
|---|---|
| | - 项目经理是基于客户驱动价值、业务预期和项目能力、生产力和可行性之间任何不平衡的最终风险管理者。<br>- 项目经理的使命是管理项目资源，通过度量、管理风险来交付项目最佳价值。<br>- 在最好的情况下，商业论证为最佳价值的解决方案提供了权威支持和项目的可操作范围。 |

### 2.3.2.1 价值、风险和能力框架：项目资产负债表

刚才讨论的价值模型提供了一种将业务度量与项目度量关联起来的方法，但是它们不能直接处理来自业务方面的期望与项目方面生产力、能力和可行性之间的关系。对此，我们可以使用项目资产负债表。[8]

| | |
|---|---|
| 项目资产负债表 | 项目资产负债表是项目价值、风险、能力和生产力的框架。与会计版本类似，项目资产负债表是一个双向和双边的模型，有三个组成部分。<br>1．价值：业务需求或结果，以及与里程碑相关的资源，即模型的左边部分。<br>2．能力和生产力：满足商业论证中给定的战略业务意图所需的资源，即模型的右边部分。<br>3．风险：消除价值、能力和生产力之间的差距所需解决的风险。 |
| 项目管理提示 | 度量增强项目绩效<br>• 度量是一种激励，实际上是一场超越预期的竞争。<br>• 项目资产负债表为在预期和挑战的框架内衡量成果提供了机会和手段。 |

### 2.3.2.2 作为敏捷管理工具的项目资产负债表

项目资产负债表实现了三种形式的平衡方程。

| | |
|---|---|
| 资产负债表平衡方程 | • 业务列中的所有内容都可以映射到项目列中的平衡项。<br>• 业务列中的所有内容都是项目列中的所有内容的驱动者。<br>• 业务列中的所有内容都对项目列中的所有内容设置了限制和期望。 |

平衡方程可以表示如下。

| | |
|---|---|
| 不断平衡期望 | 所有客户价值驱动的价值和业务期望通过以下方式得到平衡：<br>● 一组迭代和发布中响应业务需求的项目能力和生产力。 |
| 不断平衡机会 | 所有关于机会价值的战略商业愿景通过以下方式得到平衡：<br>● 开发具备业务所期望产品的能力。 |

图 2-4 是项目资产负债表的示意图。业务通常显示在左边，项目和风险平衡显示在右边。资产负债表的显示方式使业务处于自上而下的位置，而项目处于自下而上的对应关系。自上而下通常是由概念和想象驱动的更定性的观点，自下而上则更多的是基于事实、定量及对风险的态度，即风险态度反映了实际的经验。弗雷德·P. 布鲁克斯（Fred P. Brooks）总结得很好："好的判断来自经验，而经验来自糟糕的判断。"

项目经理面对风险，根据业务期望平衡资源、范围、时间表、质量评估

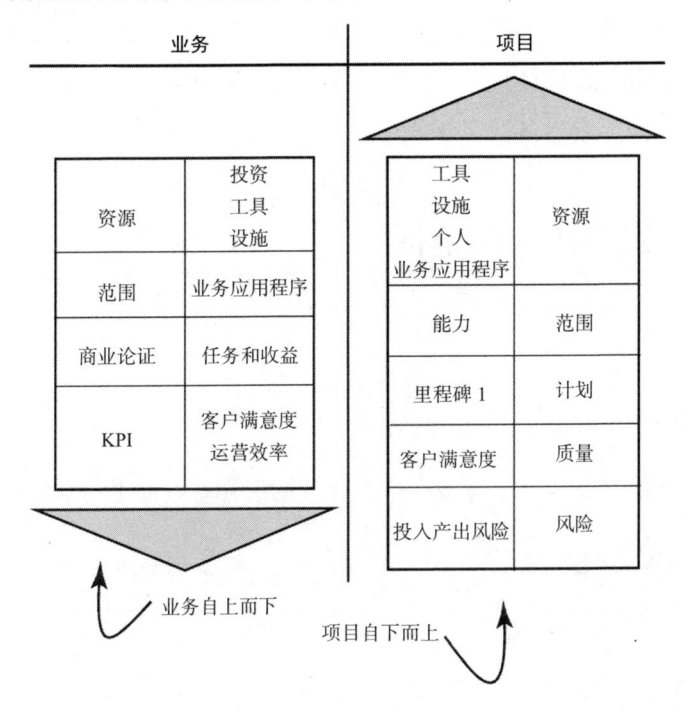

| 业务 | | 项目 | |
|---|---|---|---|
| 资源 | 投资<br>工具<br>设施 | 工具<br>设施<br>个人<br>业务应用程序 | 资源 |
| 范围 | 业务应用程序 | 能力 | 范围 |
| 商业论证 | 任务和收益 | 里程碑 1 | 计划 |
| KPI | 客户满意度<br>运营效率 | 客户满意度 | 质量 |
| | | 投入产出风险 | 风险 |

业务自上而下　　项目自下而上

图 2-4　项目资产负债表

#### 2.3.2.3 规划项目资产负债表

左边的发起人的观点是以概念和价值为导向的,正如项目经理所理解的那样,他们有时忘记了落地实操性。通常,发起人对项目管理、成本、进度评估、风险管理或满意度分析没有具体的理解。项目发起人仅仅将项目视为一个黑盒,每个细节都封装在项目边界内。

项目经理拥有关于项目的实际情况的估算,即使它们只是商业论证上下文中的粗略估算。然而,项目经理并不具备发起人关于业务和市场的专业知识,因此需要一个桥梁来明确地将发起人对项目的要求、约束和理解与项目经理联系起来,这样业务方和项目经理就不会互相推诿。这座桥梁是大家对范围的共同愿景,是对投资和收益的充分理解。建立桥梁是商业论证和项目资产负债表的一个关键目标。

### 2.3.3 思考与讨论

- 项目资产负债表是说明业务和项目之间持续和动态的紧张关系的一种方式。根据你的经验,作为敏捷项目中这种紧张关系的主要仲裁者,这种关系会如何影响项目管理办公室?

## 2.4 按级别构建商业论证

使工具适应场景。

### 2.4.1 目标

- 讨论并解释商业论证应该根据对业务的潜在影响而进行详细调整。

### 2.4.2 按级别构建

| | |
|---|---|
| 需求的性质 | • 基础需求和战略需求来自战略计划和平衡计分卡。<br>• 场景化的、客户驱动的需求只在项目过程中被揭示,因此对于计划而言也是模糊的。 |

## 2.4.3 商业论证入门

要从正确的道路开始,需要简单回答如下框架性问题:
- 是什么使我们大家聚在一起讨论一个新项目?
- 设想的项目使命和范围是什么?
- 如果项目成功,企业和客户群体将如何变得更好?
- 如何达到目标或改变项目最终状态?

为方便理解内容,我们增加一些必要的细节解释。
- 背景:描述是什么导致了现在的商业机会。回顾相关的历史业绩是一个有益的背景,当前的一些运行结果总是受欢迎的,例如,功能表现和过程指标、最终用户评价和其他客户的声音输入、保修或故障报告、来自平衡计分卡的审计报告、供应链指标,以及从其他项目的相关历史中获得的教训。
- 项目建议:列出项目资产负债表的两栏,提供整个价值主张的业务描述:结果、预期收益、质量匹配、可用投资、具有业务重要性的里程碑和客户需求。从更高角度描述项目资产负债表,即包含着范围、质量、成本和进度。其中,给出的解决方案不必太过规定性,但必须足够可信,需要识别差距并平衡左栏的资产负债表,包括已知的缓解措施。
- 操作结果:提出一个操作概念来描述在项目交付后的每天谁在用产品做什么。如果有KPI,需要列出并解释。
- 业务准备:业务准备同样需要运营,任何合理规模的项目都需要积极的变更管理和执行人员的参与。我们需要对用户、支持人员和维护人员进行培训,确定销售人员及市场推广计划,推出市场销售策略,测试产品,固定资产报废,以及供应链准备和其他准备。
- 请求批准:最后,也可能是最重要的,就是请求批准。一个被批准的商业论证是对开展项目的授权,也是项目章程。

### 2.4.3.1 商业论证的0、1、2级

商业论证层次结构是一个三层的金字塔,如图2-5所示,它们不是根据评估的准确性,而是根据对企业的影响来设计的。

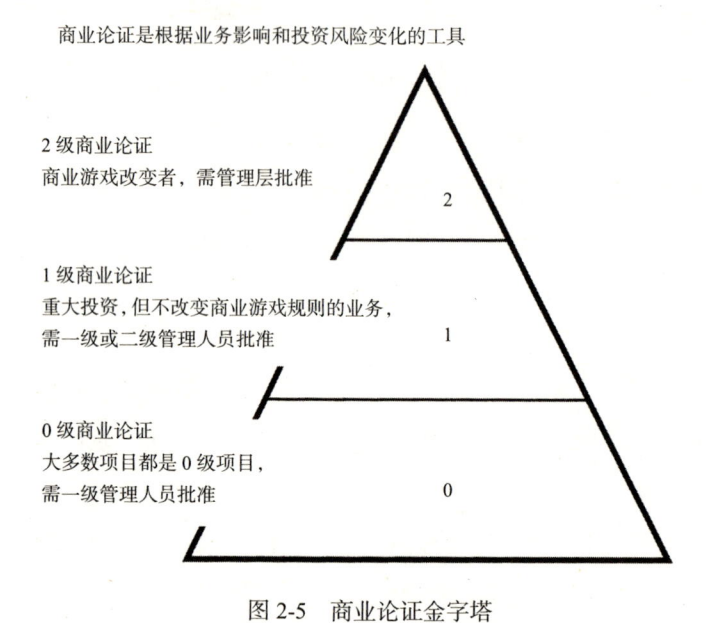

商业论证是根据业务影响和投资风险变化的工具

2 级商业论证
商业游戏改变者,需管理层批准

1 级商业论证
重大投资,但不改变商业游戏规则的业务,
需一级或二级管理人员批准

0 级商业论证
大多数项目都是 0 级项目,
需一级管理人员批准

图 2-5　商业论证金字塔

0 级属性:

- 0 级商业论证由最终用户、客户或系统操作员和运维人员提供的待开发需求驱动。这些需求待办事项列表需要一个治理过程来确定优先级,并且必须符合 0 级的资金限制。
- 待办事项列表里的需求不仅仅是 Bug 修复、产品返厂保修或其他问题修复。需求应该代表新的特性和功能,但在 0 级商业论证下,它们的范围受到这样的限制:新功能或特性不会实质性地改变与供应链、客户或用户群体的关系,或者其他可能具有契约、遵从性和法规效力的承诺。
- 0 级商业论证,通常由一级或二级管理人员的简单工作流批准即可执行。0 级的需求适用于现有系统、流程和业务模型。

1 级属性:

- 1 级商业论证的复杂性有所增加,不仅是解决方案,还包括对组织、最终用户和客户的影响,可能还包括对其监管者、供应商和其他第三方伙伴的影响。

- 可能涉及（通常是）多个业务单元，从而使批准工作变得复杂。
- 可能需要外部审计师、监管机构和认证机构的批准；可能需要咨询供应链部门，技术可行性也会存在问题；可能需要对流程和技术进行 B2B 的测试和认证。

1 级的商业机会可能适用如下边界限定：
- 不以业务为赌注。
- 不实质性地改变商业模式和业务价值。
- 不蚕食其他业务部门。

实际上，在第 1 级，项目并不能改变商业游戏规则。

2 级属性：
- 2 级商业论证传递这样的商业机会：如果项目不成功，它可能威胁企业的生存，即第 2 层级的项目是商业游戏的改变者。
- 在第 2 级，这种机会可能引入新的商业模式，即以某种实质性的方式改变文化，并广泛影响领域内的商业关系。
- 2 级商业论证几乎总由管理层或企业的董事会批准。

#### 2.4.3.2　构建 0 级商业论证

0 级是填表练习，通常提供的资料如表 2-8 所示，该数据取自表 2-7。表单是基于 Web 的，并使用数据库进行操作。工作流为管理人员提供了审查商业论证、附加评论和提交批准的方法，可能有时只需要一个批准即可完成。

表 2-7　商业论证清单

| 机会和机会窗口 | 商业术语中的价值主张，以及利用机会的最佳时间线 |
| --- | --- |
| 背景 | 是什么导致了这一需求痛点？ |
| 解决方案和产品主管 | 如何应对机遇？<br>谁解释解决方案？产品的用户群体是谁？ |
| 发起人 | 谁是项目发起人？ |
| 项目经理和团队 | 项目需要哪些关键参与者？<br>项目经理、架构师、首席设计师、首席测试员 |

续表

| | |
|---|---|
| 平衡计分卡的收益 | 价值主张的本质是什么，如何衡量？项目投资者的回报是什么？ |
| 受益人 | 客户：谁对价值主张负责？<br>相关方：谁将从机会中获益？<br>谁是利益共同体？ |
| 收益实现 | 在项目结束时向谁传递收益实现的信号 |
| 负担能力的极限 | 作为资本和费用资金，可用于投资的最高金额是多少？<br>项目在多大程度上能够从早期的收益流中自给自足？需要提供估计的现金流需求和金融风险折价<br>在项目可能被取消以限制损失之前，负面影响的极限是什么？ |
| 投资概要 | 随着项目完成，所需的投资是多少？ |
| 项目成功的已知和未知风险 | 什么可能阻碍项目成功？解决方案的可行性如何？ |
| 业务准备 | 谁将推动组织的变革？<br>会涉及哪些组织：销售、市场营销、供应链、制造、分销、保修支持等？ |

表2-8　0级商业论证

| | |
|---|---|
| 提交日期 | 提交表单时，系统通常指定的日期 |
| 功能或系统编码 | 将项目置于业务描述中的标识符 |
| 需求描述 | 产品愿景<br>针对产品功能和特性的结果或交付的描述 |
| 预估收益和期限 | 从受影响用户的平衡计分卡或KPI，以及收益发生的时间线来度量 |
| 参考待办事项列表或其他需求平台 | 通常，需求池包含所有的Bug报告、担保索赔、先前工作中未满足的需求，以及其他一些用户需求记录 |
| 需求来源或主要受益人 | 谁提出了这种需求？这个人可能不是企业的成员<br>谁是主要受益人？ |
| 请求授权和发起人 | 到底是谁在提出需求呢？在一些组织中，用户或外部客户不能提交商业论证，因此需要一个内部请求授权的发起人 |

续表

| 项目启动的原因 | 为什么需要启动一个项目？是否有其他方法可以通过常规操作来满足需求？ |
|---|---|
| 项目经理<br>产品经理<br>架构师<br>其他人 | 谁是主要的项目参与者？实际上是项目涉及的成员或主要团队的成员 |
| 可用资金 | 可用于项目的投资；被认为是企业负担能力的上限<br>投资是企业对所要求的产品功能和特性进行的基于美元的价值判断 |
| 复杂性评估 | 由项目计划提供的价值判断 |
| 里程碑 | 对所需产品功能和特性的产出时间进行业务判断 |
| 项目间关系、工作指令或其他假设 | 梳理影响项目结果和假设条件的项目间的依赖关系是有必要的 |
| 必要培训 | 考虑业务对使用交付的产品功能的准备 |
| 认证、遵从规定或其他标准 | 识别不受业务控制的解决方案中的约束 |

### 2.4.3.3 构建 1 级商业论证

1 级比 0 级的影响更大，1 级通常需要更多的资源，包括资金和人员，也可能包括工具、环境和必要的支持。1 级的复杂性来源于 0 级的简单形式的扩展，这些可能包括对供应链、客户或用户群体的影响，或者其他可能具有契约、遵从性和法规效力的承诺。这些事项是重大的，需要负责任的管理人员认真考虑和承诺执行。

1 级商业论证可能影响浮动薪酬计划、损益承诺，并对资产负债表产生影响，从而影响企业的资本结构。这些影响可能引起人力资源和资本管理人员的关注。

表 2-9 是表 2-8 的扩展。

表 2-9　1 级商业论证——基于 0 级的补充

| 是否需要投资基金？ | • 资本用于资助那些价值随使用而贬值的项目。在某些情况下，那些开发组织资产的劳动者，可以作为获得资产的成本的一部分，并被资本化<br>• 无论是租赁还是购买，资本融资都会对现金流和损益支出产生多年的影响<br>• 在某些限度之外，重大的资本需求会对组织的资本结构产生实质性影响，进而可能影响信贷价值和借款成本 |
|---|---|
| 是否需要计算净现值（Net Present Value, NPV）或经济增加值（Economic Value Added, EVA）？ | • NPV 和 EVA 是衡量成本和收益的指标，所有的成本和收益流在同一时间段通过"折现"方法计算得出<br>• 折现考虑了成本和收益现金流中的价值风险<br>• 折现计算通常由组织的财务和会计办公室进行管理<br>• 许多公司将 NPV 或 EVA 计算作为项目批准的门槛<br>• 收益应该超过成本，否则项目就不应该被批准，至少在财务指标上是这样的 |
| 是否涉及跨职能业务单元？ | • 业务单元间的内部依赖可能成为项目成功的关键因素，可能影响项目实施的关键路径[1]<br>• 参与的业务单元的行为和承诺的假设是什么？<br>• 是否需要建立一个客户或用户团队？ |
| 是否需要供应商合同变更？ | • 供应商、经销商、分销商和其他与组织有关系的人可能受到 1 级商业论证的影响<br>• 修改这些合作关系可能有问题，也有可能是项目资产负债表的右侧识别到的风险 |
| KPI 是否会影响业务单元的收益和损失？ | • 许多经理都有担负项目收益和损失的 KPI。KPI 可能影响项目中成员的报酬、晋升或其他有关项目成功的度量<br>• 在某些情况下，项目结果被设定为对业务单元的收益和损失产生有益的影响，KPI 也将因此影响而改变 |
| 是否推崇薪酬浮动？ | • 报酬经常用来激励员工在项目上的表现<br>• 从业务部门抽调来参与项目的团队成员，以及受委托或获得各种补偿而参与项目的成员，在项目服务期间需要进行一些补偿调整 |

续表

| 项目成功的外部威胁 | • 不受企业控制的风险可能影响项目成功<br>• 通常，环境、监管、融资和认证机构都属于这一类 |
|---|---|
| 不在项目范围内的机会 | • 项目实施过程中发现的更优的商业机会，目前不在项目范围内，但考虑到项目的成功，是可以把握的<br>• 警告：不属于投资上限、不包含在产品愿景中的机会可能违反敏捷的"简单性"原则 |
| 市场及销售假设 | • 对于出售的产品和服务，在计算效益时，市场和销售假设是什么？ |

1 关键路径是通过项目规划网络的最长连接路径。关键路径上的任何活动调整都会导致整个项目的调整。关键路径上的活动不一定是项目中最重要的任务，但对于控制项目计划进度来说是最关键的。

#### 2.4.3.4　构建 2 级商业论证

2 级商业论证处理不在 0 级和 1 级内容范围和权限范围内的所有情况。批准的程序也总是涉及管理层人员。

2 级的项目是规模较大的项目，一个小型团队很少能够处理。虽然大规模并不排除敏捷方法，但是规模使所有管理和技术参数复杂化，项目风险的增加是非线性的。在第 11 章我们会讨论如何扩展敏捷方法。

表 2-10 是表 2-9 的扩展。

表 2-10　2 级商业论证——基于 1 级的补充

| 业务价值模型的变化 | 平衡计分卡或价值信条模型的变化 |
|---|---|
| 需要尽可能地分析成功的关键因素 | 商业分析有助于得出机会评估、收益流和隐藏风险的主要结论 |
| 外部监管机构、认证机构、债权人 | 识别不在企业控制范围内且对项目的成功有影响的部门或人 |

### 2.4.4　思考与讨论

对于发起人而言，无论陈述多么不正式，但在没有首先确定清晰的目标概念和价值主张的商业论证情况下，你能去执行一个由别人出钱资助的项目吗？

## 2.5 小结

本章主要观点：敏捷商业论证尊重并鼓励将客户需求的紧迫性和重要性与商业目标和战略进行融合。

在 2.1 节中，我们发现商业论证为项目描述增加了价值。商业论证是决策制定者、发起人、相关方、执行者和项目经理之间的高级连接，它提供足够的信息来使项目获得批准，并为项目经理指明方向。

对范围的共同愿景和对投资和收益的相互理解构筑了业务和项目之间的桥梁。最佳价值是在包含着公司战略意图的商业论证框架内产生的。

在 2.2 节中，重点介绍了记录得分的方法，即两个主要的评分模型：平衡计分卡和价值信条模型。

在 2.3 节中，我们了解到项目资产负债表将那些来自业务案例中的目标和策略与为客户提供及时且重要价值的产品所包含的风险和能力进行了比较。商业论证是基于事实和估算的文档，并会根据实际情况添加其他信息。

在 2.4 节中，描述了敏捷商业论证与敏捷原则保持一致：简单、及时、响应业务和项目需求，并且随着价值主张的演变而随时调整。

最简单的是 0 级商业论证，它是一页的表单，记录了预想的产品、平衡计分卡中的指标、项目评估。0 级商业论证通常由单个决策者批准。

1 级和 2 级商业论证更稳健，反映了对业务的更大影响。

最后，商业论证是对客户需求的敏捷响应：响应不断发展的需求，尽早生产有益的产品增量，以及从总体上将成本和收益进行最佳价值组合。

## 2.6 本章注释

1. 构想和推测是 Jim Highsmith 推荐的 5 个阶段的前两个，另三个是探索、适应和结束。见 Highsmith, *Agile Project Management*, 81-82; *Explore 360 is a strategy proposed* by Alistair Cockburn in Crystal Clear. See Cockburn, Crystal Clear, 46.

2. Beck and Fowler, *Planning Extreme Programming*, Chapter 9.

3. KPI 是组织用来衡量业务单位和个人在某些基准点上的绩效的指标，薪酬通常基于 KPI 的结果。

4. Kaplan and Norton, *The Balanced Scorecard*, 71-80.

5. Treacy and Wiersema, *Customer Intimacy and Other Value Disciplines*, 84-93.

6. Treacy and Wiersema, *The Discipline of Market Leaders*.

7. Goodpasture, *Managing Projects for Value*, 31, 46.

8. Ibid., 40-45.

# 第 3 章

# 敏捷质量管理

质量是一种不容置疑的价值观。质量能让客户更加成功，提供比投资承诺更多的商业利益。

质量不是偶然的，它是高度的专注、诚恳的努力、睿智的指导和娴熟的执行共同缔造的产物，是明智抉择的体现。

——威廉·福斯特（William A. Foster）

本章将讨论质量对敏捷项目结果的影响。多年来，出现了许多质量运动，但没有一个真正完全消失，最好的思想已经适应并符合现代实践。

当谈到企业项目和质量时，我们会立即想到很多质量模型：科学管理、全面质量管理、零缺陷、朱兰三部曲、持续改进、质量功能展开（又叫质量屋）、质量圈（又叫质量控制圈）、定义的过程控制（Defined Process Control）、六西格玛、PDCA 循环（又叫戴明环）等。

当考虑敏捷时，我们的问题是，这些质量模型在敏捷项目中有用吗？答案是肯定的，原因很简单：客户和市场在很大程度上掌握着质量要求，而这些模型满足了客户和市场的质量期望。质量控制（一种早期的质量理念）已经转变为质量保证，质量保证已经转变为市场驱动和客户驱动的质量期望。这就是我们今天的处境。

## 3.1 质量价值观和原则

最大的价值是高度的客户满意。

### 3.1.1 目标

- 解释和讨论质量既是价值也是目标。
- 解释和讨论质量与成本、进度的关系。

### 3.1.2 质量：价值观、原则和实践

首先，质量是一种价值观，价值观是我们相信和关心的理念。有价值的东西是我们愿意为之工作和付出的东西。实际上，在另一章中，我们把价值成本作为了预算的同义词。因此，质量是我们愿意付出投入来获得的。虽然质量是敏捷项目的目标，但大多数人都认为质量很难定义。事实上，对许多人来说，质量是我们看到它时才知道的事情之一。

质量随着项目成果一起呈现给客户，所以我们认为质量是一个结果目标。质量作为结果目标，与成本、进度或其他资源有很大的不同，这些资源的控制是输入目标。敏捷实践者遵循敏捷宣言，更重视实现高质量结果，而不是坚持预定的资源计划（如成本和进度等）。从这个意义上说，敏捷项目把对计划的忠诚转变为对高质量承诺的兑现。

通过价值，质量与价格密不可分。当客户或发起人认为质量达到或超过所支付的价格时，产品肯定具有经济价值，此时他们会认为"钱花的物有所值"。如果没有更好的机会，这种经济价值可能是最佳价值。

其他章节更详细地论述了最佳价值。简单地说，当客户对产品的质量非常满意时，他们也相信他们的投资获得了最大的价值。"客户"一词是广义上的：高管、发起人、用户及那些内部或外部付费的人。在全文中，我们将以表 3-1 中给出的质量价值观为基础。

表 3-1　质量价值观

- 沟通质量：尊重沟通中的礼仪、及时性和准确性
- 产品质量：承诺产品符合使用要求，包括可靠性、可维护性、可用性、符合标准和惯例、形式和功能、适合社会和全球化环境
- 质量实践：承诺产品符合实践标准，客户可以相信产品符合所有要求的认证和实践标准
- 节约资源：尊重资源，特别是时间，并在所有财务事项上保持诚信
- 绩效质量：承诺个人和集体的绩效是合法、道德、诚信的
- 人际关系质量：尊重每个个体，重视每个成员的贡献，承诺一个安全、丰富的环境

每种方法论都包含质量原则。原则是特定领域的指南，为行为和行动指明方向并设定界限。原则支持价值观，并且原则带来行动。每个项目仪表板都应宣传指导其特定项目并反映其组织的原则。表 3-2 中的条目可以是每个敏捷项目的一部分。

表 3-2　敏捷方法中的通用质量原则

- 每个人都尊重时间
- 每个人都尊重他人的观点，尊重多样性
- 讨论问题对事不对人，要有一个安全可信任的环境
- 团队成员有责任为团队增加价值
- 学习和自我提升是每个人的工作，个人和团队都会从中受益
- 每个团队成员都致力于为团队和项目工作，避免只关注个人利益
- 交付给客户的每个交付件都要满足其质量标准
- 任务中的每个对象都是最简单的，尽管最简单的对象可能非常复杂
- 为满足客户需求，每个对象都有足够的冗余以确保特性和功能的可用性
- 只有通过回顾吸取教训后，迭代才算真正完成
- 投入和最大化产出是每个人的目标

在每个项目和每种方法论中，都有将原则付诸实施的质量实践。质量实践实际上是为了交付和提高质量而做的事情，实践是原则的实现。表 3-3 只列出了最重要的几个实践，其他的质量实践还有很多。当所有项目参与者把每个质量维度（适用性、标准适用性、成本适用性、社会和全球环境适用性及其他方面）完全

内化时，质量最容易实现。

表 3-3 质量实践

- 沟通能在一个合理和约定俗成的时间范围内得到及时和礼貌的回答
- 强制执行时间盒方法，并遵守其特定的时间限制
- 每日举行站会，以便团队成员有机会在一个安全的环境中发言
- 用户有权影响功能设计，但用户有责任为企业创造最佳价值提供建议
- 工作分配将反映对风险和不确定性的合理调整
- 通过激励或者其他的形式及时和有针对性地认可个人和团队的绩效
- 每个对象都经过单元测试、功能测试和系统集成测试来证明其功能正常并符合相关标准
- 出于经济上的考虑，第一次发现缺陷时就修复它，越晚修复成本越高
- 所有实现都符合组织的认证标准
- 对象设计尊重系统架构
- 对象设计按照最佳价值标准，尊重用户对特性和功能的评价

### 3.1.3 敏捷方法中的质量价值观和实践

到目前为止，讨论的是敏捷项目中可操作的质量实践。诸如沟通中的礼貌、及时性和准确性等价值观和原则是日常活动的指南。诸如客户驱动的价值和 PDCA 循环这样的工具和技术来自泰勒、戴明、朱兰和克劳士比等管理大师的发明，现在仍然可以将这些质量工具和技术应用到敏捷项目中。

#### 3.1.3.1 规划和部署

质量规划和项目规划类似：

- 确定目标。
- 构思战略。
- 用原则指导行动。
- 定义实践。

在理想情况下，项目的质量目标和原则：

- 与平衡计分卡的质量要素保持一致。

- 反映表 3-1 和表 3-2 中给出的组织价值观和原则。
- 反映表 3-3 中给出的项目质量实践。
- 遵循企业的具体方法论的价值观和原则。

表 3-4 列出了建议的质量目标。

表 3-4 建议的质量目标

| 目 标 | 度 量 | 说 明 |
|---|---|---|
| 客户对产品特性和功能所提供的价值感到满意 | 主观评价：不满意，满意，非常满意 | 相对于遵循计划，敏捷项目更重视客户满意度 |
| 项目发起人认可项目提供了适合商业论证的最佳价值 | 对既定投资的愿景实现程度的主观和定量衡量 | 商业论证明确产品里程碑和可用的资金 |
| 企业感到已经准备好并且能够接受和有效地部署项目成果 | 操作指标，如培训就绪、供应就绪、制造流程和程序 | 变更管理和业务准备工作采用项目开发的产品并产生效益 |
| 平衡计分卡上的相关方判断对关键绩效指标的影响，并验证它们在预期范围之内 | 平衡计分卡指标 | 有时相关方会建立约束而不是敞开大门，但仍期望对 KPI 产生有利影响 |
| 团队成员觉得他们有公平合理的机会为客户提供最有价值的解决方案 | 团队和项目经验的主观评价 | 遵守表 3-3 中给出的原则 |

质量体系的部署首先是一项沟通任务，在组织内做好宣传、培训和教育，并记录原则、标准、基准和实践。部署推动内在化。部署和内在化的含义是，虽然有必要进行宣传和教育，但每个项目成员都必须把原则放在心中，以便制订有效的计划，将项目原则视为个人原则，并使质量实践自然化和常规化。

表 3-5 列出了敏捷项目的质量计划部署步骤。

表 3-5 敏捷项目的质量计划部署步骤

| 部署工作 | 说 明 |
|---|---|
| 以书面形式公布项目的价值观和原则，让项目标准和基准随时可用 | 精益思考：把必要的信息放到项目仪表盘上能使项目工作更高效 |

续表

| 部署工作 | 说　明 |
| --- | --- |
| 建立计分卡来记录缺陷机会空间中的表现 | 尽可能地使用可电子访问的计分卡模板进行输入和更新 |
| 建立计分卡的审批工作流程 | 精益思考：建立按需的审批权限体系来维护评分的完整性 |
| 召开团队会议或其他论坛会议来宣传和培训质量计划 | 把会议时间盒化：尊重时间，尊重所有的想法和讨论 |
| 建立关键活动的绩效审计程序以提升质量 | 检查你期望的结果。注意：过分干涉的审计程序可能影响结果[1] |
| 确立改进目标 | 利用每次迭代回顾和经验教训总结作为提高下一个迭代绩效表现的机会 |
| 使用全面质量管理工具来识别问题并测量进展 | 帕累托图和鱼骨图是敏捷项目中常用的质量工具 |

1 不确定性原理：测试实际改变了被测量的结果。

### 3.1.3.2　质量计分卡

在物理系统中，定量的质量度量是与基准或控制界限（在控制图中，中心线或均值两侧三个标准差以内的区域，控制界限反映了数据的预期变动范围）相比较的数值测量。我们知道，这就是过程控制。在许多类似的对象中，实际测量值（通常不同的对象略有不同）将主要围绕标准值进行聚类。

验收界限是为区分好对象和坏对象而建立的。数值测量记录在计分卡上，该计分卡通常被称为控制图。如图 3-1 所示，测量值在控制界限之间绘制。

对于无形的结果，通常不测量尺寸和重量等物理参数，而测量功能和性能。由于许多缺陷是系统元素间相互作用的不可预见结果，系统的潜在混沌和熵是未知的。因此，实际采用的是一种近似实时的策略，以经验的方式设置定量缺陷界限，这意味着质量标准适应实际观察到的结果。为了收集经验数据，我们观察并记录了差别。

过程控制图显示了可以接受的结果范围,这个范围是位于平均值两侧的上下控制界限之间的区域

- 正态曲线,又称钟形曲线
- 大部分结果聚集在平均值附近
- 少量结果远离平均值

可以接受的结果

有缺陷的结果

控制界限内的机会区间

时间

可接受的最小界限边界

可接受的最大界限边界

可接受结果的过程范围

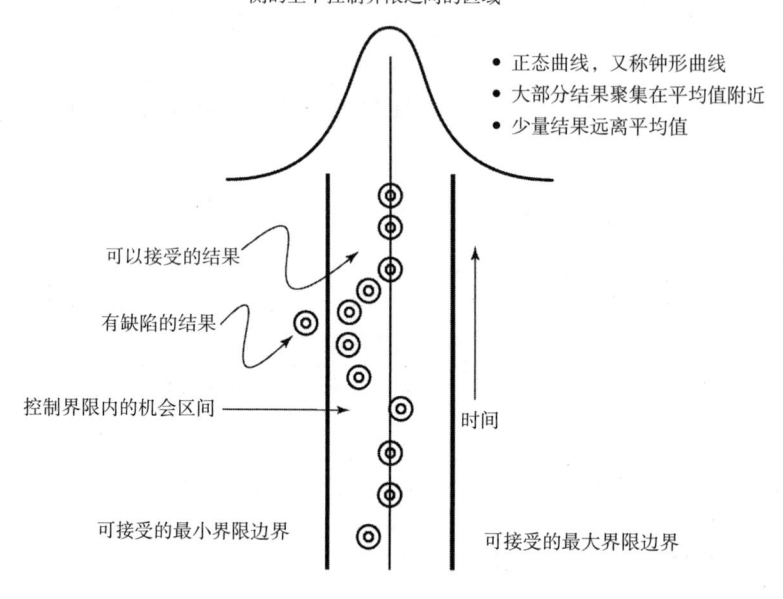

图 3-1 控制图示例

在单元测试阶段会发现各种各样的技术错误[1]:语法、拼写、定义和其他。在集成和功能测试阶段会发现影响用户使用的逻辑错误(如只从数据库中检索姓氏而不是名和姓)和性能错误(如填充数据字段所需的时间太长)。还有其他缺陷类别,如是否符合标准、是否缺少或存在不适当的特性和功能。

要开发质量绩效计分卡,需要设计以下条目。

- 错误条件。错误条件是观察到的唯一问题,例如,只检索姓氏而不是名和姓。
- 错误条件频率。在每个观察实例中错误发生或未发生,错误的出现被评分为 1 或 0。总频率数是错误分数的总和。
- 错误条件概率。错误发生次数与观测次数的比率称为错误条件概率。

- 错误影响。影响是关于错误条件对产品有效性和客户满意度的影响程度的判断因素。影响通常以定性（例如，低、中、高）的值表示，有时采用数字表示，数字越高，客户满意度越低。

### 3.1.4 思考与讨论

根据你的经验，质量是否更有可能支配成本和进度？如果你对上述问题的回答是肯定的，你是否同意管理的重点和优先权已从遵循既定规划的成本和进度转移到聚焦结果上来？

## 3.2 思想领袖与敏捷质量

敏捷质量是建立在许多对质量有着深刻思考的人的工作之上的。

### 3.2.1 目标

- 使读者熟悉质量领域最杰出的思想领袖。
- 把质量理念和敏捷目标联系起来。

在本单元中，我们将探讨质量领域的思想领袖对敏捷的影响。以下不同的质量理念分别由不同的思想领袖代表。

### 3.2.2 泰勒的精益思想

弗雷德里克·温斯洛·泰勒（Fredrick Winslow Taylor，更广为人知的名字是 F. W. Taylor）是最早系统地研究商业管理的人，他不经意间成为那个时代的精益思想家。泰勒认为，管理者必须承认并接受这一原则：管理者有责任设计高效和有效的过程和程序。

必须消除浪费！仅仅让火车有效地运行是不够的，它们必须准时到站！需要定义每项行动和测量结果的方法。

泰勒最早进行了时间和运动研究，这也许是对无价值工作的第一次攻击。彼得·德鲁克（Peter Drucker）是一位卓越的管理大师，创造了"知识工作者"一词，他将泰勒列为现代最具开创性的思想家之一。[2]

泰勒可能是第一个精益思考者，但他在员工方面显然没有敏捷思想，他认为员工根据职位描述是可互换的，没有考虑个体才能的差异。泰勒比其他任何思想家都更关注商业效率，而不是为创新和客户影响创造合适的条件。

泰勒认为，工人必须按技能和角色进行划分；通过仔细的工作设计，以及技术熟练的工人之间的协同工作可以获得高质量。任何错误最终都能通过独立的检查来发现。泰勒的想法使大规模生产成为可能。

- 经过适当训练的工人，可以像标准的机械零件一样互换。
- 定义良好的标准流程加上合格的工人可以持续地产生可重复的结果。

泰勒将质量控制作为一种独立的外部实践，它可以捕捉功能过程没有检测到和纠正的任何错误。

肯特·贝克在《解析极限编程》[3]一书中比较泰勒思想时指出：
- 泰勒主义潜伏在我们的商业文化中，潜移默化地影响着我们的日常活动。
- 泰勒认为质量责任属于主工作流之外的责任。

主工作流之外的质量理念应该让我们所有人感到担忧。如本章所述，质量与范围、资源和进度是平等的。质量是内在的，也是工作的第一要素。

| 项目管理提示 | 泰勒对敏捷项目的影响 |
|---|---|
| | - 泰勒是第一位精益思想家。<br>- 泰勒是第一个研究和量化无价值工作的人，他强调消除浪费时间的过程、程序和环境障碍。<br>- 同样，受人尊敬的《代码大全》一书的作者史蒂夫·迈克康奈尔（Steve McConnell）也指出，"软件质量的总体原则是通过提升质量来降低开发成本""提高生产率的最佳方法是减少返工时间"。[4] |

**质量的精益实践**

在第一次世界大战之前，泰勒就在思考精益。最近，精益意味着从客户的角度出发，专注于使每个活动增值。精益还意味着将流程从一个步骤平滑到另一个步骤，从而将非生产性空闲时间最小化，减少或消除批处理队列，替换实时过程，并将等待时间最小化。精益意味着推迟生产决策直到准时生产来避免库存积累和过早的承诺。[5]

但是对于客户和开发人员的关系，以及作为精益和敏捷方法的核心，最重要的可能是"拉"的概念。"拉"意味着特性和功能是作为客户请求的结果而被拉到产品设计中的，而不是被开发人员的突发奇想"推"出来的。"拉"是我们在本书其他章节讨论的敏捷看板实践的本质。

"拉"和简单性的理念是互补的。简单性是指避免复杂的交换，也是避免在客户提出需求和设置优先级之前整合设计导致的复杂性。

### 3.2.3 戴明和定义的过程控制

戴明引入了非常实用的过程控制思想来限制产品质量的变化。今天，它被称为定义的过程控制。从产品的角度来看，戴明质量思想的核心是，每次都以同样的方式生产产品，并使其在客户可接受的范围内工作。定义的过程控制的现代典型代表是六西格玛。

戴明受过程统计学家沃特·阿曼德·休哈特（Walter A. Shewhart）工作的影响，该统计学家认为流程有两个变量：异常原因和偶然原因。

异常原因具有系统性，可以被纠正并保持到经济最小化。在敏捷里，异常原因在团队每次发布或者迭代后的回顾里解决。

偶然原因在频率和强度上是随机发生的，并不总是出现在过程中，并且通过为给定过程建立性能限制来缓解。敏捷处理偶然原因有两种方式：

- 只为一个迭代安排大约 80%工作量的待办事项列表，从而为处理偶然原因预留部分空间。
- 设置空迭代作为缓冲，以处理由于偶然原因累积的债务。

| 项目管理提示 | 戴明对敏捷项目的影响 |
|---|---|
| | • 戴明致力于在产品交付给客户之前消除可能导致客户不满意的结果，用敏捷的术语来说，每个对象都必须通过其单元、功能和系统测试。 |

六西格玛是戴明和休哈特思想的现代版本。不过可以这样说，定义的过程控制并不是敏捷。敏捷强调经验过程控制，这意味着当前的环境是过程设计和控制界限的驱动因素。也就是说，六西格玛的一些要素可以适应敏捷方法。

| 项目管理提示 | 六西格玛支持敏捷 |
|---|---|
| | • 六西格玛提供了一种非常有效的问题解决方法［定义、测量、分析、改进、控制（Define, Measure, Analyze, Improve, Control, DMAIC）］，它增强了计划—执行—检查—行动（PDCA）循环。 |
| | • 无须借助六西格玛的其他方面即可使用 DMAIC 原则。 |
| | • 六西格玛带来了对缺陷机会空间的理解，并促进了在客户满意的边界上设置界限的想法。 |
| | • 许多缺陷永远不会被发现，有些缺陷也不值得修复。所有人都有可能为客户体验做出贡献。 |

### 3.2.4 朱兰尊重客户价值

约瑟夫·朱兰（Joseph Juran）的理念更符合敏捷思想。戴明主要还是把质量工作聚焦在产品上，朱兰开始把质量工作的焦点转向客户。最能体现朱兰质量理念的是著名的"朱兰三部曲"：质量策划、质量控制和质量改进。

朱兰强调适用性（Fitness to Use）的质量理念。他认为满足规范只是一个必要条件，还不够充分，因为没有考虑适用性，即没有尊重客户对产品价值和效用的想法。换句话说，功能只有被客户使用才是有价值的。朱兰的想法和敏捷实践者所认为的尊重客户价值高于遵循计划是一致的。

朱兰定义了组成适用性的五个参数：

1. 设计质量，具有良好等级的判断参数。
2. 符合市场标准和习惯预期。
3. 可用性、故障频率和维修速度的结果。
4. 安全使用。
5. 客户环境中的易用性。

在工具方面，朱兰推广了帕累托图。意大利经济学家维尔弗雷多·帕累托（Vilfredo Pareto）在研究商业活动时发现了80/20法则，帕累托图以他的名字命名。

帕累托图是一个按照问题出现的频率降序排列的直方图。例如，打印机卡纸是一个比较典型的问题，它可能每季度发生100次。

80/20法则指出，在帕累托图里80%的问题发生仅与20%的原因有关。因此，如果出现了1 000次问题，并且1 000个问题中有80个不同的原因，根据80/20法则，每1 000次问题中有800个可归因于80个不同原因中的16个。

| 项目管理提示 | 朱兰对敏捷方法的影响 |
| --- | --- |
| | • 朱兰把质量的关注点从产品转向客户。<br>• 朱兰重视客户满意高于遵循计划的理念符合敏捷思想。<br>• 朱兰提出了适用性（客户满意）的概念，并把它推广为一个质量管理理念。<br>• 帕累托图有助于敏捷团队聚焦最重要的特性和功能。 |

### 3.2.5 克劳士比：零缺陷和质量免费

菲利浦·克劳士比（Philip Crosby）是戴明和朱兰之后的又一位质量大师。在航空航天和国防工业工作期间，克劳士比专注于将戴明关于异常原因的想法推广到零缺陷。他还提出了第一次就把事情做对（Doing It Right the First Time）的原则，简称DRIFT。

克劳士比最著名的是提出了质量免费（Quality is Free）的理念。在这个理念中，一致性成本（一致性成本包含预防成本和评估成本，这是项目为避免失败所花费的资金，如培训、测试等）是以正确的方式开展业务所必需的。因此，质量成本是免费的，只有不一致成本（不一致成本包括内部失败成本和外部失败成本，这是由于项目失败所花费的资金，如返工、保修工作等）才会导致浪费。

| | 克劳士比提出质量免费的理念 |
|---|---|
| 项目管理<br>提示 | • 敏捷团队理解并实践第一次就把事情做对的原则。<br>• 尽管零缺陷值得称赞，但敏捷方法还是希望客户指定要修复的缺陷的优先级。如果有些缺陷的修复在经济上不划算，就不用修复它们。|

### 3.2.6 思考与讨论

在本单元中，提出了三种不同的质量理念：业务效率、产品卓越和适用性。这与其他拥有类似三角形的业务模型相似。本着三角测量的精神，你会把三角形的哪条边加长（占主导地位），哪条边变短？

## 3.3 质量验证抽样

你不能测量和验证一切，但一切都必须有质量。

### 3.3.1 目标

- 使可接受的采样方法与质量需求联系起来。

抽样是读者感兴趣的一个高级话题，他们对额外的定量质量测量感兴趣。大多数有经验的项目经理和开发人员（无论是传统的还是敏捷的）都明白，要验证每个质量考虑因素是不可能的，因为有太多的条件和组合。

- 经济限制。
- 进度约束。
- 隐藏在晦涩的功能背后的未发现或不可知的缺陷。
- 操作性侥幸。

因此，测试和验证自然会导致抽样。

## 3.3.2 抽样

抽样将人们的思维模式从描述统计学（成堆的数据测量描述实际情况）转变为推断统计学。也就是说，从证明某一条件或假设的大数据，到只需要抽样数据支持的推断结论的转变。（统计学按照发展阶段和侧重点不同，可分为描述统计学和推断统计学。描述统计学是阐述如何对客观现象的数量表现进行计量、搜集、整理、表示、一般分析与解释的一系列统计方法。推断统计学是主要阐述如何根据部分数据去推论总体的数量特征及规律性的一系列理论和方法。——译者注）

因此，根据对相似或密切相关的事实的观察和分析，推断是假定为真实的结论。通常，推断伴随着关于假定结论的确定性的置信声明。

从项目的角度来说，得出推断结论与衡量每个结果相比是一个相当大的转变。推断将信任的概念引入验证结果，增加了与高管和发起人沟通时的复杂性。尽管如此，推断统计的使用仍然非常普遍：

- 民意调查是推断统计的日常例子。
- 只有几千人的意见似乎代表了在合理的误差范围内的数百万人的意见。换句话说，具有相对较高的置信度。

在项目中的情况与在政治民意调查时大致相同。从相对较少的观察结果中，验证者可以推断出同样的结果，这些结果在数量众多、难以评估的更大的总体中也存在。例如，在测试数据库系统时，可能只有机会验证数千万条记录中的几千条记录。如果验证设计正确，则可以确信剩余的数据总体具有相同的质量。

在大多数实际情况下，可以实际量化测量结果的可信度。抽样是一个很大的主题，但是有一些简化的假设和启发使抽样成为日常使用的实用工具，如表 3-6 所示。

选择样本大小和理解置信界限是专业分析师的工作。可以这样说，如果总体是来自总体的样本的十倍以上，并且误差条件随机分布在总体中的所有对象中，那么就需要进行许多简化以使抽样在项目中切实可行。

表 3-6　抽样的简化方法

| 方　　法 | 说　　明 |
|---|---|
| 总体是具有相似属性的对象的集合 | • 总体不必是连续或统一的<br>• 总体可以具有时间敏感属性，或者像海拔这样的位置属性<br>• 为了推断对象 B 的性能，可以对对象 A 进行抽样，如原型和生产模型 |
| 在抽样开始之前，不需要知道总体的所有成员 | • 抽样"框架"定义了总体的已知元素，总体的真实规模可能是未知的<br>• 例如，投票人口的确切规模在选举前无法知道，但可能的选民群体的"框架"可以知道 |
| 从总体中抽取样本的最佳计划是没有计划 | • 随机选取样本进行验证 |
| 为了获得好的结果，不需要精确地调整样本大小 | • 样本需要"足够大"，但与总体数量相比可能非常小 |

### 3.3.3　过程界限和基准

企业通过一些方法、程序和政策把质量转化为具有可测量的属性。过程限制、抽样和质量是要连接的点，你还可以向这个组合中添加在制品的限制。质量目标将这些点连接起来。对于一切没有经济可行的方法进行测量的总体，只能采用抽样的办法。但是抽样要比较的可接受的质量基准是什么？

基准通常不是某个刻度上的一个点，而是一个由界限定义的范围。人们提出了这样一个问题：什么时候确定界限？传统上，它们由分析定义，因此成为预先定义的过程界限。但是预先的自上向下的约束不适用于敏捷方法，所以经验性界限的思想在敏捷项目中出现。

定义的界限可以在过程控制图上找到。定义的界限，或者说定义的过程控制是戴明所提倡的质量理念，最近以六西格玛实践而闻名。定义的界限假定事先知道它应该是什么样的，以及缺陷是什么。假定缺陷的性质已经以某种方式与客户进行了测试，因此毫无疑问，缺陷是不可接受的。

然而，敏捷的问题是显而易见的：至少在项目开发期间，产品在战术上是不固定的，这和固定、可预测的界限是对立的。因此，我们被引向经验性极限。

经验性极限确实具有动态的特点。随着需求、用户故事和用例在项目中逐渐明确，质量界限被经验地定义出来。

### 3.3.4 用户的质量测量

由于我们讨论的大多数项目结果都是在用户社区中完成的，所以我们常常会问，你觉得它们怎么样？得到的答案通常是"好—更好—最好"，有时按 1~10 分进行排名。在缺乏客观的排名标准的情况下，"好—更好—最好"这样的评价方法更适用。主观提供了灵活性，因为所有的解释都严格地由客户提供给我们的信息驱动。这是选择经验性分析而不是去符合预先定义的标准的又一个例子。

主观信息的经验分析得益于简单的直方图或帕累托图。直方图是一种排序工具，如图 3-2 所示。

质量是由错误发生的次数和客户感知到的错误对产品的影响共同决定的

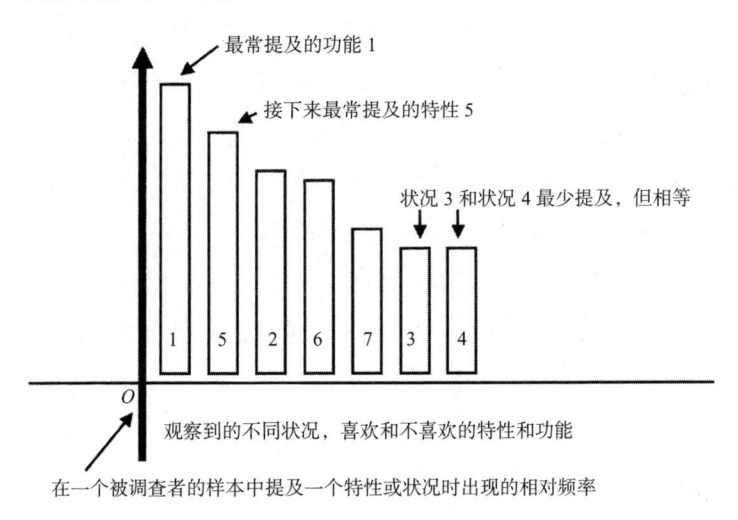

最常提及的功能 1

接下来最常提及的特性 5

状况 3 和状况 4 最少提及，但相等

观察到的不同状况，喜欢和不喜欢的特性和功能

在一个被调查者的样本中提及一个特性或状况时出现的相对频率

图 3-2　质量测量直方图

### 3.3.5 思考与讨论

抽样而不是验证每个结果是一种风险。如果客户收到一个有缺陷的产品，或

者绊倒在产品遗留的一个缺陷上，该怎么办？你的组织如何应对此类风险？你是否对经验控制界限感到满意，或者你的组织是否要求定义类似六西格玛这样的过程控制？

## 3.4 小结

本章的主题是质量是不可协商的价值。质量让客户变得更加成功，并带来比投资承诺更多的商业利益。

在 3.1 节中，我们了解到质量没有单一的定义。质量由它的价值、原则和实践来表达。每种敏捷方法都有其价值、原则和实践，但在本章中，我们提供了适用于任何方法的通用思想。

在 3.2 节中，我们了解到早期质量领域的思想领袖建立了许多在今天仍然有用的实践。泰勒引入了精益思想和一些活动对最终结果毫无价值的概念。戴明告诉我们要对每个结果进行反思，让已定义的过程限制成为商业中常见的事情。朱兰说，要把重点放在客户身上。克劳士比宣称：质量是免费的。

在 3.3 节中，我们了解到大多数项目无法承担测试和验证所有内容的费用。因此，引入了抽样，并依赖抽样来验证推断的假设或结论。抽样本身已被证明是一种行之有效的做法，但需要一名合格的分析师。

在附录 3A 中，我们发现六西格玛和精益思想范式是相对较新的质量运动。虽然不是专门为项目和软件而设计的，但它们是非常有用的概念和实践，如适用于敏捷方法的机会空间和拉动思想。

## 3.5 本章附录

六西格玛是一种解决问题的方法和缺陷控制策略，旨在识别和缓解定义的过程控制中的错误来源。控制界限是这样确定的：在超过或低于控制界限的 100 万个机会中，生产产生的错误不超过 3.4 个。这个数字来自钟形曲线 6 个标准差范围内的错误可能性并允许长期平均缺陷率的 1.5 个标准差漂移。(经过多年的数据收集和实证分析,摩托罗拉的研究人员发现,标准分布的平均值在较长时间内通常漂移约 1.5 个标准差,将 1.5 个标准差漂移考虑进去,长期的 6 个标准差水平与短期的 4.5 个标准差水平相当,即缺陷率是百万分之三点四而不是百万分之零点零零二。——译者注)

这个过程的名字来自小写的希腊字母 s,称为西格玛并用符号 σ 表示。σ 是统计学家用来表示风险或不确定过程平均值的标准偏差的符号,偏差越低,过程中的不确定性越低,超出过程质量界限的错误越少。

Scrum 方法论大师肯·施瓦伯反对定义的过程控制,他这样说:

"(定义的过程控制)是基于那些只因其不精确程度可接受而工作的过程……当定义的过程控制因中间活动的复杂性而不能实现的时候,需要使用经验性的过程控制。"[7]

在施瓦伯看来,软件太复杂了,不可能期望缺陷包含在预定义的错误界限内,只能使用经验性的控制。经验性的控制来自观察到的事实并且适应实际情况,而不是由根据历史项目经验预先确定的界限来决定的。

尽管软件项目很少以六西格玛和戴明的方式做统计过程控制,但从项目管理和敏捷方法的角度来看,戴明最主要的成就也许是他继承自沃特·阿曼德·休哈特的 PDCA 循环。PDCA 设想对要做的事情进行计划,然后按计划去做,这就是计划—执行(Plan-Do)。接下来是检查(Check)活动,对结果进行测量,然后根据测量结果执行相应的行动(Action)。从 PDCA 的意义上讲,行动意味着反思所吸取的经验教训,并为计划中的下一个迭代反馈纠正措施。

六西格玛不是为项目、软件或敏捷方法而设计的。项目特别是软件,根本不可能接近六西格玛所倡导的错误率。六西格玛不是敏捷的,它需要大量的文档、实践和分析支持。六西格玛是最典型的定义的过程控制方法,施瓦伯和其他敏捷实践者回避了它。那为什么我们还要在敏捷方法的质量管理里讨论六西格玛呢?因为六西格玛有一些有趣的实践可以帮助敏捷项目。

1. 问题识别和解决方案设计。六西格玛采用建立在戴明 PDCA 循环基础上的问题识别和解决实践。六西格玛被认为是跟踪缺陷的,这意味着对产品结果进行反思,并通过根本原因分析来确定缺陷来源。跟踪缺陷符合敏捷的要求,即始终交付工作产品。[8]在六西格玛中，这种做法被称为 DMAIC。DMAIC 确实以更复杂的方式实现了 PDCA 的检查—行动（Check-Act）组件。

2. 机会空间。六西格玛提倡质量测量的机会空间概念。机会结果分为好与不好、可接受与不可接受或无缺陷与有缺陷。软件系统的机会空间是软件所特有的。在现代软件中（除了少数例外情况，当然也不同于机械和电子系统），程序逻辑总是按照设计的方式工作，并且在相同的初始条件和操作数据下以相同的方式重复工作，不受磨损、年龄、环境和材料差异的影响。但软件确实有缺陷。

| 软件缺陷 | 有很多类型的缺陷，也叫错误 |
| --- | --- |
| | • 逻辑错误：逻辑结构的缺陷，这些逻辑结构实际上可以工作，但不是客户想要的。 |
| | • 技术错误：由技术问题引起的缺陷，如不正确的语言语法、不正确的或不一致的变量和数据定义、拼写错误、数据溢出或其他类似的构造问题。[9] |
| | • 数据错误：不符合数据定义的数据缺陷。 |
| | • 一致性错误：不符合质量标准的实际做法。 |

软件复杂性使机会空间复杂化。机会空间由已知、未知但可知和不可知的缺陷组成。已知缺陷是指已经发现且处于待办事项列表中的缺陷，根据优先级和修复成本，这些缺陷可能修复也可能不修复。未知但可知的错误是发现和测试的问题，同样受到优先级和成本的影响。不可知的缺陷是那些不太可能出现的情况和条件，只有在产品处于运行环境中时，用户才能识别这些情况，不是业务专家的开发人员可能永远无法识别这些缺陷。

持续改进的理念是在划分机会空间时做出最佳选择，提升每次迭代的效能。迭代后对机会空间进行抽样，所有计数在每个迭代会有所不同。某些缺陷将推迟到后续迭代修复，其他缺陷将被忽略，但大多数缺陷将在发现这些缺陷的迭代中修复。

因为敏捷方法是迭代的并且设计是重构的、围堵的，所以试图阻止缺陷从一个代码库蔓延到下一个代码库的概念本身并没有得到强有力的实施。

## 3.6 本章注释

1. 术语错误和缺陷可以互换使用。
2. Wall Street Journal, *"Frederick Taylor, Early Century Management Consultant,"* A1.
3. Beck with Andres, *Extreme Programming Explained*, 131-133.
4. McConnell, *Code Complete*, 567.
5. Poppendieck, *The Agile Customer's Tool Kit*, 4.
6. Womack and Jones, *Create Wealth in Your Corporation*, 67.
7. Schwaber, *Agile Project Management with SCRUM*, 2.
8. See Hallowell, *"Software Development Convergence: Six Sigma-Lean-Agile."*
9. 现在设计的软件在统计意义上通常是固定的。也就是说，给定相同的初始条件和相同的数据，程序将以相同的方式重复执行。在大多数情况下，不再遵循自计算语句和变量，从而在运行中更改程序并创建不一定可重复的非平稳效果的旧做法。

# 第 4 章

# 瀑布中的敏捷

拥抱和尊重体系结构、功能和治理的开放性和平稳性是成功的混合项目控制的关键。[1]

## 4.1 第一原则和必要条件

战略、战术和环境。

### 4.1.1 目标

- 讨论和解释固定的战略原则。
- 讨论和解释战术上的迭代和涌现式。

### 4.1.2 混合工作原理

先前章节讨论的一些敏捷方法与传统方法的差异性是开展混合项目的基础，在一些项目中它们可以共存。

| 混合工作原理 | 敏捷项目在战略上是稳定的，而在战术上是迭代的和涌现式的。 |

战略上是稳定的意味着：
- 无论何时何地，项目都具有相同的战略意图和可预测的业务前景。传统方法需要这样做，业务规划者也需要这样做。
- 战略意图是企业对项目的机会和愿景所表达的内容。
- 战略上可预测的业务前景是项目的预期结果，通常表示为任务，也可以在业务计分卡上找到。

战术上的迭代和涌现式意味着：
- 灵活性意味着授权给开发团队就地解决问题。
- 团队被授权响应客户需求的细节，同时在各方面也满足公司战略意图。
- 在研发迭代过程中，团队被期望变得精简、高效、无摩擦。

#### 4.1.2.1　商业论证和项目章程

正如在商业论证的章节中所讨论的，你将发现通过文档记录并讨论的战略意图实际上就是商业论证。战略业务计分卡（差异化未来的计分卡）将从项目对业务影响的意义上反映任务完成的效果。

相应地，商业论证对应项目章程，其中也包括项目计分卡。尽管项目计分卡的时间线比业务计分卡短，但它仍将以项目指标的形式反映战略意图。

图 4-1 说明了这些要点。商业论证总是反映业务的乐观性，尽管有时它有些模糊或没有明确的边界。商业论证表达了我们在前几章讨论过的使命、机会、愿景和需求描述。因此，相应的映射是这样的：

- 从商业论证中的使命，识别项目驱动者。
- 从商业论证中的机会，引出关键里程碑。
- 从业务领导力的愿景，我们设想一个响应式架构。
- 从商业论证中的需求描述，识别大量需要产出的功能。

战略对应着从左侧的业务到右侧的项目，为驱动者和响应者之间搭建了因果链接

乐观、构想、愿景　　　　　自信、交付、生产量

风险

使命
机会
愿景
需求描述

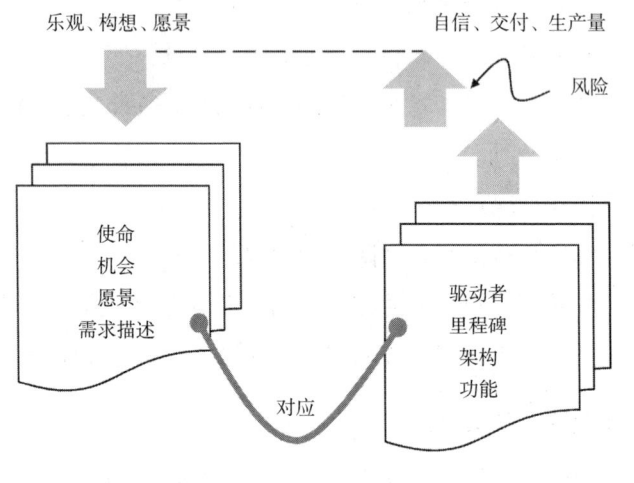

驱动者
里程碑
架构
功能

对应

图 4-1　战略地图

#### 4.1.2.2　风险响应

我们在图 4-1 中看到，项目章程总是对项目目标承担一定的风险，即使这种风险在商业论证中并不明确，或者与商业论证的乐观性背道而驰。所以问题就变成了如何应对起伏不定的风险？答案是，在战术上是涌现式的和迭代的。这正是敏捷方法最能处理风险的特性。

我们定义了一个可以提供这些要素的环境，作为一个环境，它具有以下属性：

- 支持内部冗余的小型团队。
- 在团队级别进行局部管理，甚至在团队成员之间轮换管理。
- 支持经过验证的协议和精益实践。
- 支持团队成员之间的本能行为、精益原则和无摩擦的相互作用。

#### 4.1.2.3　战略与战术叠加

战术上涌现式的和迭代的风险响应的结果是，我们可能发现，当前的行动似乎是战略的一个演变，也就是项目计划。但是随着时间的推移，我们可能采取其他行动，使战略保持稳定。实际上，我们目前的策略是战术上的权宜之计。

图 4-2 说明了战术与战略的相互作用。这些行动是什么?

- 对于敏捷工作流程,最常见的战术行动是调整迭代待办事项列表、故事集或用例库,它们是敏捷方法中需求的要点。

为什么会采取这些行动?

- 最常见的原因是,因为客户或用户看到了实现功能的更好方法。他们看到一个不必要的故事,这个用户故事是可以被删除的;或者他们已经发现了关于需求新的信息,这个需求到目前为止还没有被确认,但是它应该被添加到待办事项列表中。

另一种形式的战术操作是技术或功能性债务的结果,即那些在项目结束前必须完成的小项目。这些债务可能导致一些小的变化,这些变化可能导致战略的制定,但更多的时候,它们有助于向战略意图靠拢。

尽管这个讨论是在风险的背景下进行的,但是这与我们动态的待办事项列表管理方式是一样的。无论一个故事或需求如何引导我们偏离方向,从长远来看,如果我们忠实于战略意图,我们将通过对待办事项列表的后续调整找到回归的方法。

战略与战术叠加,以缓解短期压力,同时保持战略意图

- 根据环境进行战术响应
- 根据情况制订涌现式的计划
- 在战术上尊重战略

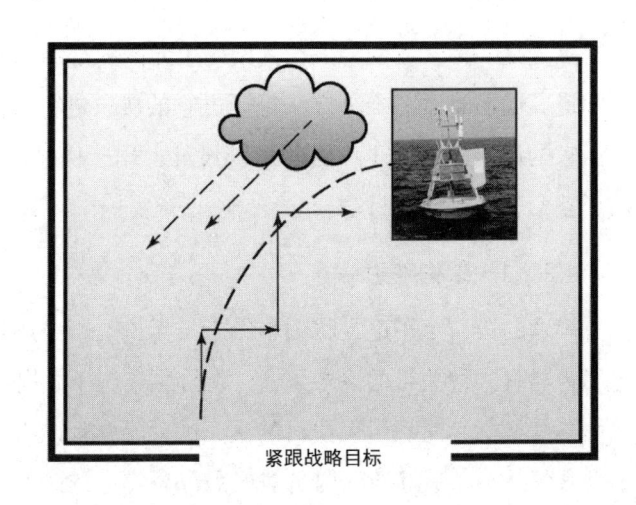

图 4-2 战略与战术叠加

## 4.1.3 思考与讨论

本节里面两个重要的点:

1. 混合情境下两种对立思想共存：稳定和涌现式的。
2. 不管战略是什么，总会有一些战术上的行动是对形势的本能反应，同时也是对客户待办事项列表中需求的响应。

作为项目办公室的领导者，你从这些想法中发现了什么问题？

## 4.2　黑盒、接口、链接

你的、我的、我们的。

### 4.2.1　目标

- 讨论和解释开放和固定接口的重要性。
- 讨论和解释涌现式的黑盒。
- 让读者熟悉如何将这些想法扩展到工作流和项目组合中。

### 4.2.2　黑盒

黑盒是一种封装的隐喻，其架构单元的内部结构和细节是隐藏的，外部世界不知道。使用黑盒的唯一方法是通过它的接口进行通信。

它的通用性适用于广泛的系统设计：用于机械设备和结构，软件单元黑盒，甚至整个工作流或项目。

#### 4.2.2.1　架构映射

黑盒的第一个用途是将项目结果（无论是服务还是产品）的体系结构映射或定义为具有某种关系的许多黑盒。在许多情况下，提出一个好的映射更多的是艺术而不是科学，而且引人注目的是，映射经常反映企业的组织偏见。

我们认为，最好的架构是对产品深思熟虑的产物，这与敏捷原则中提出的最佳架构的出现有些背道而驰。它首先是战略意图的结果；它是自上向下构思的，然后通过自下向上的映射进行细化，以达到足够细的级别，从而形成项目章程。

> **战略架构师深谋远虑的产物**
> - 根据子系统进行分区,几乎可以实现完全的隔离和独立(独立模型)。
> - 根据层进行分区以实现功能的有效分配(Internet 模型)。
> - 根据应用程序进行分区,以实现应用程序独立性(智能手机模型)。

那么,关于好的涌现式的架构的敏捷原则是行不通的吗?不,实际上在低于战略架构的级别上,战术架构可以根据客户需求的详细信息提出并做出响应。尽管如此,就像前面提到的那样,即使战术上偏离了主要架构,也要与更大的架构保持一致,以尊重战略意图。

从商业论证到项目章程的映射:
- 愿景和需求描述分别对应顶层架构和功能。
- 架构和功能对应着工作流。
- 工作流中的工作是根据本地团队选择的方法完成的。

正是后一种思想直接导致了一种响应商业论证和项目章程的混合方法,前提是我们的操作原则的必要条件已经就位。

### 4.2.2.2 封装范围和方法

封装是一个强大的思想,它为"敏捷—传统"的混合项目提供了以下可能性:
- 方法(敏捷的和传统的)可以封装起来,因此不会产生干扰,但是能够通过接口进行通信。
- 工作流可以被封装,在特定的里程碑和接口上与其他工作流进行通信。
- 架构组件可以封装到接口水平。
- 项目可以封装在一个项目组合中,在特定里程碑和接口上与其他项目进行通信。

| 两个重要的封装理论 | 1. 接口对于从一个封装实体到另一个封装实体的通信和互连都是非常重要的。<br>2. 里程碑计划是确保封装功能准备好与其他封装实体集成的必要调度工具。 |
| :---: | :--- |

所有这些封装的可能性都可以映射到图 4-3 所示的黑盒范围。首先注意到的，也是最突出的视觉效果是，所有细节都对非所有者或不在特定盒中工作的团队隐藏起来。由于这种表面上的隐藏，地域决策、工作流程和问题被包含在其中，并且只有一小部分消息灵通的人才知道这些信息。

在这方面，我们很自然地看到封装的黑盒可能有领域之分：

- 你有你的想法，我有我的观点。
- 我们每个人都有一个架构。
- 虽然内部细节是可以改变的，但其在很大程度上是我自己的业务，不是你的。在没有变更管理的情况下，开放接口不能改变。
- 接口的开放面必须是固定的，并支持战略意图。

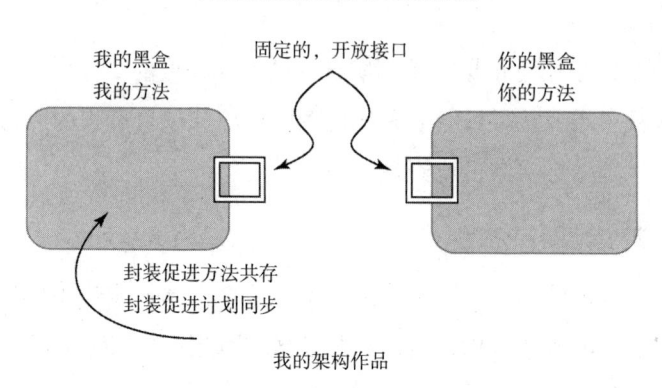

图 4-3　封装的范围

因此，每个黑盒团队都必须站在接口的开放端之后。如果不这样做，就违背了对项目其余部分保持忠实于战略意图的承诺。

#### 4.2.2.3　战术是涌现式的和迭代的

除了保持与外部世界的接口的开放性和固定性，开发团队还可以根据分配给黑盒的待办事项列表自由地设计和开发黑盒的内部结构。

首先，让我们确保我们理解，当处理该实体的团队了解了黑盒的细节之后，我们就有了一个白盒。对于那些透明地看到黑盒的人来说，他们正在研究白盒解决方案。

其次，最重要的规则如下：

| 战术的涌现式的与迭代的规则 | • 一旦团队承诺使用开放且固定的接口，团队可以自由地迭代并利用涌现式的待办事项列表，然后重构白盒解决方案。 |
|---|---|

一旦定义了接口，团队就不能在开放端修改它的功能或属性，除非与其他所有黑盒团队进行协调商定。

| 白盒 | • 对于每个黑盒都会对应一个白盒。<br>• 白盒仅仅是对黑盒内部结构和动作的描述或说明。<br>• 白盒是去掉封装的黑盒。<br>• 只有对黑盒负责的团队才知道白盒。 |
|---|---|

从项目规划的角度来看，什么时候会出现对接口功能和其他属性的承诺？答案是，在架构定义期间，将愿景和需求描述分解成功能架构单元。

因此，考虑到黑盒工作的各个团队都致力于接口的开放方面，我们转而考虑活动设备、流程或组件的每个接口，每个接口本身应该是活动的，并且功能自治。因此，在黑盒集成和通信方面：

- 单元通过向接口寻址进行通信。
- 单元传递参数数据或以其他方式满足接口结构要求。
- 单元期望接收数据作为回报，或者让黑盒以某种功能的方式工作。

### 4.2.3 黑盒网络

我们仍然需要考虑如何在黑盒之间进行通信。有三种选择：

1. 专用的点对点连接。[2]
2. 通过网络共享连接某种类型。
3. 通过规则、层级来进行组织和管理连接。

当然，自从20世纪70年代分层协议和以太网拓扑开始广泛使用以来，网络解决方案一直是首选的拓扑。通过选择网络作为黑盒之间通信的方式，我们必须考虑如何将自己定位到接口。本质上，我们做这些事情是：
- 创建一个开放的、活跃的网络，作为产品、服务或程序架构的一部分。
- 应用分层协议来实现无处不在的连接。
- 将黑盒安排为网络上的节点（在节点体系结构上的功能）。
- 将应用程序协议（如文件传输协议）作为连接协议的覆盖层应用。

#### 4.2.3.1 网络属性

网络有几个属性将所有的黑盒连接到一个系统中，如图4-4所示：
- 网络上的每个节点都是黑盒的接口，要么是主干总线拓扑[3]，要么有点像功能和物理单元的网格。[4]
- 一旦架构设置好并达成一致，网络端上的接口就是开放和固定的。
- 网络上的协议是开放的、固定的，符合战略意图。
- 连接具有足够的响应能力，即便在性能不佳的网络中，也不会损害黑盒的预期用途。
- 网络可扩展到远程或虚拟单元。

黑盒网络，代表工作流，说明了在工作流间的接口

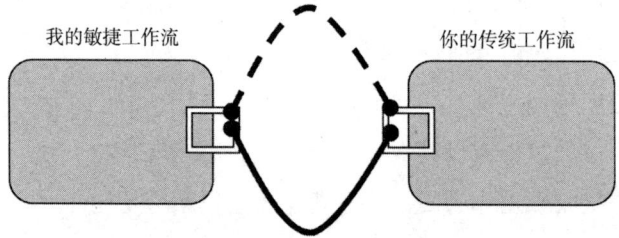

我的敏捷工作流　　　　你的传统工作流

网络：规划、物理、虚拟（人工传递网络）或组合

图4-4 黑盒网络

#### 4.2.3.2 网络操作系统

如果网络是活动的，而不是人工传递网络，则在系统的基础上有一个执行网络操作系统（Network Operating System, NOS）的网络管理器。在所有的操作系统中，可以根据产品、系统、项目程序或单元的环境提供许多服务。
- 安全服务：包括黑盒在网络上的授权和身份验证，以及对可能在网络上运

行的任何代理进行身份验证。
- 管理服务：包括负载均衡、地址维护和错误控制。
- 报告服务：包括可用性报告、错误性能、用户数量和使用情况，以及其他管理指标。

#### 4.2.3.3 网络扩展

现在应用上面讨论的封装概念，网络可以扩展到程序实体（如工作流和项目）和各种对象（硬件和软件）。编程扩展可以是本地的或远程的，也可以是真实的或虚拟的，甚至可以在程序单元之间使用人工传递网络。为了成功地扩展到程序单元，有必要协调和同步里程碑计划，这是我们将在下一小节中讨论的主题。

当然，一个可编程的网络思想也可以嵌入项目结果中（项目或服务）或工作流程中。有许多工作流解决方案，包括智能面向服务的架构解决方案，它一般作为涉及中间层功能和应用程序的变体存在。

对象之间的网络扩展，包括硬件和软件，对于大多数项目团队来说都是一个熟悉的概念。关于分层协议和物理级别的网络思想有大量的资料，因此我们将不再进一步扩展讨论。

### 4.2.4 思考与讨论

如果你的项目有一个很大的硬件组件，因此主要考虑的是硬件和软件的集成，那么与其他进行功能集成的方法相比，你是否认为本节中的思想仍然适用或是有效的？

## 4.3 治理

"……我们试图管理的人不是在执行命令，而是在积极地处理信息。为了有效地处理，他们需要有有效的但最小的边界（因此他们保持在公司的目标之内），最大可能的灵活性（因此他们可以从公司的最大利益出发，并对环境的变化做出反应）。"[5]（吉姆·本森）

## 4.3.1 目标

- 讨论并解释围绕忠诚和支配地位转变的治理问题。
- 检查敏捷环境下的计划、监督和控制实践。
- 讨论并解释"完成"对敏捷项目意味着什么。

## 4.3.2 忠诚和支配

吉姆·本森（Jim Benson）写了本小节的开场白，有效地重申了我们一直在开发的操作原则：成功的项目在战略意图方面是稳定的（有效但最小的边界），同时在战术上是涌现式的和迭代的（最大可能的灵活性）。

### 4.3.2.1 锚定偏见

对于过去的一代来说，传统和敏捷之间的冲突主要在于传统思想的这些方面：

- 传统的方法可以自信地预测输入和输出，因为在输入和输出之间是将前者转换为后者的经过验证的过程。因此，一个适当控制的输入，应用于已证实的过程，将产生预期的结果。
- 管理的重点很自然地会过度关注输入：成本、进度和项目范围均由计划主导。
- 人们始终相信，计划是应对风险的良方。因此，结构化分析和需求可跟踪性是最好的开端。

这种传统思维存在一些问题，原因如下：

- 围绕输入评估的质量存在不可减少的不确定性，而这些不确定性无法通过项目过程来解决，有时是因为这些不确定性相当隐蔽，发现时已经太晚。因此，这些不确定性的影响在项目产出结果中出现了，让计划和现实之间产生了差异（有时相当大）。
- 对输入的关注忽略了环境和环境对过程有效性的影响，也忽略了时间的流逝对需求和优先级的改变。
- 计划是对某些风险的一种解决方案，这些风险是已知的，并且有一些减轻风险的经验，但是计划只是一种提前安排；随着项目的展开，前期计划的价值迅速降低，取而代之的是战术计划和对当前情况的反应。

熟悉认知心理学家丹尼尔·卡尼曼（Daniel Kahneman）和阿莫斯·特沃斯基（Amos Tversky）工作的人会认识到上述观点中存在"锚定偏见"。[6] 锚定偏见的概念是，我们得到了一个初始的想法、评估或者提议，然后不愿意放弃或游荡太远（或者睿智地说，我们把自己放在一个短期锚定线内），认为也许专家设置锚是为了做出最好的判断。

在项目管理中，锚定偏见往往会导致下列问题：

- 以超出其应得的确定性使评估合法化。
- 对第一个回答或提议给予无端的重视或信任。
- 将计划提升到指导级别而非引导级别。
- 将最重要的项目指标放在计划的前面，而不是结果的后面。
- 对项目环境并不能保证的最终结果给予认可。

让我们继续这个设想，对传统锚定的敏捷响应是设置一个完全不同的锚，它将促进战术的涌现和迭代，如本章开头的操作原则所述。在这一节中，我们提出了两个重要的管理指令，这是实施操作原则所必需的，一个是主导地位的转变，另一个是忠诚的转变。

| 敏捷管理指令 | 1．主导地位的转变<br>转变前：根据计划（成本、进度、计划范围）以消费为主导。<br>具有有限生命周期的短期计分卡值。<br>转变后：以增值吞吐量（输出、客户）为主。<br>战略价值计分卡驱动业务成功。<br>2．忠诚的转变<br>转变前：忠实地遵守计划。<br>计划是好的，但是计划并不能让项目在困境中存活。<br>转变后：忠实响应客户需求。<br>如果客户不是因为项目而获得成功，那么项目的意义何在？ |
|---|---|

在这两者之间，忠诚的转变是最深刻的，它影响着从项目计划到薪酬计划的所有关系，尤其是那些嵌入合同中的交易。我们将在下一节中讨论其中的一些问题。

#### 4.3.2.2 敏捷宣言

关于敏捷宣言，有一点很突出，那就是宣言提出了我们一直在讨论的主导地位的转变，但并不像有些人解释的那样，抛弃了所有传统的东西。因此，本着这种精神，这是一个关于从过程主导的文化（在这个文化中，人们被期望遵循或首先寻找过程中的规则和指导）到一个由个人作为团队成员、以经验的方式解决问题的文化转变的讨论。顺便说一下，由此得出的解决方案可能是遵循过程，因为大家都知道它效果很好。

当然，在敏捷宣言鼓励人们摆脱过程控制的时候，我们应该停下来问一下：当现代企业从 19 世纪占主导地位的家庭手工业中诞生时，为什么企业首先要发明流程呢？答案是双重的：

1. 随着企业规模的扩大，需要用基于匿名规则的流程（不需要信任，只需服从即可，这本身就很容易衡量）来替代个人信任的亲密性，即使其他人的个人知识无法同时扩大。

2. 需要将知识库制度化，这样任何人都可以离开，下一个人就可以接手这个过程。这个问题也同样是弱化过程的一个缺点。你把企业所需的知识储存在哪里？

现在，有了敏捷，我们又回到了原点：

- 关于第一点，当我们缩小人际关系的范围时，个人亲密感会重新出现，我们可以减少对过程的控制，而倾向于个人互动。
- 关于第二点，企业中的知识存储在基本产品的可复用模块中，以及体系化、结构化的文档记录中。

尽管如此，当一个关键人物离开时，一些有价值的东西也会丢失。

#### 4.3.2.3 方法相似

当然，在理论上，或多或少在实践中，所有敏捷方法都包含宣言的所有元素和所有 12 条原则。因此，在这方面，它们都有许多共同的特点，当然，它们的侧重点不同。也就是说，从传统实践到敏捷实践的主导地位的转变与我们在本课中所读到的所有方法学中并不一致。

尽管如此，它们都以这样或那样的方式做出了转变。所以，我们讨论的是我们所比较的两种方法的重点转移或程度有多相似。

在这方面，如果你阅读第 1 章和附录 A 中给出的描述，你会发现一个共同的想法是快速地交付工作软件。尽管重点不同，从每隔几个月到尽可能快速交付，再到介于两者间的动态系统开发方法。

#### 4.3.2.4 最佳价值大交易

从某种程度上说，这是一种向敏捷过渡的策略，也可以说是一种持续的理解，如果业务和项目之间能够达成巨大的交易（实际上是业务发起人和项目经理之间的妥协），那么这种忠诚的转变就更容易被接受。

| 最佳价值大交易（The Grand Bargain for Best Value） | • 根据优先级和迫切性，灵活应对客户/用户的需求，该项目将提供最佳的价值结果。<br>• 最佳价值是商业论证中给定的资源所能达到的最大范围和最有价值的范围，与战略意图一致。 |
| --- | --- |

实际上，发起人和项目经理之间的这种妥协（包含客户的需求）确定了企业要进行的投资，因此，在涉及业务计分卡的地方建立了一些业务预期。与此同时，这种妥协给了企业最好的机会来获得战略成果，这将使企业获得最大的利益。其中，对于一个固定的投资，通常是一个固定的时间周期，项目经理负责交付尽可能好的价值来完成项目所描述和商业论证所记录的内容。

值得注意的是，客户是本着大交易的精神出现的，但在项目开始之前，他们基本上是沉默的合作伙伴。即便如此，客户可能也没有完全参与其中，包括在最佳价值方面，客户通常没有投票权，例如：

- 非功能性需求，特别是那些需要维护认证的需求（如软件工程协会或国际标准化组织）。
- 遵守某些规定（特别是在安全方面）。
- 一些财务要求，如遵守萨班斯—奥克斯利法案（Sarbanes-Oxley）。

- 工程或架构最佳实践的某些内部标准。

#### 4.3.2.5 合同难题

我们今天所知的承包过程（包括但不限于政府和公共部门）往往会将主导地位从产出（承包机构希望从这个项目中得到什么？）转移回投入：

- 这份合同的费用是多少？或者成本是不是固定的？
- 什么时候能满足所有的要求？或者我断言我预先知道所有的需求。
- 合同中的每项要求对承包商都有约束力，只有通过正式的变更管理才能解除。

对于承包商来说，这种形式的治理与敏捷是相反的，敏捷是由输出主导的（工作产品等，来自敏捷原则）。这种主导性冲突是任何合同中都存在的，几乎是合同 DNA 的一部分。

有可能签订这桩大买卖的合同吗？也许有可能。我们将在另一章讨论承包合同的细节。但是此时合同代理可能回应，即如果传递给承包商的需求被验证是完整的，那么主导性问题在哪里呢？需要解决。

当然，这是争论的核心，传统主义者对完整性及其验证程序充满信心。传统主义者认为，将需求转移给承包商的合同是完全合适的。敏捷实践者同样相信，需求不仅是不完整的，而且很多需求很可能是不需要的，或者在构建和交付之后就不再使用了，或者有一些需求还没有被想象出来（"当我偶然间看到它时，我就知道这个需求了"）。

| 所有的需求都是固定和已知的 | • 对于敏捷实践者来说，一个固定的需求集，从最好的情况去看，它是不合理的；从最坏的情况出发，发现它是无法管控的。 |
| --- | --- |

#### 4.3.2.6 四个条件

根据前面的讨论，为了成功地转变忠诚和主导性，我们需要四个条件。

- 战略意图必须保持不变，以便业务保持信心，项目将满足业务目标和任务。
- 项目范围必须在战术上是涌现式的和迭代的，这样客户才能对他们的需求感到满足并保持信心。
- 质量必须提升到优势地位，从而使控制投入成为主导机制。
- 里程碑计划被用作传统和敏捷工作流之间的同步工具。

### 4.3.3 里程碑计划、监督、控制

敏捷实践者通常对"监督、控制"这些词感到反感，但对"计划"这个词就不那么反感了。拉里·博西迪（Larry Bossidy）写过这样的话：

"如果没有强有力的对话，你就不可能有一种执行力文化。这种对话通过开放、坦率和非正式，将现实带到眼前。"[7]

当然，敏捷是关于有效执行力的，所以执行力文化当然不是诅咒。因此，出于本书讨论的目的，我们将重点讨论对话的思想，将其作为实现监督和控制的方法，而不像专制管理的"老大哥"，徒增开销。

**监督和控制**

度量进度以便你随时知道工作的进展，这是有益实践。实际上是监督正在进行的工作，然后仅在必要时进行控制以保持对战略意图的忠诚。

项目监督（包括监控工具和系统）具有以下功能。

- 感知、度量和收集可用于采取行动影响结果（进展）的指标数据。推论：不要感知和衡量你实际上不能使用的东西。这似乎是常识，但通常很容易感知、测量和收集数据，只是为了存储数据而没有真正的用途，只是因为容易获取所以我们去收集。
- 解释数据并将结果与里程碑、预算和进度目标进行比较。后者更多的是关于结果，而前者更多的是关于投入（尽管在里程碑处监控达到了关于"我们在哪里？"的预期）。
- 对结果进行反思，总结经验教训，改进方法。
- 报告数据（会议、指示板、报告），从敏捷的目的讲，要认识到报告的质量不仅关系到准确性和相关性，而且关系到及时性。

项目监督具有以下功能：

- 施加或取消限制，包括权利、责任和政策、标准、规则，以及影响进度的工作流程。
- 分配或取消分配资源（资金、人员、工具、环境要素）。
- 计划并执行对监督数据的响应（根据反馈，对监督采取行动）。

监督应形成闭环：
- 计划需要足以指导执行。
- 执行以满足战略意图，同时保持对战术产生和迭代的开放性。
- 通过感知、度量和对过程的解释来监督执行。
- 监督足以保持对商业论证的信心。
- 监督进行控制的效果。

然后，尽可能多次地遍历这个循环（监督—控制—监督）。

### 4.3.4　变更管理和风险管理

"……但是软件并不工作……"，这意味着敏捷要解决的问题，即工作在很大程度上被定义为质量：需要满足使用、提供支持、适应环境等。

许多人并不认为敏捷是一种处理风险的方法，但实际上敏捷本身就是对软件需求的不确定性的一种风险响应，主要问题是软件需求、故事或用例通常没有实际的物理约束。因此，我们的想象力是唯一真正的限制。

当然，想象不是线性的，也不是连续的，我们可以用几乎任何顺序来思考事物。因此，我们在本书中讨论的敏捷待办事项列表本身就是敏捷的、不断变化的和可更改的。

#### 4.3.4.1　变更管理

任何采用混合方法的企业项目都必须调和两个看起来必须共存的变更管理范例。

1. 敏捷：应该激发和鼓励变更，以便在最佳价值的参数范围内获得最大的客户满意度。
2. 传统：变更在计划被批准后被抵制，这样可预测性的质量就不会受到影响，项目的结果也会符合计划中已验证的需求。

我们面对的变更管理是封装方法和实践，正如本章前面所描述的那样。在接口上，变化通过传统方式进行管理：

- 对开放接口的稳定性进行更改不会被激发或鼓励。
- 当需要时，对开放接口的变更需要遵守变更管理协议，该协议受项目变更管理委员会管理。

在黑盒中，变更管理隶属于方法论系列。黑盒中的敏捷方法会激发变化；传统方法是通过最小化变更来控制变化的。

### 4.3.4.2 风险管理

风险管理并不是一个封装方法和实践的问题。大多数风险实践同样适用于敏捷方法和传统方法。识别优先级—评估—响应的风险处置范例是如此普遍且有效。

风险经理面临的首要问题：

- 项目目标的风险是否会实质性地损害战略意图？
- 这种风险是可以用战术来处理的，还是需要一种更具战略性的应对措施？

然而，与传统的敏捷实践者相比，通常敏捷实践者更倾向于及时和恰好足够的风险管理，以控制风险。传统的实践者相信严格的计划是风险管理的第一步，一旦项目开始，就要编写风险管理计划并填写风险登记表。

然而，纳西姆·塔勒布（Nassim Taleb）的思想可能最适合软件项目。在他的《反脆弱：从无序中获益的事物》[8] 一书中，塔勒布的主题之一是，抵御商业风险的最佳方法是，在不给企业带来灾难的情况下，提高企业承受冲击的能力。正如书名所暗示的那样，这种所谓能力越相互分离，就越能更好地吸收冲击。映射到项目中，特别是敏捷项目中，无论是否混合，这些都是反脆弱点：

- **总是拥有多余的能力**。对于敏捷项目来说，敏捷团队中技能的冗余是减轻失去关键人物的冲击的主要方法。
- **总是尽可能解耦**。这首先出于架构的考虑，但是它非常适合黑盒范式。如果将功能分配到考虑了容器的黑盒中，则可能包含一个黑盒中的问题。

- 通过在一个黑盒中不包含太多功能来实现多样化。在风险术语中，这是 $N$ 的平方根规则，即风险事件的不确定性因较小事件数的平方根而降低。
- 为每个战略里程碑预留缓冲时间，这样即使面对项目活动的冲击也不会影响总里程碑。这是对规划的关键链方法的一种发挥，高德拉特（Eliyahu Goldratt）在他的书《关键链》[9]中首次描述了这种方法。

敏捷中有两个直接响应多样化规则的思想：

1. 将长时间的项目计划划分为 $N$ 个独立的计划单元，称为迭代。迭代不需要都是相同的长度。因此，看板计划中的在制品的存在是符合要求的。

2. 将范围划分为 $N$ 个独立的待办事项列表，每个待办事项列表用于一个迭代。当然，也会存在由于排序约束（例如 A 在 B 之前）、基础功能，以及从一个待办事项列表到另一个待办事项列表的债务等原因，使待办事项列表之间存在一些相互依赖关系。所以 $N$ 的规则变成了近似 $N$ 的规则。

#### 4.3.4.3 验证和确认

混合型项目的两个概念难题：

1. 如何验证哪个是不完整的？
2. 如何验证那些尚待构想的事物的效果？

验证和确认（Verification and Validation, V&V）传统上被认为是非常重要的项目实践，很难直接映射到敏捷领域。传统上，V&V 有以下做法：

- 确认。每个需求都因其业务有用性而得到确认，实际上，它对项目目标也是有效的。确认过程通常不会晚于收集和设计需求的过程。
- 验证。当开发完成时，并且所有需求都集成完成时，将执行需求演示，以确保每个经过验证的需求都得到了呈现和考虑。

在敏捷环境中，验证既应用于项目计划，也应用于迭代计划安排，因为预期会发生更改。验证通常先应用于故事或用例级别，通过对需求感兴趣的成员和项目发起人之间的对话来验证所提议的功能是否有效。可以根据外部规则和法规，也可能是内部标准进行验证，当然也可以根据业务用例进行验证。

验证通常是迭代级别的实践，验证迭代计划安排是否与迭代结果相匹配，并记录存在的差异。

根据项目范例，V&V 可以被引入集成测试和客户验收测试中，再次测试各种基准和有效性标准，并验证在迭代级别交付的所有内容都在可交付产品级别集成。

## 4.3.5 我们完成了吗

敏捷团队面临许多挑战，其中最重要的是不了解敏捷项目概念的业务管理团队。如果项目是一个过渡项目，即将企业从传统项目转移到敏捷项目，那么业务管理者的印象对于整个敏捷的采用将是非常重要的。

所以，这是我们在这一部分要解决的一个挑战：

在给定可变范围的情况下，你如何向发起人或其他业务管理人员（可能没有敏捷方面的经验）解释项目将在什么时候实际完成。

这在传统项目中并不难：完成通常是在所有需要经过验证的需求都被验证并产品得到交付后。在敏捷中完成的基本问题会更加复杂。

### 4.3.5.1 基本问题

这是我们要讨论的框架。

当我们面对"完成"时：
- 时间和预算都用完了吗？
- 待办事项列表全部清空了吗？
- 用户说完成了吗？
- 业务经理说完成了吗？
- 可能的最佳价值是否已经交付了？

答案是，是的。在敏捷环境中，在任何场景该答案都是可行的。毫不奇怪，我个人最喜欢的是最后一项，即最佳价值交付。

最不实际的情况是，待办事项列表已经清空了。实际上，待办事项列表可能永远不会结束。

#### 4.3.5.2 零基础

敏捷可能在每个版本中都是零基础的，这意味着，在任何可工作的产品发布到基础产品上时，项目都需要重新调整以继续到下一个版本。因此，如果没有足够的理由，框架中的任何一个问题都是首选的判断完成的决策参数，如果满足了这些判断标准，这就"完成"了。

在框架中，我们没有提到"投降"，这只适用于还存在在制品的失败项目。但是这种失败的感觉确实存在。有时候，一个项目根本就不可行，是时候关闭它了，向环境"投降"。"投降"是最严厉的判决，也是对"完成"最过分的衡量标准。

| 项目管理提示 | 别人的钱 |
|---|---|
| | • 当你用别人的钱做一个项目的时候（与你自己的项目开销不同），那些有钱的人总是对项目的所有战略方面都有投票权，包括对完成的定义。 |
| | • 他们不仅对完成的定义进行投票，而且还对项目状态是否达到完成进行投票。 |

#### 4.3.5.3 其他因素

除了前面给出的定义，还有一些其他的事情需要考虑：

- **商业论证**。商业论证是寻找和定义已完成工作（特别是为公司完成工作）的首选出处，如果项目是公共部门的，并且任务内置于已完成工作的度量标准中，则更是如此。
- **其他工作流程**。并非所有项目都有一个统一的工作流程，所以敏捷通常只适用于软件开发；项目的其余部分通常按照传统方式运行，并根据已完成的计划运行，该计划由已验证需求的满足程度来定义。
- **战略与战术**。通常，敏捷将战略责任给予商业论证中记录的发起人；战术价值判断则是由架构师、系统工程师、首席开发人员和客户/用户在每个发行周期开始的待办事项列表设计期间做出的。

- **排序**。牛顿物理学仍然适用，即先有墙才能建设屋顶，所以客户想要的一些东西可能不得不推迟到另一个项目。
- **质量**、**标准和法规**。客户通常不会对遵守标准、保持认证和遵守法规的业务策略进行投票。这些花费了预算，因此，用于客户需求的可自由支配资金会减少，会将一些需求推迟到下一个项目。
- **非功能性**。在非功能性需求方面，客户通常没有发言权，但他们很大程度上认为是需要"完成"的内容。

#### 4.3.5.4 价值和成本

这里有一个耐人寻味的思想：价值和成本往往并不高度依赖。那么，你对下面这两个问题的回答是什么？

1. 价值的成本是什么，也就是说，为项目创造你所认为的任一价值的成本是什么？
2. 如何对项目结果进行商业价值评估，尤其是在公共部门的已经完成的任务，或者非营利部门提供了一些帮助的情况下？

最好的价值也可能是最小的成本，但不一定，我们可能花很多钱来获得最佳价值。换句话说，以最小的成本获得的价值可能不会花很多的钱。这是关于廉价和便宜的争论。前者不是最好的价值，后者可能是。

因此，我们被吸引来思考，价值相对于成本的机会成本：

在你可以利用时间、精力和资源完成的所有其他事情中，对于相同的时间、精力和资源，这个项目结果（产品）是否比任何其他可选的项目机会更有益或更有用？

如果答案是肯定的，那么项目就有良好的机会成本（良好的定义是，项目价值减去任何其他机会的价值大于零）。

| 项目管理提示 | 最佳价值和机会成本 |
|---|---|
| | • 最佳价值的项目总是有良好的机会成本。也就是说，对于任何其他同样投资的项目，它的回报将会更大。 |

### 4.3.6 思考与讨论

抵制主导权和忠诚度的转变，可能是敏捷项目管理中最令人烦恼的管理挑战。你如何向一位不愿意配合的业务经理解释转变主导权和忠诚度的好处呢？

## 4.4 小结

我们在本章中突出的主题是，只有在架构、产品功能和管理的开放及稳定的质量得到接受和尊重的情况下，成功的项目混合方法才有可能奏效。

在 4.1 节中，重要的发现是以下工作原理是混合方法的必要条件：敏捷项目在战略上是稳定的，而在战术上是迭代的和涌现式的。

在一天结束的时候，战术上的迭代和涌现式的状态变成了战略意图的叠加。虽然在过程中可能出现战略偏差，但是在项目结果中，可交付成果会向战略意图靠拢。

在 4.2 节中，我们了解到混合方法必须协调两种产生不同中间结果的方式。这种协调是通过下列方式实现的：

1. 用具有开放接口的黑盒封装需求（体系结构）、方法和实践。这为内部交互功能提供了必要的隔离，同时也提供了机会和能力。

2. 里程碑计划。它提供了同步客户交付结果的方法。

在 4.3 节中，我们得到的结论是治理实践促进了两个想法产生：

1. 在管理方面出现了一种主导地位的转变。传统的主导地位是投入（成本、计划、范围），而敏捷的主导地位是满足客户需求的产出。

2. 从传统的计划（保持对计划的信任）到敏捷的结果（保持对客户需求的信任）的转变。

因此，这里有一个问题：如果范围是灵活的，那么项目什么时候完成？

我们首选的答案是，项目是在交付了最佳价值的时候完成的。我们最不喜欢的答案是，当经过验证的待办事项列表清空时，项目就完成了。我们的论点是，需求待办事项列表永远不会清空，所以永远都做不完。

## 4.5 本章注释

1. 本章部分内容基于作者在这个会议的演讲：UX/Agile Conference, Melbourne, FL, April 21, 2015。

2. 在点对点的情况下连接的数量自然增长，很快就超过了任何合理的规模系统。

3. 最常见的总线网络之一是 802 以太网。以太网拓扑是一种总线结构，它支持通过分层协议控制和管理的数据包的传输。以太网由 NOS 管理，每个黑盒都有一个总线地址，黑盒之间的所有数据都在总线上流动。

4. 网格是一个网络，其中每个节点都可以到达另一个节点；如果到达是直接的，则网络是完全连接的。完全连接的网络通常是内部冗余的，不易受到网络内部故障的影响。然而，节点通常具有中继的功能，因此不需要完全连接。这超出了本书研究敏捷混合方法中每个拓扑之间的权衡的目的。

5. Benson, J., *Your specific is highly general*, moduscooperandi.com/blog/your-specific-is-highly-general/

6. Tversky, A. Kahneman, D. (1974). *Judgment under uncertainty: Heuristics and biases*. Science 185 (4157): 1124-1131. doi:10.1126/science.185.4157.1124. PMID 17835457.

7. Bossidy, L. and Charan, R., *Execution: the discipline of getting things done*, Crown Publishing Group, June, 2002.

8. Taleb, N., *Antifragile: Things That Gain from Disorder*, Random House, New York, 2012.

9. Goldratt, E., *Critical Chain: A Business Novel*, North River Press, 1997.

# 第 5 章

# 项目范围与需求

鼓励需求根据需要经常变更，以确保客户得到所承诺的资源的最佳价值。

　　需求悖论：为了得到可预测的结果，需求必须是稳定的。然而，需求总是变化的。

——尼尔斯·马洛托（Niels Malotaux）

　　敏捷方法以适应不断变化的客户需求为基础。随着客户接触到每个产品版本并给出反馈，从而影响下一个增量的设计后，范围也随之变化。从整体上看，反馈、回顾和下一个迭代的影响对范围定义和需求管理方面提出了独特的挑战。

　　随着时间的推移，敏捷项目的实际结果比计划驱动的项目开发生命周期解决方案更具动态性。也就是说，相比传统的预先做大量设计并通过需求冻结控制范围的方法，敏捷的需求自然波动带来更高的需求精确度。

## 5.1　敏捷范围

范围是项目成本、计划、质量和范围之间的变量。

### 5.1.1 目标

- 讨论并解释演进、涌现和自适应式范围管理的敏捷理念。
- 讨论并解释最佳价值是敏捷项目的最佳结果。

### 5.1.2 演进、涌现和自适应

在敏捷环境中，项目范围经常发生变化；范围是成本、进度、质量和范围之间的变量。范围是不断演进、不断涌现的，并不断适应客户/用户的优先级。这样一来，范围与传统项目有着深刻的不同；对于习惯了质疑变化和波动的业务发起人和项目负责人来说，这个现实引起了极大的焦虑。对于过渡战略，不断变化的范围可能是要克服的最大障碍。

#### 5.1.2.1 管理易变性

对于读者来说，最重要的一点是对不断演进和涌现的范围的易变性进行管理。正如我们将要讨论的，商业论证产品愿景是长期稳定的，这意味着在我们查看它的时候，愿景或多或少都是不变的。然而在愿景的框架内，从开发前高概率且被允许的规划变更至迭代期间开发人员工作的足够稳定，易变性是需要进行管理的。

范围和需求的规划按以下方式组织：

- 商业论证将产品愿景放在一个顶级框架中，在特性、功能和性能方面的指导通常比较少。
- 范围是逐步规划的，允许和鼓励演变。
- 规划发生在更短、更具有时间敏感性的框架中，称为滚动式规划。
- 开发周期（一般被称为迭代或者冲刺）由一些规范需求的规则管理。

对于项目经理来说，需求治理是次要的任务，只要保持对发起人愿景的精神和战略意图的忠诚即可。事实上，成功的敏捷项目经理在演进和自适应型方法中扮演着不同的角色。[1] 这个角色调节和抑制活跃和积极的客户，同时允许、鼓励和促进与由高绩效的客户和开发团队产生的创新互动（与商业论证框架一致），这是本书另一章的主题。

#### 5.1.2.2 涌现和自适应型方法

| 项目管理提示 | 涌现和自适应型方法 |
|---|---|
| | • 自适应型方法具有涌现的性质。相对于通过开发团队的实践和项目规则的简单组合及应用所预测的结果,自适应型方法的产出范围更大、复杂性更高。 |

涌现和自适应型方法的范围和复杂性来自反馈,这是一种回顾形式,它把输入到输出的转化过程变成了非线性和循环的依赖:输出依赖输入,接着输入又接收输出的反馈。这需要整个过程适应输入和输出的混合循环依赖。

这种自适应型的循环依赖形成一个闭环系统,它与传统的线性闭环系统明显不同。线性系统的使命是准确、可预测地将输入高保真地转换为输出,执行预先制订的计划。

自适应型反馈系统与线性系统不同,它的使命是让系统过程的积极参与者满意。如果以适当的周期进行反馈(定时在有用的时刻返回到输入)并且所有参与者的交互是针对一个共同的目标,那么自适应型系统可以得到高质量的结果。[2]

#### 5.1.2.3 移动范围控制杆

敏捷方法可能比其他任何方法都更需要客户来移动范围控制杆。范围是项目的四个主要控制杆之一,其他三个是进度、预算和质量。在商业论证中给出了计划和预算;预算是资金的限制、可承受的上限,以及随着价值主张的演进在迭代中分配的资源。

商业论证里程碑设定了顶级的进度计划;里程碑表示业务时间安排,并在日历上下文中设置项目价值。质量是一根没有多少活动余地的控制杆,具有统一的高标准。质量不能妥协,否则会损害客户的信任。

### 5.1.3 范围为最佳价值

敏捷项目重视最大化客户满意度,而不是最小化对计划的变更。将范围、预算、进度、质量放在最佳价值的公式中,范围是最灵活的,但灵活性包含在架构、可行性和资金需求的限制之内。可以肯定的是，结果必须为客户带来有价值的变化，使企业处于更好的位置，但必须在预算上限内。毕竟，有人要为这个项目买单！

#### 5.1.3.1 最佳价值的定义

> 尽可能地扩大可用资源的范围，从而最优化业务效率、重要性和应急响应能力。

最佳价值的结果对于交付的内容具有最优的成本，即使交付的内容可能与最初设想的不完全一致。实际上，最佳价值可能比预想的范围更大，但在负担得起的投资范围之内。

最佳价值结果是可用资源可实现的最大增值结果。大多数增值意味着项目最大限度地减少运营费用和资源消耗。这也意味着项目前期的想法和机会价值的差异，以及项目后期有用的产品和服务的价值最大化。有关此讨论的形象化描述请参见图 2-2。

| 项目管理提示 | 最佳价值是范围的答案 |
|---|---|
| | • 尽管范围是灵活的，但相关方的期望体现在项目愿景中，项目愿景是固定的。 |
| | • 使相关方满意的最佳答案是始终为投资提供最大的收益，最大化投资回报的价值。 |

#### 5.1.3.2 范围的定义

范围是这样定义的：
- 范围是我们必须做的所有事情，我们想要做的所有事情，以及我们实际做的所有事情。
- 待办事项列表是解析工作单元、用户故事、用例、任务等的范围。
- 架构是映射到形式和功能的范围。

有一些影响范围的必做事项，包括由于治理需要及习惯和期望需要的必做事项。项目必须遵守已成为普遍接受的实践的标准；流程和协议的使用方式必须符合认证；项目必须满足市场不言而喻的需求，随着时间的推移，这些需求已成为常规预期的需求，如可靠性、可用性、兼容性、响应性和生态友好性的需求。

### 5.1.4　思考与讨论

引发变更也许是敏捷方法中最基本的理念，仅次于尽早且经常地交付有用功能的小增量。但是根据你的经验，你如何向发起人保证项目在控制之中并且不会浪费资源来追逐价值不大的范围变更？

## 5.2　构想

构想一个项目的结果有时是一种顿悟，但更多的时候需要一些方法，即使不能通过立法规定想象力。

### 5.2.1　目标

- 定义敏捷环境中的构想。
- 解释 Kano 图在敏捷环境中的使用。
- 解释构想中的一些奇特问题。

### 5.2.2　构想

就像不能立法规定想象力一样，也不能准确地要求如何构想一个产品目标。将富有远见的想法转化为目标（可以实现的真正最终状态）是一门艺术、一个过程和一种应用式的领导力。故事通常这样开始："有一天我有了这个想法……"然而，想象力只是第一步。

构想是一种对创意的投资。通常的理解是，一个未成形或不成熟的想法被赋予了丰富的细节，符合企业的价值体系，并由项目团队把它变得可行。商业论证是用于捕获构想的工具。

回顾第 2 章，在商业论证中一个高层的商业故事描述了需求。商业论证还提供了产品愿景、操作概念和价值。操作概念尽管是低保真的，但它确定了用户社区，以及那些通过角色和所需的特性及功能来支持它们的用户。价值由投资预算和里程碑确定。

要在商业论证之外进行构想，请在商业故事中增加深度和广度。考虑以下三个步骤：

1. 组建敏捷团队，与有远见卓识的人交谈。开始建立高管和客户的关系。让团队中的每个人参与进来，利用多职能的经验。尽可能多地以各种形式获取信息，包括口头、书面和不言自明的姿态。充分利用人们在一起的现场交流，包括环境、反应能力和态度，通过探讨问题建立信誉，对新颖的想法和令人信服的动机持开放态度。[3]

寻找开始。伟大的想法可能是一种顿悟，但更有可能是随着时间的推移，通过许多非正式的对话然后由媒体、市场和朋友的影响而形成的。机会可能是技术可用性和市场接受性的幸运结合。也许这个想法是对成功的竞争者、外部威胁或其他压力的反应。这可能是公共政策释放机会和创造力的结果，或者是政府强制的创新要求。

罗伯特·库珀在他的书《新产品开发流程管理》（*Winning at New Products*）里写道："游戏在最初的几场比赛中获胜……灾难的种子通常是在早期阶段播下的……（由于）创新不足、缺乏客户导向和执行力差……"[4] 库珀接着列举了 11 种获得和吸收好创意的方法，其中前三种方法最有帮助：

---

1. 确定一个焦点，将所有的想法、信息和采访集中在一起。
2. 列出所有有助于提高创意构思价值的来源。
3. 与客户和用户建立密切的关系。

---

2. 全方位地探索想法。从客户、用户、供应链、销售、营销和产品支持的角度来看，它们是什么样子的？从每个概念中画出、图解或写下，然后寻找相似性和共同点。一条忠告："画不出来就写不出来！"

3. 对特性和功能进行 Kano 分析。[5] Kano 分析是在 Kano 图上进行的，Kano 图是一个图形工具，用于描述与客户满意度相关的产品特性和功能。

### 5.2.3 用 Kano 图进行构想

如图 5-1 所示，图分为四个象限，由水平轴和垂直轴隔开。水平轴是产品功能，垂直轴是客户满意度。沿着水平轴的特性和功能对客户没有特别的吸引力，客户对这些特性和功能不关心，但它们是标准和惯例要求的。

Kano 图说明了需要投资的特性和功能

客户满意度

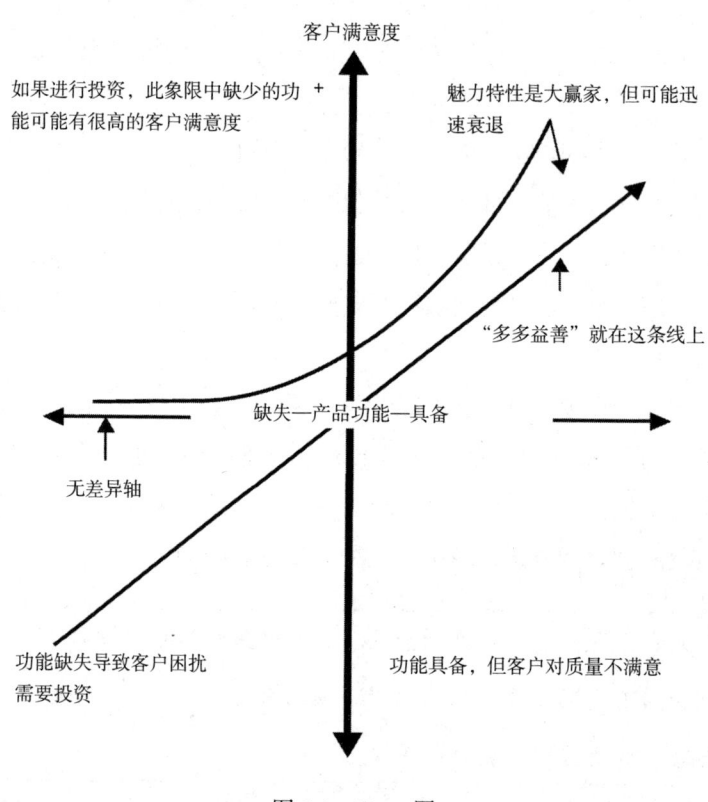

如果进行投资，此象限中缺少的功能可能有很高的客户满意度

魅力特性是大赢家，但可能迅速衰退

"多多益善"就在这条线上

缺失—产品功能—具备

无差异轴

功能缺失导致客户困扰 需要投资

功能具备，但客户对质量不满意

图 5-1 Kano 图

机会和威胁描述了四个象限。右上象限是魅力空间。在右上角，具有较高的客户满意度和独特的产品价值。左下角正好相反，它缺少产品价值，相应的客户

满意度也很差。剩下的两个象限是客户和产品价值之间的中间地带。

Kano 分析提供了以下见解：

- 沿水平轴的特性需要持续投资，但客户忠诚度回报很少；客户期望他们在每个产品中，所以他们不提供差异性价值。
- 右上象限的特性通常是高价值、高投资机会。但是当竞争对手认识到特性的吸引力并提供类似的产品时，这些特性会随着时间的推移向水平轴衰减。
- 左下象限中发现的任何特性缺失都是必须做的投资，以赶上市场不断变化的预期。在这个象限的投资是跟随性的，消除了产品的软肋，提升了竞争力。

### 5.2.4 奇特的想法

奇特的想法是，直到解决方案是可知的时候，需求才是可知的。

这听起来是否敏捷？它可能敏捷，但与敏捷不同，大多数时候它在逻辑上是循环的。当存在许多互锁问题和相互竞争的利益相关方并且没有明显的切入点时，就会出现奇特的问题或需求。所有的解决方案似乎都与别的东西相冲突。因此，需要一些奇特的思考方法。

| 项目管理提示 | 奇特的想法与敏捷<br>• 奇特的问题解决与敏捷方法有着天然的相似性，因为为了解决一个奇特的问题，分析人员的思考方式是迭代而不是线性的，有点像螺旋，并且通常以终为始。<br>• 试着先构想期望的最终状态，然后再回到需求必须是什么。 |
|---|---|

当约束不断变化时也会出现这样的问题，约束变化引入新的冲突和依赖关系，迫使解决方案也发生变化。奇特的问题是对任何特定结果是否为真正答案的不断检验。奇特问题的一个明确的迹象是在一个问题上不断旋转。从项目的角度来看，按照常规控制，这种想法是一个真正反常的反馈循环。尽管如此，对奇特问题的解决办法是可以构想的。

解决一个奇特的问题就像 Excel 的解析器那样工作：它在问题源上尝试解决方案，看看它是否适合。这和奇特的场景非常相似。先谈论需求，然后讨论解决方案，最后根据另一个实际可行的解决方案又回到了需求。

这种思路的一个来源是 *Dilemmas in a General Theory of Planning*，作者 Rittel 和 Webber 概述了 10 个奇特的问题，对于敏捷项目来说，最吸引人的包括：

| 奇特的问题 |
| --- |
| 2. 奇特的问题没有停止的规则。<br>3. 奇特问题的解决方案不是对与错，而是好与坏。<br>6. 奇特问题没有一组可枚举的（或详尽描述的）潜在解决方案，也没有一组描述良好的可纳入计划的允许操作。<br>10. 规划者无权犯错。这里的目的不是要找出真相，而是要改善人们生活的世界的一些特征。规划者要对自己所采取的行动的后果负责。<br>注：编号与原文的内容保持一致。 |

### 5.2.5 思考与讨论

有时我们的愿景来自一种顿悟，创造出在 Kano 图中讨论的魅力特性。但是有时我们从"无人区"开始，对项目的需要没有明确的想法。在这种情况下，你采用了什么流程来开发商业论证愿景？

## 5.3 需求

将流程从结构化分析转移到对话。

### 5.3.1 目标

- 介绍并解释开发和分析需求的敏捷方法及流程。
- 讨论和解释敏捷需求的用户故事、用例和模型。

## 5.3.2 需求流程

用于指导项目开发详细需求的文献非常丰富。需求流程不仅适用于软件，还适用于各种工程学科。在以计划为中心的方法论中，有些人称为结构化分析，有些人称之为需求工程，有些人简单地称之为需求流程，而另一些人可能根本没有用任何名称来表示。总而言之，一种需求开发的方法论中可能包含了几十种实践。[6]

---

### 如何编写软件要求

IEEE 830:7

通常使用《IEEE 830—1998 软件需求的推荐实践》作为 PD-PDLC 编写软件需求的指南，但是它不适用于敏捷方法，主要是因为 830 样式的需求符合戴明理念的以产品为中心的功能和特性列表，而不是拥抱朱兰三部曲以聚焦客户和用户为什么需要这些特性和功能。

830 样式的需求是有危险的，因为在实践中，它们在精益意义上更像推动而不是拉动。由于在传统的 PD-PDLC 中，客户表达优先级的手段非常少，因此倾向于列出许多日常用处不大的需求。

用例（Use Cases）：

用例起源于所谓的统一软件开发过程。许多工具和助手都支持用例；文本样式可以非常精简和灵活。Crystal 系列敏捷方法中强烈推荐使用用例。用例的主要特征是场景，它是关于用户需求的完整的故事描述。如第 4 章所述，场景非常适用于敏捷方法。使用像用例这样的更高级别和更完整的描述更容易保持与系统架构的一致性。

用户故事（User Stories）：

用户故事是场景的简介。用户故事起源于 XP 实践，是一种描述功能需求的手段。可以通过分解用例场景来识别用户故事。

推荐：本书我们推荐使用用例场景和用户故事来记录用户的功能需求。

---

敏捷方法以更自然的语言主题、场景和用户故事来处理需求。就像本书在每

章的标题中都有主要主题，区分主要章节的次要主题，然后是章节主题一样，敏捷专家从商业论证中的业务故事的顶层主题开始，然后构建用例，再后将其分解成用户故事，最终形成测试驱动开发（Test-Driven Development，TDD）脚本。

### 5.3.3 从框架开始

表 5-1 中描述的步骤指导了整个敏捷需求处理过程。通过裁剪和调整，表 5-1 中的步骤适用于图 5-2 所示的需求金字塔中的任何级别。[8]

表 5-1 需求框架的实践

| 过程步骤 | 说明 |
| --- | --- |
| 收集需求 | • 通过采访相关方和查看其他相关的业务和监管材料（从小的细节到大的全景）来寻求、识别和收集需求<br>• 对话：许多要求是潜在的，只有通过谈话和讨论才能浮出水面<br>• 探测功能性和非功能性需求，以包括性能、环境、法规、质量和其他需求<br>• 从销售、营销、用户、服务和维护、供应链、培训、人力资源等多个职能里挑选访谈候选人 |
| 按属性组织需求 | • 按关联性、层次结构，以及可能按高风险、接口、用户等分类组织需求<br>• 给需求设置初始优先级。由于敏捷方法鼓励需求变化以满足客户，因此优先级也会发生变化<br>• 检查可行性、可负担性，以及与系统架构和遗留需求的一致性<br>• 设计原型和模型，尤其是在螺旋式前端流程有效并有重大风险时<br>• 先粗略评估复杂性，然后在迭代中进行详细估计 |
| 记录每条需求 | • 将需求提交到由数据库管理的模板中，以方便跟踪<br>• 如果使用极限编程（XP）方法中的 TDD，请使用测试代码来记录需求 |
| 验证和确认需求 | • 通过回答以下问题来验证解决方案的完整性、符合性、准确性和可测试性："这些需求是否正确地工作？"<br>• 通过回答以下问题来确认需求："这些需求是否在做正确的工作？" |
| 管理变更 | • 开发并使用协议来引出变更、管理验证和管理优先级<br>• 开发和使用治理程序作为变更管理的一个组成部分 |

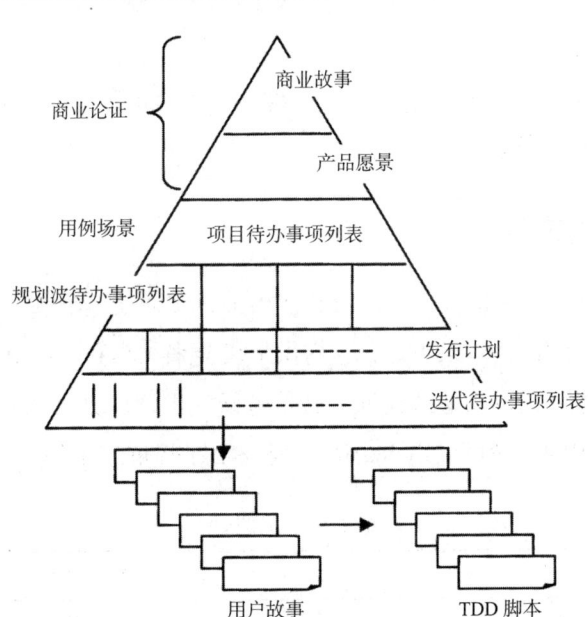

从顶层商业论证到底层迭代的需求金字塔

（商业论证：商业故事、产品愿景）
（用例场景：项目待办事项列表）
（规划波待办事项列表）
发布计划
迭代待办事项列表
用户故事 → TDD 脚本

图 5-2  需求金字塔

商业论证、解决方案愿景和客户伙伴关系是构建需求的先决条件，有六个步骤。

1. 采用业务故事和产品愿景作为需求框架的顶峰。

2. 组装概要级别、低保真的用例场景，这些场景标识用户社区、用户角色、操作条件或状态、用户流程、所需的功能和性能。概要场景成为项目级的待办事项列表。

3. 根据客户优先级、技术可行性和由体系架构控制的顺序，将项目待办事项列表分解为规划波待办事项列表。规划波是时间区间，按照时间从近到远分布，需求范围被分配到规划波里；随着时间越远，范围分配越不详细，定义也越松散。

4. 对每个规划波进行详细计划时，将规划波待办事项列表分解为迭代待办事项列表，同时要考虑排序、可行性和业务优先级。

5. 在迭代计划会话期间（如第 6 章所述）将用例待办事项列表分解为用户故事，确定用户故事的优先级，并在迭代时间盒内实现适合团队负载的用户故事，其他的用户故事分配到后续的迭代。

6. 在每个规划波、发布和迭代后，根据优先级重新排序需求待办事项列表，通过治理加入新的和重大更改的需求。

### 5.3.4 成功的访谈

与高管、客户、赞助商、用户及其他相关方交谈是了解每个人想法的最佳方式。有时，随意的谈话效果更好，它提供了机会来共享和获取信息，这就是阿利斯泰尔·科伯恩所说的渗透式沟通。其他时候安排访谈更合适。

有许多有用的参考可以用于访谈。[9] 表 5-2 是提炼出来的一些访谈指南。

表 5-2 访谈指南

| 活　　动 | 说　　明 |
| --- | --- |
| 在一个舒适熟悉的环境中做小型团队访谈 | • 一个人聚焦问题，另一个人帮助谈话并观察非语言符号，第三个人做笔记<br>• 采用熟悉的环境来消除干扰，从而聚焦于谈话的主题 |
| 提前准备。有一个议程或提纲来指导访谈，做好准备工作以熟悉主题 | • 提前分享议程，也让谈话自然而然地流向一些意想不到的甚至是无序的地方<br>• 让一个主题专家参与到准备工作中来，但是尽量减少那些不易理解的行业用语 |
| 问一些不能用一个词来回答的问题，但是要小心不要把访谈引向一个既定的结论 | • 参与谈话。对话是必要的，它可以用细节和隐喻来丰富经验，填写价值主张，发现风险承受力的极限<br>• 捕捉细节，以便以后使用更大的概念进行贴合 |
| 跟进问题的推论或反面 | • 从多个角度提问。360 度视角总是很有启发性，通常有助于评估和设置不在关键路径上的条目的优先级[1]<br>• 完成概念的检查循环。与内部相关方相比，客户、竞争对手或供应商会说什么不同的东西 |

续表

| 活 动 | 说 明 |
|---|---|
| 搜索最小值，但寻求地平线 | • 找到最简单的方法。敏捷方法强调不一次做所有的事情，在达到限制之前按顺序推出<br>• 对最小值有一个概念，对计划有一个更大的预期，并探索机会的极限 |
| 记住项目资产负债表，风险承受能力测试 | • 探索负面的限制，由态度引起的敏感的触发点，以及对正面机会的渴望 |

1 关键路径是一个进度概念，它是从开始到完成的路径中时间最长的那个。这条路径进度延迟会导致整个项目的进度延迟。

### 5.3.5 用户故事、模型和原型

具体的需求开发工作由开发团队完成，开发团队在图 5-2 需求金字塔中的最后几层中工作。需求待办事项列表的分析和检查从迭代 0 开始。

#### 5.3.5.1 迭代 0

团队通常在被称为迭代 0 的第一个迭代中准备需求待办事项列表，0 表示该迭代不会生成具体的产品。迭代 0 有两个先决条件：

1. 按照表 5-2 里的访谈步骤开发了顶层的主题和商业故事。一些方法论专家把这些顶层的需求描述称为史诗（Epic）。

2. 如图 5-2 所示，项目级别的待办事项列表开发完成并分解为规划波待办事项列表。

按照表 5-3 里的步骤执行迭代 0 的工作。

表 5-3 迭代 0

| 步 骤 | 说 明 |
|---|---|
| 组建团队 | 确保每个人（包括客户）都参与项目 |
| 组织信息 | • 使用白板、便签或其他方式按主题组织所有信息<br>• 通常通过场景形成关联组，场景本身就是故事的集合<br>• 创建层次结构，在大主题下组织小创意；在关联组之间创建关系 |

续表

| 步骤 | 说　明 |
| --- | --- |
| 访谈的完整性 | • 进行更多访谈以填补空白并确认关系 |
| 把需求分配到迭代 | • 将一组需求从规划波待办事项列表分配到迭代<br>• 考虑客户优先级、功能或技术排序、可行性和可用技术 |
| 创建故事卡 | • 如果不使用用例和统一建模语言（Unified Modeling Language, UML），则向卡片或电子表格提交一个可测试的要求<br>• 添加放大或澄清信息 |
| 估算复杂性 | • 通过小组共识，为每个可测试的需求确定复杂性和工作量的数字度量 |
| 创建一个燃尽图（Scrum 方法）或燃起图（XP 方法） | • 列出所有需求，包括谁、什么顺序、多少工作量、用多少时间来完成 |
| TDD | • 如果测试驱动设计是团队实践，则将要求提交到测试脚本 |

#### 5.3.5.2 用例和用户故事

用例、模型和原型都是获得需求思维图像的工具。

Crystal 方法的教父阿利斯泰尔·科伯恩是用例的强烈倡导者。用例通常被认为是需求的模型，以文本、图形化或图示的方式呈现。然而，用例也可以通过一种通常称为 UML 的建模语言来支持模型。

---

**统一建模语言（UML）**

UML 是一个工具，它有助于可视化、说明、构造和记录系统构件。[10]

UML 提供了一种构造用例元素的方法，还允许对模型的完整性、准确性、冗余性和效率进行脚本化的评估。

UML 有三个构建块：事物、关系和图。

1. 事物是结构意义的名词，行为意义的动词，分组意义的组织部分，以及注释意义的解释。
2. 关系表示关联和依赖。
3. 图是语言的图形化表示。

用例是一个场景，场景是一个具有特定条件的功能脚本。按照优先顺序，用例比用户故事更复杂，一个用例通常包含几个用户故事。用例规范包括识别人和系统参与者（Actor）、主场景（Main Scenario）和场景的成功标准。

用例指定了系统和参与者的类似断言那样的前置条件和后置条件，标识了启动用例的触发事件（Trigger），用扩展（Extension）来描述主场景之外的其他场景。可能还有其他与所讨论的用例是包含或者扩展关系的相关用例。[11] 主场景是动作的正常过程，扩展包含可选动作、错误响应动作和意外事件应急响应动作，包含就像主场景中的子程序。图 5-3 是一个典型的用例示例。

| 用例：下发产品订单 | |
|---|---|
| 商业故事 | • 下单员为一个在价格表上的商品下发订单，订单与已有的客户相关联<br>• 所有客户账户、销售信用、定价和产品信息都将自动填写；订单将安排履行<br>• 订单关闭时需要确认；允许手动修改订单 |
| 主要参与者 | • 订单处理员<br>• 订单输入、定价和客户档案应用程序 |
| 主场景 | • 下单员选择新订单，弹出空白订单输入界面，然后输入客户识别号<br>• 订单头根据客户的账户档案信息自动填写内容<br>• 下单员在订单行输入产品标识和数量<br>• 自动配置产品配件和可选项<br>• 自动填写定价和计费信息<br>• 完成订单履行计划<br>• 提交订单时，将生成带有确认信息的订单确认<br>• 销售积分将自动过账到销售团队 |
| 初始条件 | • 在客户数据库中设置了客户账户<br>• 在库存系统中配置了产品信息<br>• 已为客户—产品组合配置了价目表 |
| 最低成功标准 | • 订单被确认 |
| 名义成功标准 | • 订单是根据客户的账户被确认、安排交货和定价的 |

图 5-3　用例示例

| 触发事件 | • 来自客户的采购订单 |
|---|---|
| 扩展 | • 如果所选产品的定价不可用,定价应用程序将发送警告 |
| | • 下单员可以对订单进行即时定价 |
| | • 下单员有权否决定价 |
| | • 下单员有权控制可选项和配件 |
| | • 下单员有权取消销售人员的销售积分 |

图 5-3 用例示例(续)

许多敏捷方法论专家在 3×5 卡片上编写用户故事,并将其发布到公共区域。卡片的技术含量很低,当然也仅限于小规模项目,但卡片对于普通的访问是有效的。为了扩大规模,要使用具备敏捷故事卡片功能的计算机应用程序。

显然 3×5 卡片对内容和细节都是有限制的,而且是故意这样做的。一两句话通常足够描述一个用户故事。一个用户故事的复杂性应该限制在几天就可以开发完成,扩展的细节写在卡片背面或者伙伴卡片上。开发人员开始工作时与最终用户的对话丰富了用户故事的细节。随后,开发人员使用测试脚本记录设计级别的详细信息。

建议用户故事采用这样的格式:因为<动作的动机,故事的原因,依赖或者触发事件>,担任<角色名字>角色的<参与者名字>在执行<动作名字>动作并且具有<技能、安全、日期等>属性,期望<动作的结果>)。[12] 下面是一个用户故事的例子。

#### 5.3.5.3 模型和原型

模型和原型是最终产品的仿制品。模型意味着从文本描述、UML 图、用户界面屏幕模型到正式的数学模型、结构化图或原型代码的一切。原型是通过低保真实现或者用快捷方式和临时的结构来支持演示的实现,它通常被认为是一个实际的工作设备。一些项目经理拒绝原型,认为它是一次性的,但是重构可以挽救原型的大部分。表 5-4 简要描述了常见的模型。

表 5-4　常见的模型

| 模　　型 | 描　　述 |
|---|---|
| 实体关系表 | 标识系统中的每个逻辑实体并记录它们之间的逻辑关系 |
| 数据流图 | 显示系统中实体之间的有触发事件或刺激的有方向数据流 |
| 质量功能展开 | 通过分解提供一组相关的跟踪需求的矩阵，显示一些因果关系 |
| 类图 | • 为真实对象提供模板<br>• 对象是类的特定实例，并且符合模板的规则<br>• 类图显示类之间的关系，列出类的公共和私有过程操作及类的数据要求 |
| 状态转换图 | • 显示系统变更前后的状态及状态变更的触发机制，也显示初始条件和后置条件 |
| 对话图 | • 显示用户与系统的交互，以及可能带有触发器和控件的导航路径<br>• 对话框映射是状态转换图的一种形式，它模仿人们在交谈时实际使用的非线性的问题解决方法 |
| 数据字典 | • 保存系统中数据元素的定义<br>• 它通常包括所有属性，如字段大小和字段类型，以及数据的名称和用途 |

## 5.3.6　确认和验证

### 5.3.6.1　传统的确认和验证

传统的项目依赖确认和验证来做端到端的需求验收。

- 确认：在结构分析之后，在对设计进行任何重大投入之前，都要确认需求包的完整性和准确性。如果需求包中的需求有优先级排序，则这些优先级需要确认，因为需求优先级受环境和上下文的动态影响。
- 验证：在集成测试之后，对平台进行验证，以确保每个已确认的需求都已开发并集成到可交付基准中，更改和删除的需求也已按预期进行处理。

### 5.3.6.2　敏捷方法里的确认和验证

由于需求的动态性和不稳定性，传统的确认和验证过程不太适合敏捷项目。尽管如此，鉴于可能出现错位或错误表述，确认和验证仍然是一个有用而有效的理念。

- 确认：在商业论证明确之后，可以对顶级需求进行一些结构化分析。通常，这种分析是迭代 0 的活动。与传统项目一样，在对设计进行任何重大投入之前，只要商业论证定义了顶级需求，就要确认需求的完整性和准确性。如果在这些商业论证需求中有优先级排序，那么这些优先级也要验证，因为需求优先级受环境和上下文的动态影响。
- 在项目待办事项列表或迭代待办事项列表更新之后，通常也要验证对话需求。然而单独的对话往往没有足够的上下文来进行有效的确认，因此必须做出一些判断。将多个对话聚合到一个更大的范围内，并确认其完整性、准确性和优先级。
- 验证：在集成测试之后验证可交付功能，以确保每个已确认的对话都已开发并集成到可交付基准中，更改和删除的对话也已按预期处理。
- 在开发过程中，我们可以期望一些用户故事的合并，也可以期望一些公共功能的复用。因此，我们并不是说敏捷要维护一个从对话进入设计和开发队列到集成测试完成的完全可追踪的身份。然而，对话应该有某种形式，验证是针对这些对话形式的。
- 在一些组织中，验证只是集成测试的一部分，是在结束一个完整的测试之前做的最后一件事。

### 5.3.7 思考与讨论

与传统方法相比，敏捷项目的需求是对话式的，对结构化分析的依赖性更小。因此，确认和验证面临更多的挑战。你建议如何克服这些挑战？

## 5.4 规划

尽管迭代计划是即时性的，但规划还是需要愿景。

### 5.4.1 目标

- 在敏捷需求的背景下讨论并解释规划周期。

- 讨论并解释架构与规划周期的关系。

### 5.4.2 规划周期

尽管商业论证愿景、商业故事和顶层架构为可交付成果提供了一个工作框架，但范围细节不是计划好的而是随着迭代涌现的，超出了项目待办事项列表给出的描述。直到开发人员准备好解决特定的待办事项列表，范围的细节才被定义清楚。

范围规划是涌现和自适应式的，并且与不断演进的解决方案保持一致。集中计划让位于准时生产（Just-in-time）计划，项目时间表让位于增量时间表，根据每个增量的客户优先级分配和调整范围。主要的增量由项目里程碑、规划周期和迭代来定义。项目里程碑来自商业论证，一个规划周期包含一个或多个版本，一个版本包含一轮或者多轮迭代。

只为相对短的时间段做详细计划，能做计划的最长的时间段是规划周期，一个规划周期通常是几个月的时间。规划周期之外的只是基于顶层架构的模糊估计，也可以说是猜测。

### 5.4.3 架构

架构是由形式和功能映射的范围。架构通过将映射从一个规划周期传递到下一个规划周期来提供范围内聚力，因此架构在从一个规划周期到下一个规划周期时很大程度上是保持不变的。架构是一个框架，许多应用、功能和用户特性都可以固定在这个框架上。体系结构描述了系统、产品或过程的拓扑结构。[13]

拓扑描述了层次结构、互联性，以及节点之间是通过点对点、中心—辐条还是某些网状来链接的。架构提供了协议，即系统的元素通过哪些规则联系在一起。

架构为需求提供了描述的形式，它说明产品是基于层次结构或者子系统来构建的。为了获得良好的可维护性和可操作性，一个好的架构要求产品组件要高内聚及组件之间要松耦合。

| 项目管理提示 | 架构的作用 |
| --- | --- |
| | • 架构为分散的需求带来内聚性，它为需求提供了形式、形状和联系。<br>• 协调对齐的一致性可以放大个体效应，架构上的一致性对产品的成功至关重要。 |

架构建立了边界，特别是互联的服务、功能和能力之间的边界：

- 具有独立黑盒的模块化架构，每个黑盒都有自己的功能，通过架构框架互相连接。
- 分层体系结构，非常类似于 Internet 的多层架构，其中每层都提供服务，通过协议在层与层之间传递数据。
- 应用程序体系结构，很像我们在移动设备上看到的多个独立的应用程序共享一组公共服务。

现代系统的架构已经将巨大的安全问题引入商业和个人领域。现在必须注意认证和授权的范围、加密和伪装、引诱和虚假陈述、入侵及各种各样的木马。

### 5.4.4 规划波

所有这些在多个规划周期中管理需求范围的想法都来自滚动式规划的理念。[14] 像大海的浪涛滚向海滩一样，需求规划从一个周期滚向下一个周期，当前周期的规划完成的时候开始下一个周期的规划。每个规划周期被称为一个规划波。目的是演进和变更可以滚动到下一个波浪中，被纳入下一个波浪的产品执行计划里。

不同项目的规划波的时间长度可以不同。通常，一个规划波包含多个版本，从实际情况看，规模波的时间长度一般是 3~6 个月。我们认为 3~6 个月是大部分人能看的最远并有能力进行规划的时间。

### 5.4.5 规划波的需求优先级

设定优先级实际上就是管理影响，真正重要的事情的影响应该首先被感受到。史蒂芬·柯维在他著名的著作《高效能人士的七个习惯》中写到了重要性和及时性。他以重要性和及时性为坐标轴构建了四个象限。[15]

柯维的想法如图 5-4 所示。在一个稳定的项目中，象限一（重要且紧急）中的问题不应该经常出现，但如果出现，则应推迟较低优先级的工作，以便腾出资源来解决这些问题。

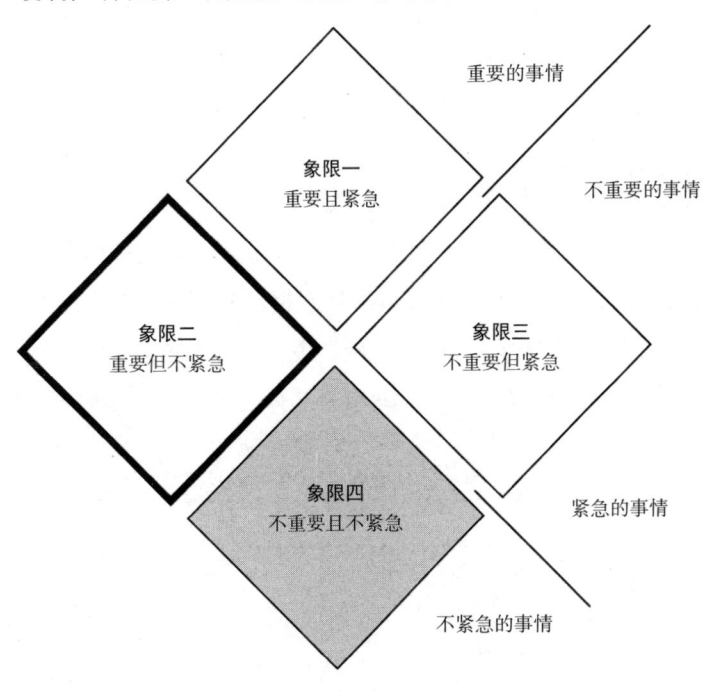

史蒂芬·柯维的第二个象限是日常项目工作的重点

图 5-4　柯维的四个象限

柯维的建议是把真正的管理努力放在象限二（重要但不紧急），相对于象限三和象限四，尽可能地对其优先考虑。

当然，决定什么样的范围是重要紧急的往往不是一项小任务。一个好的做法是应用三个优先级。

优先级一：需求最小集，必须具备使客户受益的基本特性和功能，但不能完全满足客户。其中一些可能位于 Kano 图的水平轴上，其他可能位于 Kano 图的右上象限。

优先级二：客户心目中有用和想要的需求，可以带来很多收益。此优先级中的需求对于收益很重要，但可能不具有时间敏感性。收益实现将这些要求推到第二优先级。

优先级三：对基准功能不是必不可少的，却是有益的改进，这些改进增加了便利性、提高了效率、增加了独特和有区别的功能，但可能只会带来边际效益。重要性是最小的，没有时间紧迫性。其中一些可能属于左下角的 Kano 象限：如果缺失，它们会影响客户满意度，但如果存在，它们不会吸引客户。

不重要的需求没有优先级。除非法规和认证合规性需要，否则不会被实现。许多不重要的需求都位于 Kano 图的水平轴上。

### 5.4.6 规划波的可预测性

将项目时间表分割成规划波的目的是，获得每个规划波的可预测结果。除非可以确保高管和发起人能够得到利益和投资回报，否则不可能启动有重大投资的大型项目。规划波是一种策略，它可以将敏捷方法扩展到范围更复杂的大型项目，并解决上面讨论的三个范围优先级。表5-5列出了制订可预测的规划波计划的步骤。

表 5-5 制订可预测的规划波计划的步骤

| 步　　骤 | 说　　明 |
| --- | --- |
| 尊重客户的时间表 | • 根据商业计划中的里程碑点确定版本发布计划<br>• 版本到客户生产环境的部署取决于客户吸收变更和应用交付成果的能力<br>• 版本由一个或多个迭代组成，每个迭代通常历时一周或多周 |
| 根据优先级分配团队工作量 | • 优先级一的需求工作量不超过迭代容量的 2/3，为其他需求保留至少 1/3 的空间<br>• 如果计划的风险容忍度更为保守，则优先级一的需求不超过迭代容量的 1/2<br>• 为剩下的空间分配优先级二和优先级三的需求 |
| 根据可用容量创建待办事项列表 | • 估计需求的复杂性<br>• 基于可用容量创建待办事项列表来处理估计的复杂性 |
| 在迭代之间规划缓冲 | • 假设在缓冲中要处理一些溢出的工作量 |

续表

| 步　骤 | 说　明 |
| --- | --- |
| 制订版本发布计划 | • 围绕商业论证的里程碑制订版本发布计划<br>• 尊重客户对需求重要性和紧迫性的意见<br>• 考虑技术可行性、功能顺序及与其他团队和工作流的依赖关系 |

图 5-5 显示了规划波的外观，它沿着时间线从近到远向外延伸，时间线上的客户里程碑由版本发布做分割。

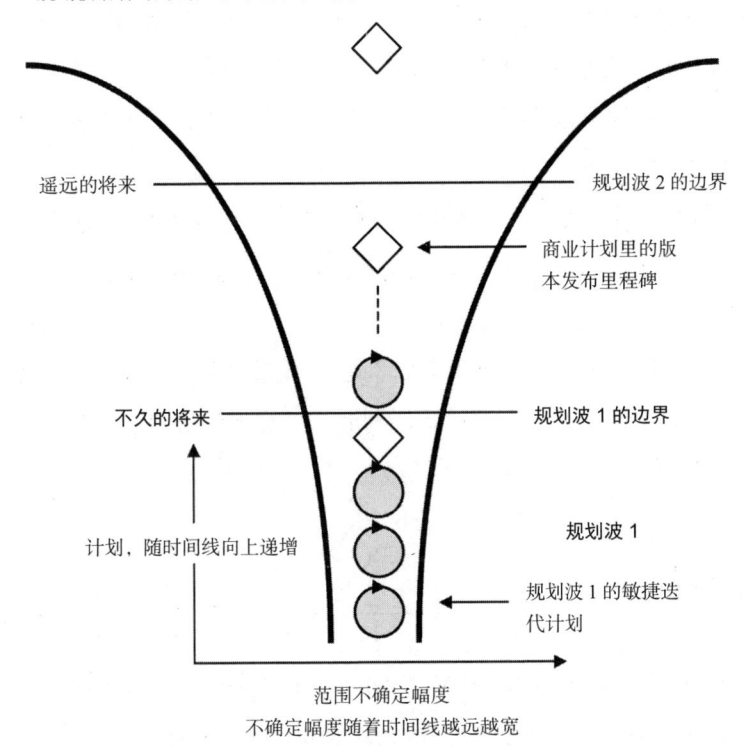

图 5-5　规划波的外观

## 5.4.7　思考与讨论

规划周期和滚动式规划波提供了粒度介于商业论证愿景和迭代之间的计划时间表，规划周期也能与版本发布计划很好地匹配。如果你的项目有异常高的波动性，你将如何看待规划周期？

## 5.5　小结

本章的主题是敏捷方法鼓励需求在必要时经常进行更改，以确保客户获得所承诺资源的最佳价值。

在 5.1 节中我们了解到，尽管需求是不断变化、不断涌现和不断自适应的，但波动性是可以管理的。当一切都说了、做了，最优范围就是最佳价值的范围。

在 5.2 节中我们得出的结论是，尽管 Kano 图是一个很好的工具，可以将真正价值高的需求与普通的需求区分出来，满足客户的需要，但它并不是满足奇特需求的好工具。敏捷方法实际上是解决奇特需求的好方法，因为实验可能是打破循环需求的唯一方法。

在 5.3 节中，用户故事、用例和原型都作为记录需求的潜在方式给出。然而，混合项目需要一个确认和验证机制，因此定义了一个适用于敏捷方法的验证和确认机制。

在 5.4 节中讨论了长期规划的独特问题。规划周期和滚动式规划波这两个工具对规划非常有用。实际上，滚动式规划波为敏捷方法提供了一种将一定程度的可预测性注入需求过程的方法。

## 5.6　本章注释

1. Ollhoff, J. and Walcheski, M., Stepping in Wholes: *Introduction to Complex Systems*, Sparrow Media Group, Eden Prairie, MN, 2002, p. 86.

2. 自适应反馈系统，有时被称为复杂适应系统（Complex Adaptive System, CAS），在社会和生物系统中得到了广泛的研究。CAS 这个词是由 John Holland 博士和他的同事在圣达菲研究所发明的，他们是这一领域的著名学者。CAS 是非线性的，这意味着它们的输出不是经典线性方程中给出的独立元素的加权和：输出=$a$×输入+$b$，其中 $a$ 是加权，$b$ 是初始条件或偏差。反馈的传统用法是提高线性度，忠实地跟踪、转换或再现输入。关于线性反馈系统的描述请参考：Hellerstein, J. et al., *Feedback Control of Computing Systems*, IEEE Press, John Wiley & Sons, New York, p. 5。CAS 基于代理，代理进程以看似不可预知的方式交互和适应环境，但受治理所制定的规则的约束，从而产生输出。这种输出通常称为涌现：简单规则和部件的交互创建非常复杂的系统和响应。有关 CAS 的介绍，请参考：Ollhoff, J. and Walcheski, M. (2002) op. cit. Chapter 20, and Holland, J., *Emergence: from Chaos to Order*, Perseus Books, Reading, MA, 1998, Chapter 3。

3. McQuaririe, E., Customer Visits: *Building a Better Market Focus*, Sage Publications, Newbury Park, CA, 1993, pp. 21-24.

4. Cooper, R., *Winning at new products, 2nd Edition*, Perseus Books, Reading, MA, 1993, p. 121.

5. Goodpasture, J., *Quantitative Methods in Project Management*, J. Ross Publishers, Ft. Lauderdale, 2004, ppg 8-13.

6. 国际社会的主要标准机构，特别是 ISO 和 IEC，以及美国的 EIA 和 IEEE，都有许多不同的需求工程标准。例如，在软件中，12207 是软件生命周期的 ISO、IEEE/EIA 和 DoD 标准。IEEE/EIA 830 解决了软件需求，是 12207 兼容的实现标准。其他小组，如软件工程研究所，有需求工程的实践指南。类似的标准扩展到质量工程，以及网络、硬件、安全、环境和许多其他方面的各种工程。

ISO：国际标准化组织（International Standards Organization）

IEC：国际电工委员会（International Electro-Technical Convention）

EIA：电子工业协会（Electronics Industry Association）

IEEE：电气和电子工程师协会（Institute of Electrical and Electronics Engineers）

DoD：美国国防部（U.S. Department of Defense）

7. Cohn, M., *User Stories Applied for Software Development*, Addison-Wesley, Boston, 2004, Chapter 12.

8. 更多信息请参考：SEI at Carnegie-Mellon University, www.sei.cmu.edu, Requirements Engineering; *Wieger's Software Requirements*, op. cit. Chapter 3; Sommerville, I. and Sawyer, P., *Requirements Engineering: A good practice guide*,

John Wiley & Sons, New York, 1997, p. 11.

9. 请参考：McQuarrie, E. (1993) op. cit., Chapter 4; Wiegers, K (1999) op. cit., Chapters 7 and 8; Kulak, D. and Guiney, E., *Use Cases: Requirements in Context*, Addison-Wesley, New York, 2000, Chapter 4.

10. Booch, Grady, Rumbaugh, and Jacobson, *The Unified Modeling Language User Guide*, Addison-Wesley, Reading, MA, 1999, pp. 14, 17-26.

11. Cockburn, A., *Writing Effective Use Cases*, Addison-Wesley, Boston, 2001, pp. 2-6.

12. Kelly Waters 在其网站 www.agile-software-development.com 上为大家提供了另一个类似的使用更为广泛的用户故事格式：作为一个<角色>，我想要<功能>，以便于 <实现价值>。

13. 在本书中，许多词将被互换使用来表示项目结果：产品、系统和可交付成果。结果可以是有形的，如消费品，也可以是无形的，如服务。项目结果可能是企业内部应用的新流程。除了在最琐碎的情况下，大多数结果都取决于是不是系统的一部分，无论是遗留的还是新的。从这个意义上说，像电话这样的消费设备就是系统。

14. Goodpasture, J. (2004) op cit., Chapter 7, and Goodpasture, J., *A Risk Perspective: Rolling Wave Planning Is a Bet*, Projects and Profits magazine, ICFAI University Press, Vol. VII Issue 12, December 2007, pp. 48-53.

15. Covey, S., *7 Habits of Highly Effective People*, Simon & Schuster Free Press, New York, 15th edition, 2004, pp. 150-183.

# 第 6 章

# 计划和进度

调整计划和评估适应客户需求的变化,并以可承受的成本实现价值的最大化,这是敏捷项目规划的当务之急。[1]

  计划就是一切。但从某种程度上讲,计划什么也不是,任何计划都不能脱离现实。

——赫尔穆特·冯·毛奇伯爵(Helmuth Graf von Moltke)

## 6.1 企业中的计划

我们在哪里?我们在做什么?没有一个项目是孤立的。

### 6.1.1 目标

- 讨论并解释敏捷规划的必要性,特别是在企业环境中。
- 让读者熟悉计划驱动和需求适应。

### 6.1.2 敏捷为什么需要计划

为什么要计划?为什么要时间安排?实际上,问题甚至可能是,为什么要进行估算?因为一切都会改变。

答案是很清晰的：

如果没有计划，任何结果都是可以接受的；如果没有计划，就没有什么可以估算；没有估算，就没有理由去度量。没有度量，就没有基准，没有改进，也没有对"我们在哪里"这个问题的答案。我们在做什么？事实上，没有计划，任何地方、任何事情都可以算结果。

#### 6.1.2.1 计划主导管理

一些关键活动几乎支配了项目管理的每个方面，无论是敏捷项目还是其他类型的项目。这种活动一方面是计划和估算，另一方面是沟通和执行。如果管理得当，理想的项目轨迹将在目标成本和进度的合理误差范围内，同时最大限度地满足客户的需求。总体来说，计划、估算、沟通和执行是重要的项目阶段。这一章会集中讨论成本和进度的计划。

计划并不完全是客观的，因为它们考虑了企业的价值观、惯例和商业规则。即使不是完全客观的，计划也是一种有效的工具，可以为相关方提供承诺资源所需的理性和证据。要使证据可信，就需要以估算的形式提供支持。我们将估算定义为对历史绩效的分析并融合对未来绩效的判断的客观结果。估算是本书另一章的主题。

#### 6.1.2.2 我们做完了吗

团队需要一个计划，但是计划要与项目经理的角色一致，而不是指导团队每天的活动。

就像我们需要计划来指导项目开始一样，我们需要计划来指导项目完成。毕竟，敏捷项目管理的一大主题是将大部分（当然不是全部）的管理重点转移到结果上，而不是投入过程中。因此，执行问题将会变成：

我们做完了吗？如果做完了，那么"完成"的考核要素是什么呢？

请回顾第 1 章给出的敏捷原则中的第 5 条。

| 敏捷原则 5 | 激发个体的斗志，以他们为核心搭建项目。提供所需的环境和支援，辅以信任，从而达成目标。 |
|---|---|

相信他们能完成工作。完成哪些工作呢？
- 商业计划和后续项目计划中描述的工作，尽管是与敏捷宣言一致的精益计划。
- 经过估算和有安排计划的工作。
- 使用功能的用户实时反馈的需求内容。
- 经过多次迭代演进并适应敏捷涌现式价值主张的工作。

相信他们能完成工作。完成的定义是什么呢？
- 当时间或钱用完的时候算完成吗？
- 当需求待办事项列表清空时算完成吗？
- 当客户说它已经完成了，或者其他人说它已经完成了，它是否已经完成了？

第一点，什么样的工作？根据商业论证所述，工作在战略上应该是可预测的，但是根据敏捷原则，在战术上被认为是机会主义的。在实践中，战术上的机会主义是最佳价值来源——从商业或使命的角度来看，它都在最佳价值范围内，且是可承受的。

我们之前思考过这个问题，但是对于强调响应客户需求就是最佳价值实践而言，对项目叙述（Narrative）（战略方面）则必须得到重视。同时需要优化战术机会，包括紧迫性、商业优先级、顺序约束、项目或商业结果的风险、投资和财务回报影响等参数，这些都会出现在本书中。

第二点，我们做完了吗？当然，在钱用光的时候我们的工作就做完了。如果在钱用完之前完成了所有最有价值的待办事项列表（注意："更好"是"好"的敌人，所以现在就发布"好"的东西），那么工作可能就是做完了。如果你说当所有的需求都满足时就完成了，那么你将永远不会完成，因为所有的需求都是未知的。

当然，完成工作的定义并不完全掌握在客户手中。虽然有无数的需求是项目待办事项列表的一部分，但它们也满足如下诉求。
- 非功能性需求：客户通常对非功能性需求没有发言权，但它们在完成中占很大比重。

- 发布：从理论上讲，敏捷项目在每次发布之后都是零基础开始下一个迭代的，因此可以当场结束。一个特定的版本发布可能是完成的标志。
- 技术和功能债务：债务是无数未完成工作的修正和调优，为最终交付打磨可交付成果。这种债务可以是不完整的小规模测试，最后一分钟的外观和给人感受的变化，或者是需要调整的小规模功能。
- 未交付的待办事项列表：总是有其他的项目来吸纳未交付的待办事项列表。

随着项目的进行，请注意，由于技术债务的积累或需求的增加，待办事项列表可能增加。或者我们可能放弃一些待办事项列表，因为我们已经开始理解，随着某些事情的出现，这些待办事项列表已经不再需要或必要，从而节省了空间和容量。

### 6.1.3 敏捷计划组合

规划敏捷项目的关键不是一个计划，而是有许多计划，而且计划经常变化。从理论上讲，计划结构越简单，越易于更新。计划随着时间的推移和需要在团队之间进行分配。计划通常只是电子表格或数据库模板中填有的某些信息。而计分卡模板和仪表盘是传达信息和支持团队计划会议的有效方法。

需要找到一个协调和集成的点，即在项目组合、工作流和那些在大型项目的开发团队中，我们要区别在企业环境中有用的计划组合和那些或多或少需要单独支持一个项目的计划之间到底是什么关系。

在涉及整个企业的范围内，计划必须更结构化、更少弹性和更正式。即使在企业环境中，当计划和具体工作趋近时（如在迭代级别），计划、进度和估算也更符合敏捷所期望的特征：除了非正式的、灵活和自适应性，还有结构化（仅当团队在结构化中发现价值时）。

#### 6.1.3.1 敏捷计划适应

经验过程控制、涌现式解决方案、非线性方法、客户驱动价值，所有这些都是不可计划的。那么有可能制订一个有用的计划吗？可以的，敏捷团队可以通过训练，在合理且具有可行性的范围内聚焦于一个可接受的解决方案计划。这需要引入一些项目治理和管理方法、刚刚好的架构设计，以及一个称为滚动式规划的框架。²

人们期望敏捷项目能够反复适应需求。有力的假设支撑是，无形需求和系统的复杂性使我们无法在一开始就拥有足够的知识来编写一个完整的项目计划。就像难以解决的不完整的棘手问题一样，解决方案最终将定义需求。此外，团队需要在项目经理和其他领域专家的指导下，优化适合产品演进的实践。

计划必须是自适应的，如无意外，计划应是项目管理中创造性和创新性的一部分。计划就是思想的传递，计划需要对预定的行动过程进行深思熟虑。计划是许多不同的"啊哈"时刻（形容因产生创意、痛点、价值等引起激动情绪）出现的地方。计划创造了焦点，使具备创造力的人员聚焦投入，并增加项目秩序，否则可能是混乱的。

在计划驱动的项目开发生命周期（PD-PDLC）方法中，计划吸收了许多资源。这在一开始是很难做到的，而且一旦完成，详细的计划甚至需要更多的时间来维护，以保持计划间的相关性和价值。与 PD-PDLC 的经验相反，敏捷宣言是另一种表达方式。讨论、辩论和面对面对话比文档更有价值。当然文档并不是没有，只是最小化以提高效率。

| 项目管理提示 | 充分计划 |
| --- | --- |
| | • 谨慎是明智的，但对敏捷宣言的过于字面化的解释可能导致计划不足，也不利于向项目相关方恰当地表示项目进展并为团队提供指导。 |

#### 6.1.3.2 工作流计划

每个工作流的主计划都是从商业计划衍生而来的，主计划需要逐层调整与适应。规划周期（Planning Horizon）是对应于发布计划的时间盒。所有的规划都符合从一个规划周期到另一个规划周期的滚动式规划思想。当完成一个规划周期而进入下一个规划周期时，制订下一个规划周期的计划。

项目经理需要将主要的商业里程碑映射到研发工作流中，研发过程的里程碑记录了最重要的发布日期。他们为即将投入生产的产品制定了规划周期。回想一下图 5-5（规划波的外观），使它适用于工作流规划周期，如图 6-1 所示。从图 6-1 中我们可以明显看出，各工作流间的不确定性明显不同；产品开发工作流远期的不确定性最大，它反映了客户对交付的特性和功能的不确定性影响。

一次计划一个规划周期的工作流，考虑到远期的不确定性增加，但是每个工作流不确定性的程度不同

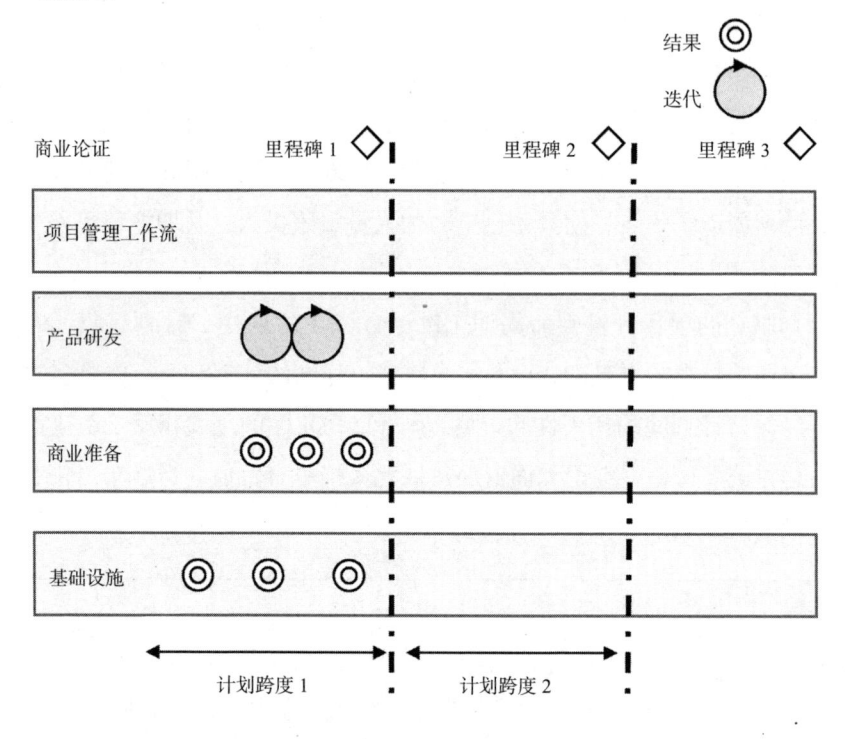

图 6-1　商业论证里程碑规划周期

另外，这种滚动式规划让项目管理的不确定性相对变小，从侧面反映了项目管理工作对范围细节的变化不敏感。

类似的方法用于为每个工作流制订预算计划。在工作流级别制定预算等同于为每个工作流制定项目资产负债表。资产负债表的左侧内容首先应由业务自顶向下提供。投资通常根据业务的价值判断按比例分配到工作流中。

如下文所述，其他方法也可能是适用的。资产负债表的右侧通常是通过观察

事实和预测未来绩效而得出的估计，右边与左边的差距需要项目经理、团队负责人和相关方解决。

| 项目管理提示 | 工作流和团队的计划 |
|---|---|
| | • 未经协商，不得将项目资产负债表、里程碑计划或预算强加于项目。<br>• 使用敏捷原则进行活动需要通过对话、迭代、协作和协商来进行分配和确定差距减缓措施。 |

#### 6.1.3.3 版本发布计划

敏捷原则1中要求，频繁交付可工作的产品以满足客户需求。这需要将完成的目标对象发布到生产环境或线上环境。通常，在发布计划会议中有以下几个步骤需要关注：

- 从项目待办事项列表中，根据需求的吞吐速度、优先级和排列顺序来进行预测，为下一个版本发布选择待办事项列表。
- 把版本待办事项列表分配到迭代或冲刺中，为解决历史债务（技术）提供缓冲空间，确保可持续的研发进度，并处理紧急需求。
- 将版本缓冲规划为一个空的迭代，以确保发布日期和发布流程顺利执行。
- 为结束编码、集成测试、用户验收测试和上线预演（将新对象运行到生产状态的指令和脚本）建立版本协议。

在发布之前，在每次迭代、冲刺或在制品分组完成后的回顾节点上收集信息是十分有价值的。随着迭代的进行，这些经验教训和发布计划的其他输入会不断演进和出现。因此，第二轮的版本计划应该考虑这些数据。

#### 6.1.3.4 时间盒计划

工作流中的团队都在迭代或冲刺中工作，在基础产品之上开发和交付一些可工作的功能范围。时间盒是规划进度周期（从一个迭代到另一个迭代）的主要策略，而不是低级别的甘特图或任务网络进度图和活动计划[3]。因此，计划由一些在时间盒中执行的团队组成，每个团队以自己的估计速度（吞吐量）运作，并且每个团队执行部分商业论证中的需求作为它的范围[4]。

所有的事情确定以后，工作流时间线的总持续时间是不相互重叠的时间盒迭代的总和。根据敏捷原则4，每个迭代都以一个可以发布到产品基础上的可工作的产品结束，那么在任一版本发布之后，业务人员和开发人员的持续合作可以确保项目根据发起人和项目经理的决定随时终止。

显然，团队产出必须有一个平衡和协调的点，这些点构成一个有依赖关系的网络。网络可以通过让每个团队在相同持续时间的时间盒中同步执行来简化，以便当下一个迭代周期开始时，来自一个团队交付的可工作的产品对所有团队都是可用的。[5]

### 6.1.3.5 在制品计划

在制品计划显示了所有看板或研发过程中在制品的顺序和时间。正如我们在第1章中所读到的，并非所有的方法都用时间盒。例如，看板并不是一种受时间盒限制的实践，尽管也可以被嵌入在时间盒中去发挥作用。因此，在制品计划可能需要一些其他的可视化的计划工具或实践工具来展示。例如，使用看板图、燃尽图或甘特图与里程碑图的某种组合。

### 6.1.3.6 各团队工作计划

给定一个时间盒的持续时间和一个团队的速度基准，就可以在一个规划周期内为每个团队和迭代制订人力资源计划。这些团队—迭代的人力资源计划定义了个人、技能和时间承诺。当有多个团队时，可能发生必须共享关键个体的情况。将人力资源计划承诺乘以每个资源的费率[6]，以获得人力—成本计划。

在规划个人承诺时，必须谨慎，因为每个团队的速度与其跨职能组成、经验、技能和成员关系紧密相关——不要太少，也不要太多。自组织和相互协作的团队所接受的培训、经验，以及环境和工具，也会影响速度。

### 6.1.3.7 每日计划

每天都从将每日计划集中起来开始。团队自己制订这个计划，项目经理则提供有效帮助。每个团队成员都将陈述一些内容，说明他当天要做什么工作，以及他希望取得什么样的成果。在早上的每日站会上审视这个计划。

会议是有时间限制的，每个成员只有几分钟的时间来谈论他的个人计划。每个团队成员都应该参与进来，并说出自己一天的计划。如果需要讨论解决方案，那就召开专题会议来商定解决，而不是在每日站会上讨论。

在一些团队中，还会举行一天结束的站会。它同样是有时间限制的，这不是解决方案会议。其目的是评估每日计划是否成功，并确定项目经理需要处理的障碍。

#### 6.1.3.8　对计划组合的总结

表 6-1 对上述的讨论进行了总结。

表 6-1　计划组合的总结

| 计　　划 | 说　　明 |
|---|---|
| 工作流计划 | • 根据 WBS 将商业计划里程碑和预算的限制放到工作流中<br>• 工作流的计划由项目管理人员和团队负责人做出的估算控制<br>• 详细计划是通过滚动式规划实现的，在每个规划周期都会重新评估 |
| 版本发布计划 | • 将所有必要的功能操作放入发布计划中,或者为特定的版本选择发布功能 |
| 时间盒计划 | • 一些团队在时间盒内执行计划,每个团队以自己估计的速度(吞吐量)运行,每个团队执行部分有商业论证的待办事项列表作为它的执行范围 |
| 在制品计划 | • 显示了所有看板或管道中在制品的顺序和时间 |
| 各团队工作计划 | • 各团队迭代的分配计划，目的是确定个体、技能和时间的承诺 |
| 每日计划 | • 每个团队成员为自己的活动制订当天的工作计划 |

### 6.1.4　计划驱动者

计划驱动因素可能是某一条件、环境、政策或外部影响，它导致一个计划被写下来或者对现有计划的范围和内容产生影响。当然，这就引出了问题：哪些人是这些计划的驱动者？敏捷项目和传统项目有什么不同吗？

#### 6.1.4.1 辅助性原则

首先,谁来承担计划驱动者的角色,这个问题的答案是由辅助性原则来回答的。敏捷方法同样遵循这一原则。辅助性原则指出,任何中央机构都不应该做下级擅长做的事情;没有明确标注的权利应该下放给附属或下属单位。在权利的基础上需要增加责任。权利和责任是敏捷项目领域中的一对。

这一原则带来了权利和责任。例如,中央权力机构有权期望其下属采取负责任的行为,但保留对其行为进行核实的权利;对其信任,但要进行核实;在必要时进行干预以实施纠正措施。下级单位有权要求一定程度的自治,并进行自我检查与核实,只要下级的行为是负责任的。下级有责任按照自己的利益和中央的利益行事,但要注意不要在低层次上过度优化。

当将辅助性原则扩展到项目规划时,我们再执行敏捷规划的第一个标准便是,它不应该是强制性的;敏捷计划不应该指示、规定或以其他方式限制行为或活动,且不应该超出可接受的规范和惯例。换句话说,将由最有能力和负责任的分散的项目团队自身来规划工作。作为一个实际问题,这代表着表 6-1 所示的在不同组织各级拟订的计划应得到尊重。

#### 6.1.4.2 不确定性之锥

敏捷计划也受企业对风险的态度影响。在某种程度上,风险会限制项目的资金和承受能力。风险态度隐藏在一个叫作效用的概念中,它既影响上层的资金,也影响当面对不可预见的困难时所获得的财政支持的限度。

敏捷计划的估算一开始不需要太精确,因为项目信息不确定性很大,以至于无法支持和验证精确的评估。当我们说到不确定性时,我们指的是没有预先获知和具备减轻措施的风险;但是随着项目的进展,我们的知识会发生变化,不确定性会转变为可知晓的风险,而这些风险要么已经发生,要么已得到缓解。研究过风险和不确定性的项目经理深知风险和所涉金额是对立的。

也就是说,在开始任何实际工作之前,项目所涉金额(项目经理可用的总量)是最大的,但关于成本、进度和交付物的确定性则是最小的。随着时间的进展,待办事项列表不断地完成,所涉金额也从未消耗的变成已消耗的;只有到这时,不确定性才转换为有针对性的解决方案,已经降低了剩余的风险;只有到这时,更准确的估计才有意义。事实上，对于那些不熟悉不确定性之锥[7]的人来说，不合理的精确性可能产生误导。图 6-2 是这个想法的示意图。

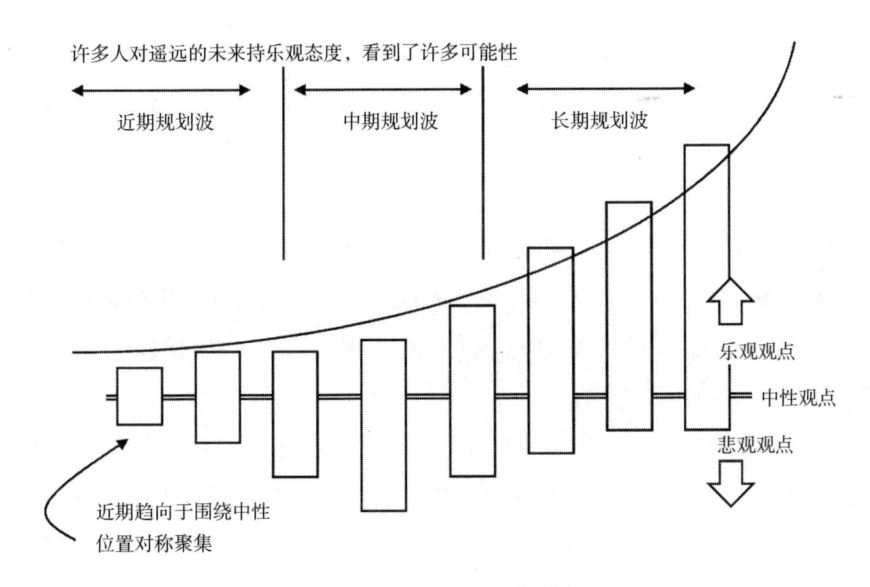

图 6-2　不确定性之锥

有人认为是巴里·勃姆（Barry Boehm）博士构建了不确定性之锥的概念，并展示了它对复杂系统的应用，尽管在他的文章中没有使用不确定性之锥这个词语。

巴里·勃姆在他的书《COCOMO II 的软件成本估算》中用成本—规模在不同项目阶段的不确定性来表示他的概念。他提供的数据对称地分布在一个标准成本规模（Nominal Cost-size）附近；数据中最大值为标准值（Nominal Value）之上四比一，最小值为标准值之下四比一。

在图 6-2 中，与巴里·勃姆的方法不同，不确定性呈现在中性轴的上下两边。在乐观观点中存在着低于成本的机会，在悲观观点中也存在着超支的风险。这种不对称性反映了项目评估的本质：它们往往对遥远的未来过于乐观，而不是过于悲观。同时，随着遥远的未来变得越来越近，情况也发生了变化。

当人们对不久的将来有了更详细、更准确的认识时，乐观就会转变为悲观。因此，最好是呈现乐观且低于预估的机会价值，因为不太可能出现超出预估的机会价值的情况。从乐观到悲观的态度转变表现为计划价值（Planned Value）上下起伏的不对称性。图6-2显示了一个不对称的圆锥形图，它既表示各种不确定性的变化范围，也表示乐观主义和悲观主义随时间而变化。

查看图6-2可以发现，在近期内，有足够的信息证明，乐观和悲观在总体上受到更多的约束，大致均匀地分布在中立态度附近。随着项目周期的推进，不确定性的出现，悲观情绪也随之增长，但在遥远的未来，人们普遍乐观地认为，可以找到解决办法。

对于敏捷计划者来说，图6-2是一个警告：对风险的态度会随着项目生命周期的变化而变化。其中计划本身也反映了态度，商业计划将是乐观的，相应的滚动式规划会更加悲观，但是迭代计划会变得更加中立。随着时间的推移，项目资产负债表的缺口也将不断扩大。

我们在应用不确定性之锥的时候需要注意，项目不会自动地匹配到锥形图中。正如史蒂夫·迈克康奈尔（Steve McConnell）所观察到的，不确定性不会自行消除，必须采用特定的操作来使不透明的观点变得透明[8]。因此，敏捷项目可以有两种应对方式：

1. 引入客户参与是为了需求能够及时得到解释。
2. 频繁地交付是为了广大用户能有体验和评价产品的机会。

### 6.1.4.3 吞吐量计划

吞吐量是影响敏捷规划的一个重要因素。吞吐量是结果的度量，对吞吐量的规划需由结果而不是输入来主导。

| 敏捷原则7 | 可工作的软件是进度的首要度量标准。 |
| --- | --- |

与活动规划以 PD-PDLC 为核心不同，敏捷方法的规划是以结果和吞吐量规划为核心的。事实上，围绕着吞吐量核算的概念有一门完整的学科，它关注的是项目结果与项目开始前的想法和机会之间的价值差异，即附加价值[9]。如下所述，有两个估计参数是需要掌控的，每个参数只能在统计的确定性范围内：

1. 待办事项列表中用户故事的复杂性。

2. 每个团队的交付速度。

复杂性是一个相对（无量纲）的数值，它被用作一个乘数，使一个复杂的物体比另一个物体更突出。例如，我们说对象 A 是对象 B 的两倍，数字 2 是乘数。复杂性乘数应用于范围单元。作为一个乘数，复杂性增加了开发一个比基准单元更复杂的单元所需的工作量和时间。

速度是对参与计划迭代团队的吞吐量的单位度量。单元是一个团队在一个开发迭代的日历期间开发并完成的产品的增量。速度取决于团队规模、成员能力、团队凝聚力和环境有效性。

我们为这两个参数如何协同工作做一定设想，假设一个团队在四周内拥有 40 个单元的吞吐量。产出可能是 40 个单独的基准单元，也可能生产 4 个复杂范围的单元，每个复杂单元相对基准单元的复杂性倍数为 10。

为了谨慎起见，应该对每个参数进行风险加权。毕竟，这些参数的准确性被限制在一定的确定性范围内。有一些统计上的经验法则可以帮助我们在日常生活中做出实用的风险调整。其中一些已经讨论过了，例如，大多数自然发生的现象在长期内都具有平均值的对称性；风险加权平均值收敛于对称分布的中心值[10]。然而，在短期内，这种可能性的分布明显是不对称的，要么倾向于乐观，要么倾向于悲观。

#### 6.1.4.4 风险分布是一种驱动力

问题往往来源于：

- 项目计划的设定应该保护团队不受最坏情况的影响吗？
- 在长期项目中，临时现象对项目有多重要？
- 在项目中如何体现风险可能性的分布？

项目的经验则是，短期的风险评估分布通常是对称的，因此风险对计划的影响都与中心和最可能的结果有关。但奇怪的是，时间对风险分布起作用。一般来说，正如我们在不确定性之锥中所看到的，计划对中期风险的悲观程度要高于乐观程度，对未来风险的乐观程度要高于悲观程度。

在一个迭代中，经常出现一种令人困惑的情况：当被问到他们是否可以在一定的时间限制内进行开发时，许多开发人员会回答"是"，这是一个乐观的回答。

但是当被问及是否可以更早地交付时，同样的开发人员通常会说"否"，他们不愿放弃任何已定的进度计划，这是一个悲观的回答。从统计学上看，这只意味着产出结果的分布从长期来看将会走向悲观，如图 6-3 所示。

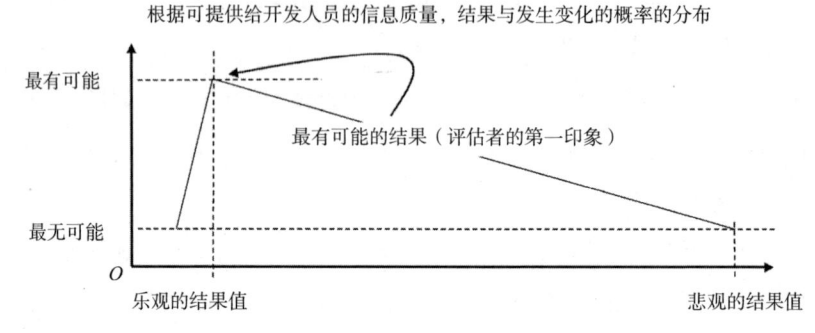

图 6-3　开发人员的分布

回想一下，分布的期望值是所有可能结果的加权平均值。在这两个非对称分布中，由于较长一边的贡献，平均值略微偏向较长的一边，并偏离分布峰值时最有可能的值。在代表远期的图中，更有可能需要更少的人力，这是对人力投入的乐观态度。

随着未来的临近，实际上会变得更加悲观，因为信息变得可用，尽管这些信息只是足够引起关注，而不是能充分了解需求内容。但是人们害怕未知。到了近期，信息会逐渐丰富起来，通常，我们对进展顺利和可能出错的事情的了解一样多，因此分布也变得更加对称。

#### 6.1.4.5　计划进度损失

你是否感到好奇，一场篮球赛最后看似一两分钟，实际上却会花上 10 分钟？这么做效率有多高？即使从更长的时间来看，整场比赛所花费的时间也可能是时钟显示时间的三倍，即 20 分钟的比赛时间通常会花费 1 小时。然而事实是，比赛的策略和机制决定了比赛会有一定的时间损失。

项目也会经历这种损失，项目进展的时钟似乎比实际时钟慢。例如，员工可能生病，需要利用假期来恢复，工作日也需要休息。从长远看，在工作计划中承担 15% 的劳动损失是合理的。在一个 8 人或 9 人的敏捷团队中，15% 的损失所带来的影响相当于 1 个人几乎一直不工作。

## 6.1.5 对计划驱动者的总结

表 6-2 汇总了所有的观点。

表 6-2 计划观点总结

| 计划的特征 | 说明 |
| --- | --- |
| 辅助性原则 | • 在下级组织有能力且胜任的情况下，中央和上级组织有责任避免强行干预下级单位<br>• 推而广之，计划不得指挥和规定下级组织的行动<br>• 上级组织有权要求下级组织进行负责任的规划<br>• 下级组织必须采取负责任的行动，充分仔细地计划和评估他们的活动，使上级组织除了检查核实不需要强加干涉 |
| 不确定性之锥 | • 一个好的计划应该尊重这样一个概念：当项目中工作完成得最少时，不确定性也就最大<br>• 一个好的估算实践是在项目的不同成熟点采用标准的估算范围<br>• 透明度（增加确定性）不是自动产生的，必须制订具体的计划以排除未知因素 |
| 吞吐量计划 | • 吞吐量由待办事项列表中用户故事的复杂性和团队研发速度决定<br>• 吞吐量是一个团队在一个迭代期间完成并准备好发布的产品<br>• 吞吐量的核算可以评估团队工作的附加值 |
| 风险分布 | • 不应提供单点估算，除非它是可能结果分布的期望值<br>• 每个估算都应该有一个范围，对于这个范围，人们有信心认为实际值会在这个范围内分布 |
| 计划进度损失 | • 15%的长期劳动力损失是一个保守的计划参数<br>• 在一个 8 人的团队中，15%的损失相当于一个全职的劳动力损失 |

## 6.1.6 思考与讨论

计划从层次上看，越靠近企业层面，就越重要。比如，在敏捷项目和迭代中，计划几乎都是非正式的，而在企业层面来看，对于相同的项目，计划是结构化的，而且有些缺乏弹性。那么，你认为这个观点有什么不一致的地方吗？

## 6.2 进度

我们不仅要安排已知的事情,也要对未知的事情进行预测。

### 6.2.1 目标

- 讨论并解释进度的含义。
- 讨论并解释企业中敏捷的时间线。

### 6.2.2 计划节奏

敏捷方法的目标之一是积极地维护计划节奏,以防止最后一刻的压力,同时保持接近恒定的节奏,这种节奏几乎可以无限期地持续下去。

我们所说的节奏是什么意思?节奏是计划的周期性和重复性,对计划、迭代、发布这个周期来讲,它几乎是一个旋律。虽然循环中的每个任务的速度不同,但是每个任务都有自己的速度。

#### 6.2.2.1 可持续的节奏

敏捷原则第 8 条——保持一个恒定的节奏——的好处是项目的工作计划有一定的节奏。其他章节阐述了"红—绿—重构"工作流的节奏。可以肯定的是,如果节奏偏离了几拍,就很容易被匆忙的等待、计划外的停工和其他非节奏的反应所影响。相关方和外部机构施加的约束可能打乱节奏,通过管理约束来保持节奏是项目管理的任务。

#### 6.2.2.2 鼓—缓冲—绳法

敏捷计划既借鉴了约束理论又使用了由高德拉特的研究而流行起来的鼓—缓冲—绳(Drum Buffer Rope,DRB)的概念[11]。为了保持节奏,高德拉特假定鼓是节拍的来源。在敏捷项目中,敏捷计划—执行—检查—行动(Ag-PDCA)循环是大鼓。缓冲是一个时间缓冲,用来处理不可预知的事件,以便能够维持节奏(Ag-PDCA 循环)。工作流是将它们连接在一起的绳索,工作流明确周期的开始和结束,并授权产品发布。

### 6.2.2.3 速度和迭代

根据经验和相似的环境，周期中的每个任务我们都应该能够预测速度——吞吐量，这将是敏捷项目中最有用的规划元素。如果在每次迭代中的环境，或者在发布时的每个集成任务，导致团队的运行时快时慢（时而精力充沛，时而筋疲力尽），那么速度图对于计划来说就没有意义了。

正如我们在本书的其他地方所描述的，可预测的速度是建立成功看板的一个组成部分，速度图在使用燃尽图和其他工作跟踪系统时非常重要。因此，对于敏捷项目经理来说，建立和维护一个可预测速度的项目环境是一项重要的项目管理任务。

### 6.2.2.4 反思

检查—行动意味着度量结果，并将结果与意图和期望进行比较，报告结果，然后评估如何更好地进行迭代。评估哪些应该保留，哪些应该在下一个迭代中改进。检查—行动支持涌现式流程和实践，因为团队会因经验和反馈而受到影响和改变。

| 敏捷原则 12 | 团队定期地反思如何能提高成效，并依此调整自身的举止表现。 |
|---|---|

检查为分析评估用户价值提供了机会。在敏捷方法中，随着产品演进，检查为下一次迭代的需求规划提供了一个前瞻机会，即有机会重新打包需求并添加、更改或删除现有的需求。对迭代经验的质量进行反思是一个可以吸取教训的机会。

连续问 5 次为什么[12]："X 为什么会发生？因为 Z，为什么 Z 会发生？"从这五个答案中，形成一个团队响应来提升下一个迭代的结果。

## 6.2.3 时间线和日历

我们在术语上对时间线和进度表进行区分，时间线是以时间为单位度量的，不涉及日程。当时间线被附加到日历上时，它就变成了进度。

时间盒不仅与商业里程碑同步，还与使用类似时间盒迭代的其他团队的活动同步，由此产生的高级网络进度图将团队之间的主要依赖关系联系在一起。在团队内部，团队负责人将有时间限制的工作分配给团队成员，并通过迭代过程中对任务关闭的趋势线和剩余工作的计算进行进度预测。

| 项目管理提示 | 通过时间盒进行进度计划 <br>• 需要掌握的最重要的一点是，进度计划是由许多持续的固定周期构成的，有点像用许多相同长度的货运车厢建造火车。<br>• 每个周期包含相同的日历天数，具有几乎恒定的吞吐量，并且所有周期都以"完成到启动"的顺序连接起来。<br>• 范围不断调整，以确保进度计划能精确地适应时间盒周期。<br>• 进度计划的总持续时间受执行需求所需的时间或维持工作团队所需的可用资金限制。|
|---|---|

呈现敏捷计划概念的一种方法是使用如图 6-4 所示的网格图。网格线与开发和滚动式规划周期相一致，一些规划周期在商业里程碑和工作流计划里程碑内会生成一个迭代版本。每个网格空间留有缓冲以处理功能上的小变化，最后的发布里程碑也有缓冲，以更好地确保按时交付。如果一个或多个团队之间存在依赖关系，那么这些依赖关系在网格边界处也可以感觉到。

### 6.2.3.1 商业计划中的里程碑

商业计划是顶级里程碑计划。进度计划嵌套在同一层次结构中，如表 6-1 所示。因此，最初是商业论证，里程碑是自上向下安排给项目的。在 0、1 或 2 级的商业论证中，项目都要接受和尊重商业驱动力，由商业驱动力来决定功能何时满足。敏捷商业论证并不侵犯项目经理的特权，同时团队需要设置战术计划，商业论证中有关计划的详情不会超过商业里程碑。

有些里程碑可能是具有非常明确价值的日历事件，其他里程碑则只是相对于项目的启动。在接到命令后这些里程碑完成设定。

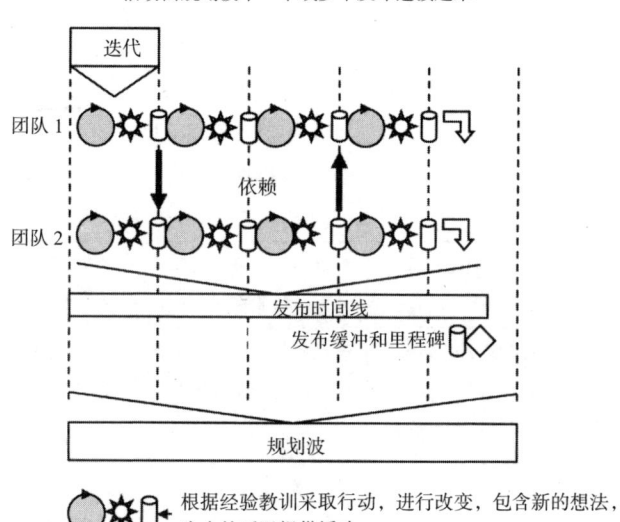

图 6-4 敏捷进度计划网络

在 0 级商业论证中，很少有里程碑，可能不超过一两个，并且很可能将这些里程碑作为商业论证治理过程的一部分来建立和验证。需要通过时间设定和满足期望来进行商业论证管理，因此项目团队和产品所有者或业务代表将有机会讨论、协商并同意即将设定的商业里程碑。这种规划设计的形式从风险管理角度来说是减少项目资产负债表上的差距。

在 1 级和 2 级商业论证中，项目比在 0 级时要复杂得多，但是过程在概念上是相同的。在 1 级和 2 级，可能有竞争性的备选方案，每个备选方案都需要经过一个决策分析过程，其中一部分是对计划可行性的分析。

### 6.2.3.2 工作流进度计划

规划项目工作流进度的经典方法是首先计划时间线，然后把它放到日历上。设计项目计划的步骤在许多标准项目管理文章中都有详细的说明[13]。表 6-3 对比了传统方法和敏捷方法的区别。

表 6-3　工作流计划

| 传统规划步骤 | 敏捷规划步骤 |
|---|---|
| • 制订工作包级别的几周的工作计划 | • 根据客户优先级和收益计划，将商业论证中产品愿景分解为每个规划波和发布的主要功能 |
| • 对工作分解结构的交付件进行排序，即在砌墙之前做好地基等。<br>• 注意：需保持简单！ | • 主要的工作排序来自客户/用户在规划波和迭代期间设置的优先级<br>• 架构和技术可行性决定了基本顺序，如建地基和砌墙壁的顺序 |
| • 确定 WBS 交付件之间的依赖关系，并在必要时修改排序 | • 依赖关系可能发生在团队之间，在每次发布后进行调整 |
| • 如果是一个工作量驱动的进度计划，评估每个任务的工作量，并以每天工作量为度量将每个任务的工作量量化为数字<br>• 如果是一个持续时间驱动的进度计划，评估可承受的持续时间，然后计算影响持续时间的工作量 | • 分配给每个团队的工作是固定的<br>• 团队的数量根据满足商业里程碑的需求吞吐量计算 |
| • 使用空的任务作为缓冲，将持续时间应用到顺序排序的列表中来创建时间线 | • 计划是由时间盒迭代构成的<br>• 每个迭代都实现若干单元的产出，即可以发布的产品<br>• 计划是由生产所有产品所需的迭代时间的总和得来的<br>• 详细的规划是在规划周期内完成的 |
| • 将日历应用到时间线上，去掉双休日 | • 进度部分由商业计划驱动，部分由派生的持续时间驱动，部分是通过滚动式规划过程驱动的 |

### 6.2.3.3　网络计划图

正如本章前面所讨论的，发布时间线由许多迭代组成。一些迭代将彼此并行，并将结果连接起来，从而形成一个网络。发布网络中的关键路径通过一个时间盒进行缓冲，以保证添加的发布事件按计划进行[14]。

图 6-5 是一个典型的发布进度计划，它含有网络互连，在里程碑上还有关键路径缓冲。需要注意的是，发布进度计划是许多计划—执行—检查—行动的循环。

为了谨慎起见，发布周期至少有一个用于发布事件的缓冲，但是当有其他串联序列加入时，可能需要增加其他的缓冲。

团队的网络处理一次发布内多个迭代的范围
团队 1 是关键路径；团队 2 和团队 3 在关键路径前具有缓冲

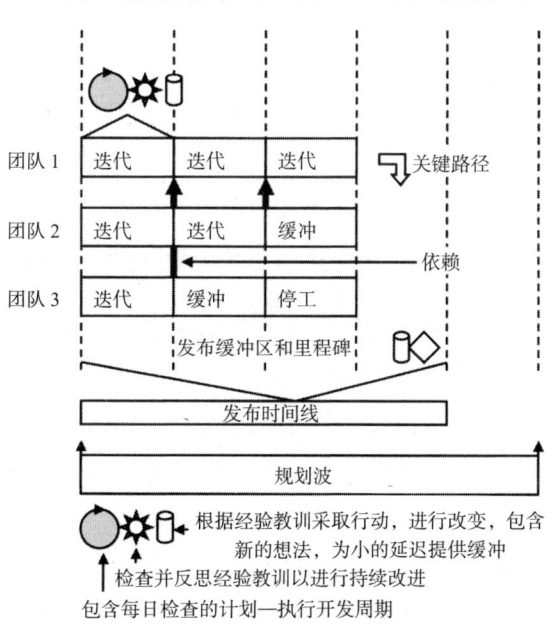

图 6-5 发布的网络图

### 6.2.4 思考与讨论

在项目规模小且自成体系的情况下建立节奏是简单的，但是在一个大型项目中，需要有许多功能和技术接口的情况下，如何保持节奏呢？

## 6.3 敏捷项目中的其他计划

在企业环境中，任何合理规模的项目都有许多计划。

### 6.3.1 目标

- 让读者熟悉可能影响敏捷项目的其他计划。

## 6.3.2 架构和非功能交付物的计划

架构存在于每个项目中，无论是否得到正式承认。一个好的实践能使架构可视化并有效地指导产品开发。架构的考虑肯定会作为商业论证管理过程的一部分出现，在 0 级，许多项目将遵循现有的架构。在 1 级和 2 级（特别是 2 级）商业论证中，对新架构的考虑可能非常重要。

架构最好由架构师（如果项目运营模型中有该角色定位），以及其他主题专家、顾问和培训团队努力设计而成。其中，敏捷原则 11 值得注意。

| 敏捷原则 11 | 最好的架构、需求、设计出自自组织团队。 |
| --- | --- |

在本书中，我们反对原则 11 的说法。在商业论证或项目章程中提供了战略架构，但它应该是稳定的，通常并不是涌现式的。

我们认为原则 11 适用于支持项目战略意图的顶层架构中较低层部分，正如前面所讨论的，迭代 0 是放置没有直接客户价值的系统组件的时间。

不应该允许因非功能需求导致的研发迭代延迟，特别是对于那些可能在项目生命周期后期排序的非功能需求。非功能交付物通常伴随着功能产品交付给客户，它们通常是功能产品开发的先决条件。

如第 5 章所述，非功能性交付物通常位于 Kano 图的横轴上。非功能性需求包括各种各样的基础设施，包括计算机、网络、存储、安全协议、制造设备、工具和夹具或模板、计分卡和仪表盘及许多其他的。

## 6.3.3 计划的不确定性

敏捷方法本身就是对软件需求的不确定性和一般不可预测性的一种风险响应，因为很少有物理边界可以包含人们所有的想象（需求）。因此，敏捷项目的一般背景是不确定性，项目目标也因此存在风险。

我们这样区分风险和不确定性：

风险是一个事件、条件或一组环境，它具有可能影响项目目标和具备一系列可能性的特点。但对于每个可能的问题，我们都有自己的见解，尽管并不完美。例如，要有一个概率数据，一个风险必须有一些历史数据来建立概率统计。如果真的没有历史数据，则无法通过概率进行风险洞察，那么我们将把这样的风险转移到不确定性上。

不确定性是指我们几乎没有或根本没有洞察力或者能力来知晓全部令人讨厌的未知，但是从经验中我们知道，有不可预测的事件或情况将来可能是麻烦的。

#### 6.3.3.1　资产负债表的不确定性

我们需要再次考虑第 2 章中介绍的项目资产负债表。商业计划在左侧，表示该计划不仅提供了目标和产品愿景，而且指定了投资方向并为有益的结果设置里程碑。实际上，项目资产负债表的商业方面是成本、进度、范围和收益的目标。

即使对于相对简单的 0 级商业论证，商业规划人员也很可能对他们的计划的实用性和可实现性漠不关心，甚至是不知情的。这就是为什么，至少在最初阶段，项目资产负债表不可避免地显示出商业目标和满足这些目标的项目能力之间的差距。企业可能约束太多的变量来固定里程碑、范围和预算。如果一个变量是最重要的，那么其他变量必须强制适应。如果其他变量不在企业的控制和判断范围内，那么企业可以控制的那些变量必须强制适应。

例如，行业展会是里程碑式的，它们的日期不能移动，但是展会的展示范围可以调整。再举一个例子：考虑一个项目，提交一个包含产品演示的竞争性提案——提案不能延迟，但是一些产品演示细节可以推迟到谈判开始时。最后一个例子：记住千禧年——2000 年不能被移动来适应一个迟来的项目，但是一些程序修改可以等到 1 月 1 日之后的一两个季度，直到日期问题变得有问题。

项目需要对商业计划做出响应。首先是估算，然后是它自己的计划。没有计划会使项目的商业计划存在不切实际的情况。正如弗雷德里克·布鲁克斯（Fred Brooks）所说："如果事情没有顺利地开展，直觉既不是计划，也不是防御措施。"

| 项目管理提示 | 修订计划比计划本身更重要<br>● 计划的最佳用途是建立正确的开始方向，并提供一个框架来指导团队走向下一个阶段。<br>● 由于第一个未预见到的困难，计划的某些方面将不得不改变。当需要其他方案时，规划经验就会得到回报。 |
| --- | --- |

### 6.3.3.2 右移

有可能相连接的路径导致进度延期（里程碑向右移动），这就是同时发生的风险。假设它们应该同时完成所有连接，那么它的风险概率计算结果是所有连接路径的概率的乘积。例如，如果所有的路径一起完成概率很高，如95%的概率计划，那么三个里程碑路径的风险概率约等于 0.86（0.95×0.95×0.95），略小于 7/8。

要将里程碑达成概率提高到 95（满分 100），在变化里程碑之前，必须添加一定的缓冲来确保进度向右移动。缓冲应该足够大，以捕获最可能发生的溢出。

右移现象也称为合并偏差。这个名字暗示了这样一个事实：当路径连接时，进度就存在一定的移动偏差。如果一个或多个连接路径延迟，就会出现问题。在这种情况下，计划将向右滑动，等待延迟的迭代完成。当然，由于每个团队的工作都有严格的时间限制，因此不应该出现延迟的迭代。

| 项目管理提示 | 右移现象 |
|---|---|
| | • 当两个或多个路径在一个里程碑处连接，或者为后续迭代的前置迭代时，时间线就有可能向右移动。<br>• 因为一条或多条连接路径可能延迟，其影响就是连接点向右移动。 |

根据设计的原则，所有的时间盒迭代按照时间线上的规定完成。然而，考虑到冯·莫尔克（von Moltke）的观察，即没有计划能与现实保持联系，一种谨慎的做法是提供一个小的缓冲，以避免迭代时间过长。在某些灾难的极端情况下，团队似乎无法完成工作，项目经理应该介入并停止工作[15]。

| 项目管理提示 | 在里程碑处完成 |
|---|---|
| | • 通常，不管缓冲放在哪里，缓冲都会保护里程碑计划的完整性。<br>• 当然，许多 0 级项目将是一个非常简单的网络，可能只有一个串联的迭代或冲刺路径。<br>• 所有项目，无论级别如何，都应该为发布预留缓冲。 |

请注意，发布事件本身并不是一个时间点，而是一个迭代，其中执行了许多发布任务。根据约定和产品基础（不管是内部的还是外部的），以及产品的支持结构，发布这一迭代可能非常不同。发布可以是加载和链接文件的简单脚本，也可以是需要与业务、基础设施管理人员和应用程序开发人员进行专门的仔细规划的非常复杂的迭代。为了简单和高效，需要开发一个所有版本可以重复使用的发布模板。

迭代应该多长时间？我们没有固定的方法。但是每种方法都有自己的建议，敏捷项目的一个原则是发布应该频繁。注意敏捷原则3：

| 敏捷原则3 | 经常地交付可工作的软件，相隔几星期或一两个月，倾向于采取较短的周期。 |
| --- | --- |

除非有最重要最紧急的事情驱动进度或者不可改变的里程碑，施瓦伯建议将Scrum冲刺固定为日历上的连续30天，或者时钟上记录的30天[16]。相关方法的建议，请参阅表1-5。

### 6.3.4 商业计划的声音

敏捷方法学家尊重这样一个事实，即企业通过商业计划为自己和客户说话。企业是项目价值主张的公认权威，并且从这个权威中产生了构建所有其他计划的顶级里程碑。团队可以挑战这些里程碑，但是团队不能单方面地将它们搁置一边。

敏捷计划接受组织文化的约定、标准和实践。企业可能需要遵守外部规则并遵守特定的行为模型。团队行为可能必须符合各种成熟度模型。这些将会影响和改变项目计划。

### 6.3.5 思考与讨论

尽管敏捷宣言重视做事情而不是计划，但事实上企业依旧是由各种计划驱动的，有些计划在第一部分中讨论过，有些则在第三部分讨论。作为敏捷的倡导者，你认为有什么不一致的地方吗？

## 6.4  小结

我们在这一章中讨论的主题是，敏捷项目的规划要求计划和评估适应变化的客户需求，并以可承受的成本实现价值最大化。

在 6.1 节中，我们可以看到实际上有各种各样的计划都适用于敏捷方法。敏捷项目中没有计划的"神话"也仅仅是一个"神话"。对于混合项目，在重要项目和商业里程碑间，工作流计划是同步的。

当然，这些计划并不是孤立于任何有计划驱动的实际项目的。在 6.1 中，我们将风险和其他因素一样，视为驱动因素，并将工作效率包含在尽可能低的层次上，这符合辅助性原则。

在 6.2 节中，关于进度，我们检查了所谓的日程安排的节奏，它有助于成功地保持工作节奏，而不会让团队筋疲力尽，这当然是敏捷的原则之一。当然，其他的进度节奏贡献者是时间盒、团队工作的速度，以及反思和经验教训对计划的影响。

当然，团队最终必须遵守日程表，特别是在混合环境中，同步里程碑是项目进度成功的关键部分。

在 6.3 节中，我们了解到敏捷项目并不排斥其他规划需求，这包括整个项目的架构、客户或用户、甚至可能不知道的非功能性需求，以及在项目计划中代表着业务声音的商业计划。

## 6.5  本章注释

1. 改编自 Malotaux 的 *Timeline, Getting and Keeping Control over Your Project*，它原本是为 2008 年美国俄勒冈州波特兰市举行的太平洋西北软件年会准备的白皮书。

2. Anderson, *Agile Management for Software Engineering*, 9-10.

3. 甘特图是一个柱状图，每条柱状代表活动。柱状的长度是该活动的预定持续时间。项目的全部时间线可以通过对不重叠的柱状求和来计算。柱之间的依赖关系通常不显示。这张图是以它的发明者、机械工程师和实业家亨利·甘特的名字命名的。甘特是泰勒主义之父弗雷德里克·泰勒的大学室友和同事。

4. 速度是一个 XP 术语，它是所有敏捷方法对吞吐量的度量：实际发布的对象。

5. 时间盒是一组多功能活动的规定时间长度。修改范围以适应时间盒，而不是以相反的方式修改。每天的站立会议都有一个时间表。每个开发迭代和计划都是定时的。

6. 费率是指个人向支付机构收取的每单位时间的费用。费率可以是基本工资或受福利影响的工资，也可以是包括福利和间接费用提高的工资。在一些组织中，特别是在签订合同的情况下，费率可能是一个标准成本。标准成本是按劳动力或工作类别划分的固定费率，而与个人薪酬无关。在某些情况下，标准成本大于实际薪酬，而在其他情况下，则不是。

7. Boehm, *Software Engineering Economics*, 311; Boehm et al, *Software Cost Estimation with COCOMO II*, 10.

8. McConnell, *Software Estimation: Demystifying the Black Art*, 35-40.

9. Anderson, *Agile Management for Software Engineering*, Chapter 2.

10. 读者可以通过项目中各种现象的直方图来证明这一现象。直方图将会聚集在中间值附近。

11. Goldratt and Fox, *The Race*, 179; Goldratt and Cox, *The Goal: A Process of Ongoing Improvement*.

12. "5 个为什么"，由丰田汽车公司的丰田佐吉开发。

13. Project Management Institute, *Project Management Body of Knowledge* (PMBOK® Guide, Fifth Edition), Chapter 6.

14. 关键路径是网络连接中最长的路径。参见 Goodpasture, *Quantitative Methods in Project Management*, 187-192。

15. Schwaber, *Agile Project Management with SCRUM*, 136. 根据 Schwaber 的冲刺规则，当冲刺看起来无法实现时，Scrum 负责人应停止工作。接下来要举行计划会议来评估下一个步骤。

16. Ibid, 8.

# 第 7 章

# 估算成本和进度计划

没有关于未来的事实，只有估算。[1]

非阶段化方法的采用，少得可怜的数据支持，加上完全借助软件经理的直觉，这样的方式很难做出健壮、可靠和规避风险的估算。

——小弗雷德·P. 布鲁克斯（Fred P. Brooks, Jr.）[2]

## 7.1 估算的本质

即使不确定，也要对未来做出判断。

### 7.1.1 目标

- 讨论并解释敏捷估算的独特方面。
- 讨论并解释敏捷估算的复杂性。
- 讨论并解释为什么足够好就是足够好。

### 7.1.2 估算简介

什么是估算？在字典里能很容易地找到答案。通过 Google 查到的定义如下：

估算是对事物的价值、数字、数量或范围的近似计算或判断。

估算具有如下特点：

- 我们只需要对未来进行近似的估算，这样就可以应用敏捷原则，使其具有恰如其分的精确性和准确性来达到我们的目的。
- 估算可以是计算或判断，这也适用于敏捷。一些发起人喜欢数字，但另一些人更多地依赖主观因素。
- 估算可以应用于任何事情。同样，从不受限制的待办事项列表的角度看，这对敏捷也是有好处的。
- 估算必须包括和符合过去的事实。当然，这就是布鲁克斯博士在开篇引言中所告诫的观点。

估算是指未来的事件只能用概率来描述。一些管理者可能认为，他们可以通过估算成本或进度为一个规划的单一点值来决定未来，但点估算解决方案通常是愚蠢的。更现实地说，估算的目标应该是估算一个包含结果的范围界限，并且提供一个关于真实结果是否会在这个范围内的置信估算。

这里有一个例子：团队确信有 80% 的概率可以把待办事项列表在 6~8 周的时间内全部开发完成。

另 20% 的概率呢？我们没有得到任何消息。只能从估算中得出，有 20% 的概率项目需要超过 8 周或少于 6 周。然而，在所有情况下，标准是待办事项列表全部开发完成。

| 项目管理提示 | 估算不是事实<br>• 总体来说，最让人恼火的估算很容易被误认为是事实，或者更糟的是，估算被认为是承诺！ |
| --- | --- |

### 7.1.3 敏捷估算

除了需求，估算可能是影响项目结果可预测性的最重要因素。敏捷项目管理是为了吞吐量和结果，而不是为了活动，也不是为了成本、进度、范围等输入约束。如第 4 章所述，主要的管理重点是交付可工作的产品。

| 项目管理提示 | 敏捷估算 |
|---|---|
| | • 敏捷项目估算的第一个原则是估算结果，而不是估算活动。 |

### 7.1.3.1 活动和吞吐量

评估结果将使善意的努力与完成之间的永恒紧张关系浮出水面。善意的努力是一种努力工作、深思熟虑、有效地从事项目活动的承诺，而完成是一种产出可衡量和有价值的结果的承诺（吞吐量的承诺）。

- 每个项目都包括一些善意的努力活动，实际上表示了努力的水平。
- 要抓住的要点是，项目活动只是一种手段，而不是目的。
- 因为项目结果是客户唯一看重的东西，所以敏捷估算将重点转移到有用和客户需要的结果上来。

传统的面向活动的甘特图和活动网络让位于面向吞吐量的迭代和发布规划。最终的目的不是以活动为中心，而是尽可能有效地实现吞吐量。

如前所述，吞吐量和待办事项列表的复杂性是控制团队生产的两个参数。如果很难甚至不可能想象所有的需求，那么同样也很难想象实现需求所需的工作量。这些问题概括为两个词：复杂性和不确定性。

| 项目管理提示 | 复杂性和不确定性 |
|---|---|
| | • 复杂性是由单元之间有多少种相互作用的方式、一个系统可以处于多少种独特状态，以及一个刺激能引起多少反应来衡量的。 |
| | • 复杂性将一个成本效益机会转化为一个成本影响威胁。 |
| | • 不确定性是指，在准时生产前是不可知的东西。 |
| | • 不确定性是指，不知道不利事件或缓解措施的风险。 |

### 7.1.3.2 理解复杂性

要掌握复杂性，需要对它的属性有一定的了解。复杂性并没有一个精确的定义。事实上，它有很多定义。然而，为了简化问题，我们说它是大量系统元素之间的已知、可知和可能未知的交互。

复杂性也意味着冗余，即多个系统元素处理一个功能。然而，可能不知道或不能知道在什么时间和条件下哪个元素起作用。它也可能意味着不必要的设计和功能，它们虽然被要求，但实际上没有使用。复杂性不是简单性的缺失。

| 项目管理提示 | 复杂和简单 |
| --- | --- |
| | • 最不令人满意、最简单的系统可能是复杂的，但这个推论是正确的，即简单就是没有不必要的复杂性。 |

复杂性使系统处于混乱的边缘，这意味着一个相对较小的刺激可能产生笨拙和不可预测的结果。复杂系统具有很高的熵，这意味着复杂系统可以获得或处于许多状态，其中一些状态可能比其他状态更稳定，但不是所有的开发人员和测试人员都知道这些状态。复杂性受到 $N^2$ 效应的影响（在第 11 章和术语表中有相关讨论），其中，元素之间的相互作用数量几乎随着元素数量的平方而增加。即使 $N$ 取一个很小的值，如 20，也意味着几乎有 400 种交互方式发生，而且每种交互方式都有条件、触发器和后续效果。

我们所关注的系统有很多元素，事实上有太多的元素，比任何一个人所能记住的都要多。扩展到它们之间的相互依赖性，这些数字可能令人不知所措。如第 4 章所述，复杂性影响测试、质量保证和产品后期支持。

| 项目管理提示 | 有组织的复杂性 |
| --- | --- |
| | • Warren Weaver 将具有相互关联的元素的系统描述为有组织的复杂性。[3] |
| | • 有组织的复杂性意味着随着时间的推移，某些相互作用将占据主导地位；它们的属性可以被观察、测试和测量。 |
| | • 其他的相互作用尽管可能发生，但发生的频率非常低，以至于它们是无关紧要的。 |

复杂性使估算复杂化：

- 关键的估算参数，如速率，会受到解决方案元素之间不可预见的相互作用所产生的不确定性的影响。
- 与遗留系统的交互使更多的元素发挥作用，使 $N^2$ 效应更显著，并且使测试更加复杂。
- 简单的自动化单元测试没有那么明显；与遗留系统的集成总是比单元测试更复杂，这成为影响吞吐量的一个非常重要的因素。
- 考虑到不可预见的情况，需要对吞吐量进行折现，就像因不可预见的情况对未来收益进行折现一样。

在敏捷领域，复杂性是一个经济问题和吞吐量问题。待办事项列表越复杂，消耗待办事项列表所需的时间就越多。时间反过来影响项目的收益现值和运营费用，需要在好、更好和最好之间进行权衡。

### 7.1.3.3 估算变成了承诺

每个项目发起人都要求做估算，如所需资金资源的估算、主要里程碑点的估算，以及支持其他计分卡的 KPI 估算。

后者是问题的根源，必须小心。每个项目经理都知道，估算不会持续很长时间。即使发起人使用了"估算"这个词，在更多的时候，他们想的是，不要超过估算值，或者告诉我它要花多少钱，以及什么时候能拿到钱。在整个项目链条里，估算值被转发得越远，它失去的警告就越多。

遗憾的是，所有过于频繁的估算几乎一经提出就成为承诺。知道这一点，需要谨慎地对风险进行一些调整，以设定适当的置信区间。在敏捷环境中，有几种可用的技术：

- 只提供估算的可能性范围，避免单点的承诺。
- 为每个发布设置一个无内容的时间盒作为缓冲，以保护结果里程碑。
- 安排的工作量少于吞吐量基准的 80%，以便预留空间处理不可预测的事情。
- 基于多个评估者的共识来估算任务，以减少偏差。
- 要参考以往的经验并根据当前的情况调整基准。

| 项目管理提示 | 置信区间 |
|---|---|
| | - 置信区间是一个区间范围，估算值以一个概率（置信水平）落在该区间内。 |
| | - 通常，有一个关于估算值有多大概率超过区间的最大值的置信表达式，以及另一个关于估算值有多大概率小于区间的最小值的置信表达式。"本章附录"中给出了相关的例子。 |

遵循敏捷原则，传递理解和解决差异的最佳方式是，与业务面对面。即便如此，项目计划和商业计划之间仍有可能存在剩余差距。当剩余差距足够接近时，项目经理会继续前进，接受一些风险。什么风险？风险在于，通过适应机会，一次又一次的迭代，可以找到实现业务目标和满足客户需求的方法。足够接近通常是指项目所需的精确度，足够接近就是敏捷的体现。

#### 7.1.3.4 估算在一定范围内

根据定义，不管采用什么方法，所有的估算都是有概率的，即实际结果并不确定但可能包含在一个范围内。例如，开发人员可能估算一个对象需要 90~120 小时，这意味着开发人员对在 90~120 小时的范围内完成实际工作有很大的信心。

考虑所有可能性的一种方法是，对所有可能性进行平均，但简单的算术平均假设了范围内的所有值都具有相同的可能性，但它们通常不是。当考虑范围内的概率信息时，可以得到更好的估算。因此，与其简单地将所有值相加并除以可能性的数量，不如这样做：

- 把所有可能的值放到一个集合里，每个可能的值是集合中的一个元素。
- 为集合中的每个元素设置权重，权重反映它在总和中的贡献（权重之和与集合中的元素个数一致）。
- 集合中的每个值乘以对应的权重值，然后相加求和。
- 用上面步骤中求和得到的总和除以集合中元素的个数。

这样计算得到的结果是一个风险加权平均值，被称为期望值。期望值是最能代表 90~120 小时这个可能性范围内的数字。

在本章的附录中，介绍了这种方法的一个例子。

#### 7.1.3.5 足够好

所有这些都表明，估算的精确性和准确性只需要足够好。换句话说，刚好能满足为项目分配足够资源的目的，不需要太多，当然也不能太少。

"足够好"没有客观的定义。对于敏捷来说，足够好意味着只有获得足够的估算精度和准确度，才能达到对范围的合理理解。对于一个很有可能发生变化的数字，努力估算 98%（甚至更大）的确定性是没有意义的。敏捷项目的本质是，对需求的响应具有灵活性和适应性，因此需要具有灵活性和适应性的估算。

| | 估算即使不精确也很有价值 |
|---|---|
| **项目管理提示** | • 不密切关注价值回报，就不会投入资金和努力。<br>• 从各个方面来说，项目的目标和宗旨是使所有受益者的情况更好。<br>• 尽管从设计上看这些估算并不太精确，但它们仍然有助于确定价值。 |

### 7.1.4 思考与讨论

如果你经历过让你坚定地进行估算的业务，而不是理解任何估算都有一定程度的不确定性，那么你认为敏捷实践中将估算精确到迭代或发布粒度有助于减少误解吗？

## 7.2 成本和进度的驱动因素

待办事项列表的复杂性、生产率和团队规模。

### 7.2.1 目标

- 在敏捷方法中检查驱动成本和进度资源消耗的因素。

## 7.2.2 待办事项列表和生产率

待办事项列表、团队的生产率和团队的数量在很大程度上驱动了成本和进度。以下是最重要的几点：

- 团队生产率只有在一个规划波中才是稳定的，此后情况可能发生变化。
- 根据对待办事项列表的详细审查，将估算推迟到刚好准时生产的时候。
- 然后将估算扩展到规划波中的后续迭代，理解迭代周期的检查—行动（Check-Act）部分将影响需求待办事项列表并需要对估算进行细化。

最大的不确定性是可操作需求、用户故事和用例的数量及其复杂性。项目待办事项列表只是开始点，团队希望在项目过程中更改待办事项列表。

| 项目管理提示 | 预测变化 <br> • 无法可靠地预测预期变化的程度。 |
|---|---|

另外，一些和生产率相关的影响估算的因素是相当固定的：

- 时间盒是固定的和确定的。
- 看板在制品是可控的。
- 所有团队只有 7~12 名成员，并且团队的人员流动率很低。
- 每个团队都有一个吞吐量速率，这个速率是通过在一个相当小的范围内进行基准测试来估算得到的。
- 对速率的期望值有很大的信心。

因此在很大程度上，估算的进度和成本是由清理待办事项列表所需的迭代个数、发起人选择承担的迭代个数或迭代期间团队的生产率所驱动的。表 7-1 中的材料总结了这些想法。表 7-2 总结了影响生产率估算的环境驱动因素。

表 7-1 成本和进度的复杂性驱动因素汇总

| 参　　数 | 影响力 | 成本和进度影响 |
|---|---|---|
| 用户故事级别的需求数 | • 成本：高 <br> • 进度：中 | • 直接驱动完成待办事项列表所需的总吞吐量单位数 |

续表

| 参　　数 | 影响力 | 成本和进度影响 |
|---|---|---|
| 用户故事级别的需求数 | | • 每个单位都有成本<br>• 每个单位都在一个迭代内开发完成 |
| 单个需求的复杂性 | • 成本：高<br>• 进度：中 | • 直接驱动完成待办事项列表所需的总吞吐量单位数<br>• 每个单位都有成本<br>• 每个单位都在一个迭代内开发完成 |
| 速率，即单位时间吞吐量 | • 成本：高<br>• 进度：高 | • 直接驱动进度和总体成本<br>• 速率估算的范围影响迭代成功的可预测性 |

表 7-2　成本和进度的环境驱动因素汇总

| 参　　数 | 影响力 | 成本和进度影响 |
|---|---|---|
| 团队成员的数量及技能、经验和凝聚力的组合 | 对速率影响高 | • 绩效高于或低于预期会影响速率<br>• 对于持续 7 个月或更长时间的项目，15% 的劳动力损失是一个良好的实践指标 |
| 有利环境因素的可用性，如托管、工具、指导和基础设施支持 | 对速率影响中等 | • 环境影响团队的绩效 |
| 与其他团队和工作流的依赖关系 | • 如果顺序和缓冲正确，则影响低<br>• 不包括在速率估算中 | • 依赖关系影响迭代按计划开始的能力<br>• 团队间的依赖关系可能影响交付功能的顺序，而不会影响总体成本和进度 |
| 关键路径或非关键路径 | • 不是每个迭代都在关键路径上 | • 主题专家资源稀缺影响交付范围<br>• 在不影响进度的情况下，可能出现弥补范围不足的机会，但需要一定代价<br>• 如果迭代不是关键路径的一部分，则它可能缺少所需的资源，并且可能错过范围目标 |

### 7.2.3 范围、复杂性和速率

敏捷方法中估算聚焦以下三个参数。

1. 范围：在项目开始时，项目待办事项列表中需求、用户故事或用例的数量（要将技术和功能债务包含进去），加上规划和工程及发布到集成和生产的其他辅助迭代。

2. 复杂性：待办事项列表中各组成部分之间的相互关系，以及与必须进行集成的遗留系统之间的相互关系。

3. 团队速率：交付吞吐量的速率；在制品通过看板步骤的速率。

用这三个参数可以在项目开始时估算成本和进度。正如前面提到的，对项目待办事项列表的更改是不可预测的。随着每一个规划波的成熟，又要开始估算下一个滚动而来的规划波。

当然，进度的估算是所有迭代持续时间的总和，它必须在预算内。这些迭代必须包括所有的规划、架构和工程、缓冲和发布迭代。换句话说，就是范围的完整包。表 7-3 列出了行业主流的估算方法。

表 7-3 行业主流的估算方法

| 方　　法 | 说　　明 |
| --- | --- |
| 自上而下分配 | • 与其说是估算，不如说是价值判断，时间、金钱或两者皆有的预算根据客户对重要性和紧迫性的态度按比例分布在特性和功能上 |
| 类比 | • 根据类似系统、产品或任务的成本历史记录进行估算<br>• 根据可能已经发生变化的驱动因素（如通货膨胀、环境和不再相关的具体要求）调整估算值<br>• 新需求按其最接近的类似物按比例估算 |
| 参数或模型驱动 | • 估算是基于单位乘以一个参数，比如美元/每页乘以页数<br>• 参数来自历史基准<br>• 像 COCOMO II 这样的模型填充了参数数据，应用了各种乘法器，并将许多参数因子的结果汇总为最终结果 |
| 自下而上搭积木 | • 对每个元素都单独估算可能的成本<br>• 类比估算、参数估算、模型和模拟可以与详细的评估、分析和原型设计相结合，从最低的不可分割元素向上构建估算值 |

### 7.2.4 成本和进度推导

每个项目经理都有管理成本和进度的经验，并且都知道成本和进度互相影响。我们都知道成本和进度是相互依赖的，所以他们的计划和估算是相互交织的。要讨论的原因和预期的一样，劳动力成本和工作量密切相关。随着工作量的增加，成本也会以同样的方式增加：工作量翻倍，成本翻倍，至少会达到一级近似值。但工作量并没有对进度产生同样的影响。可以肯定的是，当工作量超出计划时，项目时间往往会延长。哪个项目经理没听说过布鲁克斯法则呢？[4]

| 布鲁克斯法则 |
| --- |
| 向滞后的软件项目追加人手会使得进度更迟缓。 |

自从布鲁克斯在 1975 年宣布他的法则以来，许多研究者已经验证了随着更多的人加入项目后进度的表现。从他们的工作中，许多经验证据现在可以用来支持预测。其中一些信息将用于以下材料中。

第 6 章从商业计划开始讨论了敏捷项目的规划过程。顶层商业里程碑和可承受性目标源自商业计划。然而，这是项目资产负债表的商业方面。根据以下两点，项目相应成本和进度估算填写在另一方：

1. 进度持续时间是通过将可用的吞吐量应用于商业论证范围而得到的，并且在每次迭代之后都可以继续估算得到。

2. 就像所有方法一样，成本来自满足需求的工作量，但是敏捷的转变是需求永远不会被冻结；几乎在项目的整个过程中，需求待办事项列表都是开放的。

从全局看，随着产品经理寻求最佳价值解决方案，需求是可变的。显然，一个开放的需求待办事项列表意味着成本和时间总是受到影响而产生变化，最终受到商业计划中确定的可承受能力上限的限制。持续时间不是按照计划驱动的项目开发生命周期方法中的惯常方式来估算的，因为每次迭代的需求都是增量稳定的。

| | 成本和持续时间 |
|---|---|
| 项目管理提示 | • 计划随着每次迭代而改变。<br>• 成本和持续时间是根据完成所有需求所需的总吞吐量得出的。<br>• 然而，需求并不是固定的；在敏捷方法中，鼓励内部和外部的客户不断地解释所需要的东西。<br>• 成本和持续时间并不是固定的，但是相关方可以在每次发布之后投票决定是否继续。 |

### 7.2.5 思考与讨论

我们在这节中说估算被推迟到准时生产的时候，这样估算就可以应用到最稳定的待办事项列表中。有人可能说，这样的准时制做法无异于根本不做估算，他们认为，如果在工作不确定的情况下，你没有做过估算，那么在工作已知的情况下，在工作开始前做一个估算又有什么意义呢？你会对这些批评者说什么？

## 7.3 建立估算

任何估算都不能脱离现实。

### 7.3.1 目标

- 讨论并解释敏捷项目中常用的几种估算实践。
- 讨论并解释人员配置对估算的影响。

### 7.3.2 建立估算：度量衡

要建立一个估算，首先关注表 7-1 中的元素，这些元素需要估算或对需求的复杂性和速率基准化。估算的基本方法基于两个原则：

1. 分散投资以降低风险。

2. 基准提供了"风暴"中一个安全"港口"。

为了分散一个估算者可能出错的风险，需要邀请多个独立的估算者参与。指导每个专家同时看同一个问题并给出估算，然后以某种协商的方式合并所有独立的估算，以达成共识。

若要纳入基准，请将你的工作与已理解的标准进行比较，并根据特殊情况进行调整。多样化和基准化需要四个要素：

- 由多个估算者进行独立估算的过程。
- 合并估算结果得到一致估算的过程和方法。
- 对基准进行比较和调整的过程。
- 复杂性的相对权重评分系统。

将这些要素进一步扩展：

- 评估和一致性过程。推荐的独立评估和合并结果的过程被称为宽带德尔菲（Wideband Delphi）。宽带德尔菲将在后续章节中介绍。
- 比较并做出调整。一个好的基准是对一个已经完成并部署到生产的范围取得共识，并且团队对此有很好的理解。根据功能和特性的复杂性、需求的状态、流行的环境、当时团队的经验和凝聚力及客户的参与度进行相应的调整。
- 评分系统。评分系统有两个要素：①对评分的明确定义。②评分的度量单位。

关于对什么进行评分有很多提议，如商业故事、场景与主题、用例与用户故事。所有这些候选都可以进行评分。

| 项目管理提示 | 度量的一致性 |
|---|---|
| | • 重要的不是选择哪个度量，而是要选择一个度量，然后保持一致和可重复！ |

度量单位可以是多种可能性中的任何一种。常用的度量单位有功能点、特性点、故事点、标准日或理想日。这些不是活动的度量，它们是生产的产品的度量。

| 项目管理提示 | 活动与产品<br>• 不要陷入将评估重点放在活动上的陷阱。<br>• 单位估算是在规定的时间盒内以预估的复杂性生产一个产品单元所需的工作量。 |
|---|---|

### 7.3.3 故事点估算

为了便于讨论和说明,我们将集中讨论故事点。故事点不比其他度量单位有更多特别的优点,而是本着挑一个的精神,故事点是我们的选择。没有为故事点指定量纲,它的度量是一个无量纲数字。故事点没有确切的定义,但我们这样定义故事点:

| 故事点 |
|---|
| 故事点是以最小的相对复杂性开发一个产品单元的工作量。实际上,故事点产生一个结果单元。 |

从这个意义上说,我们认为一个迭代可交付许多以故事点度量的结果。需求的故事点值越高,所代表的范围和复杂性就越大。工作量与故事点是 1:1 的关系,故事点翻倍则工作量也翻倍。

#### 7.3.3.1 需要校准

为了校准一个故事点的效果,团队需要做以下工作:

- 就需求分解的颗粒度达成一致。太细的颗粒会失去凝聚力;太大的颗粒会掩盖细节。颗粒度的决定需要由团队来思考、辩论和达成一致。
- 一旦需求被分解,团队就会选择一个最简单的需求的例子,同时也会选择一个在复杂性上处于中点的需求。
- 给最简单的需求分配故事点标度(Scale)上的最低值,并成为最低复杂性的基准。
- 类似地,中复杂性的需求被赋予一个中尺度值。实际数值完全取决于所选的标度。

标度是可分配的故事点数，它只是确定单元之间相对差异的一种手段。标度可以是 1~20 或者 10~200 的数字。实际标度与结果无关。

| 项目管理提示 | 处理量级<br>• 一般来说，人们能够有效地应付 1~10 的量级。在这个范围之外，人们发现很难赋予有意义的值。[5] |
|---|---|

要记住的一个重要思想是，如果被估算的对象似乎不在范围内，那么该对象将被判断为非常复杂，从而超出了范围。在这种情况下，最佳实践是将非常复杂的对象分解为不太复杂的组件，并将它们作为集合进行估算。

回顾第 4 章，分解是多样性的一种形式。通过分解将使一个复杂对象多样化，这将减少围绕该对象的总体不确定性。然而，当所有部分都存在并且相互作用时，分解对象的绩效可能误导复杂对象的行为。

#### 7.3.3.2 估算速率

在前面的例子中，假设团队已经将自己的吞吐量设定为每次迭代 20±2 个故事点。有几种方法可以建立这个基准：

- 如果团队已经在一起一段时间了，那么在其他迭代中过去的绩效是最好的指标。
- 如果团队以前没有在一起，或者环境经常发生变化，那么团队可以执行一个实践开发，或者在几个用户故事上运行一个模拟，以对他们的绩效进行基准测试。
- 如果其他团队有很好的基准，那么团队管理者和项目经理可以把团队绩效与其他团队做类比。在最初的几次迭代之后，团队将找到自己的基准。

#### 7.3.3.3 估算复杂性

在进行估算时，对于前几次迭代来说，一致性比准确性更重要，因为使用具有一致性的方法可以持续改进。请考虑以下两点：

1. 同样的人每次都应该参与估算。估算者的经验和偏见会对结果产生很大的影响。敏捷方法依赖适应性修正来消除问题，但这种适应性要求团队团结一致，始终如一地参与所有的估算。

2. 使用同样的评估工具或实践。因为在任何实践中都存在偏见，这些偏见只能随着时间的推移和经验的积累而消除。

标度有几种选择。表 7-4 给出了更受欢迎的替代方案。所示的三个标度中有两个是非线性的。非线性的目的是，在复杂性估算之间进行某种分离。换句话说，"一件事的复杂程度是另一件的 2~3 倍"的表述比"一件事的复杂程度是另一件的 1.25 倍"的表述更有意义。精确性需要足够好，团队才能完成工作；太高的精确性是没有根据的。基于这些原因，二进制或斐波那契标度是最常用的。

表 7-4 受欢迎的估算标度

| 标　度 | 说　明 |
| --- | --- |
| 线性 | • 从 1~10 的线性标度，所有整数都可以作为可能的复杂性分数<br>• 不会直接"帮助"分离低、中、高复杂性的等级<br>• 但是如下分组是使用线性标度的有效方法：<br>　低（1、2、3）、中等（4、5、6）、高（7、8、9）、非常高（10） |
| 二进制 | • 一个从 1~32 的二进制标度，序列 1、2、4、8、16、32 作为唯一可能的复杂性分数<br>• 通过只允许标度中的特定值，有助于区分复杂性的高低 |
| 斐波那契 | • 从 1~21 的斐波那契标度，序列是 1、2、3、5、8、13、21。在这个标度中，每个数字是前两个数字的和<br>• 斐波那契标度比二进制标度能更好地分离复杂性分数，但这是一个本能判断<br>• 斐波那契序列被用于许多类型的分析，但是在需求复杂的环境下，它的属性并没有比二进制的高级多少 |

## 7.3.4　估算过程：德尔菲方法和规划扑克

德尔菲方法和规划扑克等估算实践为估算过程提供了帮助。为了了解它们是如何使用的，我们将把它们应用于表 7A-1 中给出的场景的复杂性估算步骤。

### 7.3.4.1　德尔菲方法

德尔菲方法是兰德公司于 1948 年开发的一种行之有效的方法，旨在解决围绕新兴国防技术的不确定性问题。在一个更新的变体中，巴里·勃姆和约翰·法奈尔（John Farquhar）对德尔菲方法进行了扩展，并且法奈尔于1970年完成了广受欢迎的研究工作。

在法奈尔的研究中，针对同一个问题的复杂性，他把德尔菲方法估算的准确性与简单团队做的估算进行比较。勃姆和法奈尔发明了一个他们称之为宽带德尔菲的过程，这个过程本身被其他实践者进行了改变和更新。[6]

| 项目管理提示 | 德尔菲方法<br>• 在德尔菲方法的任何变体中，非常关键的是每个团队成员要独立地做估算。<br>• 建立共识的过程提供了一种从所有独立评估中得出团队评估的方法。 |
| --- | --- |

在传统的德尔菲方法中，该过程的工作方式如下：

- 主持人向每个估算人员提供评估任务的相关信息，估算人员可能与主持人进行初步讨论以了解问题。
- 估算人员独立地、私下地工作以得出一个估算。隐私确保估算人员不受其他估算人员的声誉和偏见的影响，也不受任何个人忠诚和组织政治的影响。
- 主持人与每个估算人员私下合作，以了解他们的观点；主持人为每个估算人员提供其他估算的优点，尽管是匿名的。
- 估算人员可以根据新的信息重新考虑和改变他们的估算。这个过程一直持续到主持人有足够的信息推荐一个估算。

没有规定所有估算人员都要同意项目经理拿走的那个估算值。

### 7.3.4.2　系统设计中的德尔菲方法

在高可靠性系统中，可以使用独立开发的冗余软件程序来投票决定对刺激的适当系统响应。这是一种应用于系统设计的德尔菲方法。

该理论认为，如果一个版本的程序执行并返回错误的答案，那么其他冗余但独立的程序版本不会有错误并将集体投票选出一个错误的代表。

#### 7.3.4.3 德尔菲方法与敏捷

在最初的形式中，德尔菲方法与敏捷原则不一致。敏捷原则需要团队成员之间的公共协作。另外，简单地平均一个简单协作的答案会有一些结构性问题。例如，在一个简单的平均值中，一个离群值可以使平均值倾斜。还有一些无形的东西要考虑。基于个性的力量，一个积极的估算者可以使整个团队偏向一个单一的观点。

宽带德尔菲是德尔菲方法和简单协作的中间地带。它与更加私有的德尔菲方法略有不同，它把通信和协作的宽带标签添加到德尔菲方法中。

宽带德尔菲是这样工作的：

- 项目经理召集评估团队进行初步协作和小组讨论。
- 提供来自待办事项列表、叙述和其他来源的信息。
- 然后，在第一次估算时每个估算人员独立、私下地工作。
- 随后的几轮重新估算是协同的，每个估算人员都有机会解释他们的估算。
- 当小组达成令人满意的共识时，过程结束。

#### 7.3.4.4 规划扑克

规划扑克是敏捷方法里一个流行的宽带德尔菲方法的实现。[7] 每个估算人员手里都拿着一手扑克牌，扑克牌上有来自标度的所有数字。通常，使用二进制或斐波那契标度，但是如我们所知，如果从一个团队持续应用到下一个团队，标度在很大程度上是无关紧要的。

步骤是这样的：

1. 在游戏的第一步中，与主持人进行初步讨论并得到一手牌后，每个估算人员通过交出自己的牌来做出第一个估算。为了使它更接近真正的扑克牌方式，每个人都在同一时间显示他的牌。在某种程度上，牌的同时翻转是为了避免估算人员在查看其他牌后改变自己的估算。

2. 在游戏的第二步中，就像其他任何宽带德尔菲方法的变体一样，团队讨论估算值。通常，只讨论极大和极小估算值以节省时间。

3. 在第一轮估算和小组讨论之后可以做第二轮估算，或者因为有足够的信息在不做第二轮估算的情况下达成共识。

在一项规划扑克与估算平均值的专项研究中，研究人员发现，在完成游戏后扑克估算比独立估算的简单算术计算值更不乐观并且也更准确。

### 7.3.5 人员配置对估算的影响

在实际项目中对布鲁克斯法则进行研究，得到的一个有用的规则是，当增加工作量时，项目时间确实会延长，但敏感度远低于 1 : 1 的比率。实验结果显示，时间增加量大约是工作量增加量的立方根。

| 项目管理提示 | 工作量对项目时间的影响 |
|---|---|
| | • 工作量增加 1 倍的话，项目时间大概是原来的 1.27 倍。[8] |

#### 7.3.5.1 团队效应与员工人数

布鲁克斯设想增加团队规模（每个团队的人数）会增加工作量，从而威胁团队凝聚力，并影响沟通（参考前面章节讨论的 $N^2$ 沟通问题）。在敏捷方法中，团队规模是固定的，除了偶尔临时增加一个主题专家。因此，增加工作量的方法是增加整个团队。当然，新增的团队会使与所有其他团队的沟通和协作复杂化，但这种影响不会像扩大现有团队规模那样大。

在传统的以活动驱动的项目进度管理中，衡量个体的工作量一直是一项困难的任务。在敏捷方法中，这个问题几乎消失了，因为基本的构建块是一个团队而不是个人。团队工作负载被设计成几乎恒定的，这样速率和生产力就可以在很长一段时间内保持稳定。短缺的特殊人才也许有例外，必须跨团队共享，但资源均衡的问题大大减少。

#### 7.3.5.2 资源配置

即使不增加工作量，进度也会受到资源配置方式（团队应用于需求的方式）的影响。布鲁克斯揭示了人月理论的真相：由于顺序限制和不可分割的任务，人员数量和时间是不能互换的。事实上，当扩展到团队和迭代时也是如此。[9]

在其他条件相同的情况下，当独立执行的资源因依赖关系而相互关联时，时间总是会延长。这一点我们通过观察可以直观地知道，并且这一现象也有数学基础。

缓解措施有：
- 为每个团队规划好时间缓冲以完成他们的工作，从而不会延迟下一个开发周期的开始。
- 计划中的复杂性允许架构、功能依赖和技术可行性所需的逻辑排序。

### 7.3.6 思考与讨论

在过去的几年里，直到本书出版第 2 版，一些抽象的估算方法（如故事点）已经不受欢迎，回归到了对时间、资金的具体估算。从你的经验来看，故事点这样的抽象估算容易使用吗？或者你会感到很不舒服，以至于需要一个具体的时间估算？

## 7.4 小结

关于未来没有事实，只有估算。一个好的敏捷估算可以解释无形资产的复杂性和需求的不确定性。一个好的估算将历史事实与对未来可能结果的判断融为一体。

在 7.1 节中，我们研究了许多因素，如影响估算的复杂性、吞吐量和承诺。我们认为每一个好的估算实际上都是一系列可能性，有些可能性很大，有些可能性不大。通过对置信度的估算，范围变得更有意义。

从 7.2 节可以明显看出，有许多驱动因素会影响估算，但在面对无形需求的复杂性时，没有任何"银弹"或算法可以替代判断和考虑。经验表明，在产品测试甚至首次使用之前，无数的交互隐藏了许多效果。这就是增量开发和交付的力量所在。复杂性问题最好在易于消化的块中解决，这些块可以在规划波中规划，并在可稳定用于开发的分段中估算。

在 7.3 节中，我们了解到敏捷方法中有多种估算实践，其中一些应用了抽象估算，如故事点。当然不必使用抽象的方法，传统的估算方法也适用。

## 7.5 本章附录

### 7.5.1 附录示例 1：用故事点估算

下面是一个使用故事点进行估算的快速示例。处理步骤和数据如表 7A-1 所示，并在表 7A-2 中继续。

表 7A-1 估算实例

| 示例步骤 | 说明 |
|---|---|
| 建立团队吞吐量基准 | 假设有一个团队在工作，并且该团队已经对其吞吐量建立了基准<br>基准：每个迭代完成 20±2 个故事点<br>（注：如果没有基准的客观参考模型，则用故事点进行估算只是猜测） |
| 为迭代设置吞吐量目标 | 目标：团队选择最高优先级工作的 17 个点，将相对于基准的剩余容量作为缓冲，以便解决不可预见的问题<br>通过只选择 17 个点而不是 18～22 个范围内的点数，团队考虑到需要一个缓冲来保证成功<br>缓冲允许用户在迭代期间有一定的灵活性来解释需求 |
| 计算第一次迭代的待办事项列表需求 | 已经根据优先级选择了迭代待办事项列表的一组候选需求<br>计算：选择大约占总待办事项列表的 20%，因此总待办事项列表大约是选择的 5 倍 |
| 估算复杂性 | 选择的估算复杂性是 25±3 个故事点，对于这个团队来说，一次迭代的选择太多了 |

一旦进行了估算，可能需要对故事进行重新排序以优化收益流或适应迭代的工作量限制。步骤摘要如表 7A-2 所示。

以这种方式进行估算，与其说是一门科学，不如说是一门艺术。如果没有一个好的参考模型基准，那么前一次或两次迭代可能有点偏差。如果团队进行自我检查、反思、对测量结果进行适应并且在每次迭代中更新参考模型，在最初几次迭代后精度将自我修正。[10]

表 A7-2　管理估算

| 示例步骤 | 说　　明 |
|---|---|
| 估算项目时间 | 项目经理对项目待办事项列表进行估算：125±15 个故事点<br>使用表 7A-1 中的基准点，要燃烧掉 125±15 个故事点，它可能需要多达 9 次迭代，即（125+15）/17 次迭代，并四舍五入到下一个整数 |
| 选择迭代待办事项列表并设置优先级 | 产品经理选择一个符合团队吞吐量基准的迭代待办事项列表（关于基准，见表 7A-1）。<br>产品经理为迭代待办事项列表里的需求设置优先级 |

## 7.5.2　附录示例 2：风险加权平均值（期望值）

设置（本例所有的内容都是假设）：

- 范围值（共 6 个），依次为：90、95、100、105、110、120。
- 每个范围值的池权重（在总权重 6 中所占的份额）顺序为：0.25、0.75、2.0、1.75、1.0、0.25。

计算：

- 范围值的平均值：$(1/6) \times (90 + 95 + 100 + 105 + 110 + 120) \approx 103.3$
- 考虑加权值的风险加权平均（期望值）计算：
  — 范围值乘以权重的总和：$(90 \times 0.25) + (95 \times 0.75) + (100 \times 2.0) + (105 \times 1.75) + (110 \times 1.0) + (120 \times 0.25) = 617.5$
  — 风险加权平均：$617/6 \approx 102.9$

## 7.5.3　附录示例 3：置信度估算

估算范围不是绝对有界的，即实际结果有可能落在范围之外。我们用置信度这个词来形容有多大概率能在范围内找到真正的结果。

置信度是实际值在估算范围内的可能性。
- 置信度估算总有一个上界和一个下界。
- 置信度估算的每个边界值都有概率。

例如，估算结果小于 120 小时但大于 90 小时的置信度分别为 90%和 80%。这意味着：
- 在 100 个类似项目的开发机会中，在 90 种情况下所需时间应小于 120 小时；在 10 种情况下所需时间可能大于 120 小时。
- 在 80 种情况下，工作时间将超过 90 小时；在 20 种情况下，工作时间可能少于 90 小时。

图 7A-1 说明了这种置信度估算讨论。该图显示了关于围聚在中心值周围的许多测量或估算。接近中心值的估算比远离尾部和靠近尾部的估算可能性更高。

钟形曲线是对范围值的概率描述。另一条曲线是 S 曲线，它描述了从 0~1 的累积概率。置信度表示为从一个点到另一个点的概率累积。

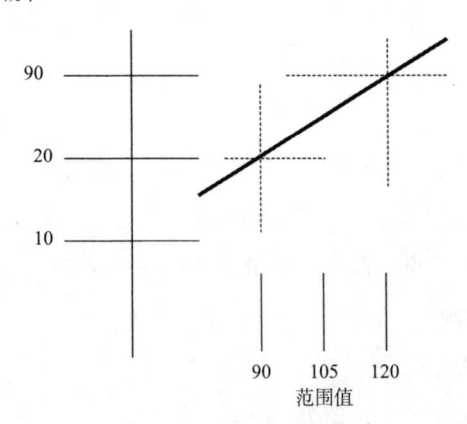

- 结果小于 120 小时的置信度为 90%；结果大于 120 小时的置信度为 10%
- 结果小于 90 小时的置信度为 20%；结果大于 90 小时的置信度为 80%

图 7A-1  置信度估算

## 7.6 本章注释

1. 这段引语是 David Hulett 博士最喜欢的一句话，1997 年在一次评估千年项目风险的活动中说给了作者。

2. Brooks, *The Mythical Man-month*, 21.

3. Weaver, *Science and Complexity*.

4. Ibid,25.

5. Mike Cohn, *Agile Estimating and Planning*, 52。Mike Cohn 引用了 1997 年 Thomas Saaty 的工作，他是决策和分析领域的著名研究人员。Saaty 将他的工作称为层次分析法（AHP），在许多论文中都记载了他的工作。

6. Boehm, *Software Engineering Economics*, Chapter 22. Farquhar, *A Preliminary Inquiry into the Software Estimation Process*. Stellman and Greene, *Applied Software Project Management*, Chapter 3.

7. 规划扑克最初是由 James Grenning 在一篇短文中写的。随后 Mike Cohn 等人广泛推广了它，现在网络上也有了在线的商业版。请参考 Mike Cohn, *Agile Estimating and Planning*, Chapter 6; *Grenning, Planning Poker, or How to Avoid Analysis Paralysis while Release Planning*.

8. McConnell, *Software Estimating: Demystifying the Black Art*, 223.

9. Brooks, *The Mythical Man-month*, 17-19.

10. 请参考 Mike Cohn, *Agile Estimating and Planning*, 35-40.

# 第 8 章

# 团队就是一切

忠实于频繁的、增量的发布,并且能够进行自我组织的小型团队,是构建敏捷方法的基本绩效单元。

问题 1:项目中的人员对学习我们的系统不感兴趣。

问题 2:他们成功地忽略了我们,并且仍然在交付软件。

——阿利斯泰尔·科伯恩(Alistair Cockburn)

孤独的怪人总有一席之地:他们才华横溢、难以捉摸、富有创新精神,有时他们的才智也令人愉悦。但是敏捷方法的本质是团队合作,为什么会这样说呢?帕特里克·兰西奥尼(Patrick Lencioni)曾写道:"团队合作是最终的竞争优势……"[1] 而且拥有多种技能的专业团队,可以共同地、相互补位地工作。

更多的好消息是,敏捷团队的工作将不是孤军奋战。企业中的项目团队将被其他工作流、项目管理办公室、大量的相关方及供应链上下游的人员所包围:销售团队的成员、主管、后期制作人员,以及其他对结果既感兴趣又有利害关系的人。所有人都会提供帮助和支持,一些人会坚定地提供承诺,一些人会设置约束,而另一些人可能造成延迟(可能是无意的),但所有人都会提供帮助。

但是我们依旧有理由停下来思考。因为培训一个能在敏捷方法中很好工作的团队是一项艰巨的工作:

- 团队需要自组织并自我引导。
- 团队需按自己的节奏富有成效地前进。
- 团队能够处理独特的环境（客户会参与到研发过程中）。

将产品负责人包含到团队当中，其影响可能是深远的：及时的解释、及时的反馈，当然也有单一的声音。但是有时候也显得太过接近。例如：

- 技术需求和功能需求之间的界限变得模糊。
- 实现紧凑迭代时间盒所需的稳定性会受到干扰。
- 一个令人信服的个体也可能对决策产生过度的偏见。

## 8.1 社交单元

人天生善于交际。人们从周围的人和他们所加入的人际网络中获得安慰、安全、力量，并强化这种感觉。在所有类型的企业和组织中，人们的社交能力使成功的团队合作成为可能。

### 8.1.1 目标

- 讨论并展示团队和其他社会结构之间的差异。
- 讨论并解释从团体到团队的转变方法。

### 8.1.2 团体是团队的起源

可以说，家庭是我们加入的第一个团体。家庭成员学习建立人际网络并学会互动。他们学习能够促进群体参与的行为。作为一个团体，家庭成员交换信息，支持团体活动，并给予奖励。

#### 8.1.2.1 团体的形成

要形成一个团体，参与者之间必须有互动的机会和动机，但群体并不是一个团体，一个鸡尾酒会中的所有参会者也不构成一个团体。要成为一个团体，必须有：

- 一个吸引成员加入并留下的共同目标。

- 一些责任的划分和一些杰出的角色,如领导者和功能提供者。
- 公认的行为和参与规范。
- 定义的操作流程。
- 奖励或制裁的一套纪律规则,这些规则提供了一种方法,以激励群体成员和消除不受欢迎者。[2]

由文化和经验形成的对地域、空间和身份的态度影响团体内成员的行为。每个人都有他自己对亲密关系的容忍,都有一个属于他自己的地方,即一种被称为"领域支配"的现象。另外,还有人格支配。在一个团体能够有效行动之前,主导角色必须确定。

团体中的成员身份会增强自我认同感:我是谁?我该如何融入?人们马上就能感觉到那些有号召力的人,以及那些将自然而然地成为领导者的人。当我们在本章讨论虚拟团队时,一些身份和空间的问题将会有新的含义。

团体不是团队;然而,组建团体通常是组建团队的第一步。群体、合作伙伴、官僚机构、协会和委员会不是团队。团队与所有这些都不同——有些团队实际上根本就不是团队。例如,企业行政管理团队经常被批评表现得更像团体而不是团队。行政管理团队的问题在于主导地位,团队合作往往被个人和领域的支配所抑制,即很难不顾及来自组织职位的权力和影响力。

### 合作伙伴、官僚机构、群体

- 伙伴关系是风险共担、回报共担的关系;合作伙伴独立运作,但为了一个共同的回报而共享成果。
- 官僚机构是等级森严的命令控制结构,在父子关系下组织资源。但上下级之间的相互支持往往是不情愿的,而且只有在命令体系需要时才会出现。然而,在组织大量群体时,官僚机构模式则会经常被用到。
- 群体和协会离团队的概念还很远。在大多数情况下,他们也缺乏一个组织或官僚机构的结构,人们通常根据一些共同的属性,如职业亲密度,来选择成为协会的成员。
- 委员会当然可以是一个团队,但委员会通常只是一个小规模的官僚机构,在那里,成员执行分配的任务,对更大的目标只有一个适度的承诺。

#### 8.1.2.2 团队的定义

那么，什么是团队？以下是我们对团队的定义。

> **团队的定义**
>
> 团队是一种社会结构，在这种结构中，所有成员都为实现一个共同的目标而单独工作并且相互协作，而这个目标只有通过全体成员的承诺和集体贡献才能实现。

在这个定义中，我们有一些工作要说明。

- 一种社会结构：因此，应该被赋予社会规范和价值。
- 单独工作和相互协作：因此，应该具备许多透明的信息沟通链路。
- 共同目标：因此，个人计划的安排应该服从于共同目标。
- 承诺和集体贡献：因此，应该具备相关的职业道德。

在敏捷领域，一个团队就是一个绩效单元。从外部看，绩效单元是一个单一的实体，它具有我们作为基准的绩效规范所描述的运作能力。速度是首选的绩效指标，它是迭代过程中产生的恒定质量的吞吐量。[3] 从管理的角度来看，绩效单元是一个具有吞吐量的且被封装的实体，它的任务是将待办事项列表转换为有价值的产品。

在第 7 章中，整个估算体系建立在团队作为一个整体绩效单元的概念之上。因为合作和集体的工作使个人表现的差异多样化，所以，个人的能力显得是次要的。

### 8.1.3 从团体到团队

我们刚刚将团队定义为一种为了共同目标而需要相互协作的社会结构。但正是因为这个原因，团队并不是最自然的社交形式——许多人对团队和在团队中工作感到不舒服，或者持怀疑态度，即因选择了团队互动而不得不放弃了个人独立性。从我们的共同经历中，我们大多数人都知道团队不会凭空出现。布鲁斯·塔克曼（Bruce Tuckman）提出的组建期—激荡期—规范期—执行期—休整期模型自 1965 年提出以来一直适用。[4]

> **布鲁斯·塔克曼模型**[5]
>
> - 组建期：团队组建并迎接挑战和机会。
> - 激荡期：不同的想法相互竞争以期获得考虑和采纳。
> - 规范期：调整行为使团队更有效率。
> - 执行期：集体协作的工作方式强化了每个成员的工作；冲突在于解决方案，而不是人。
> - 休整期：完成任务并归档团队的工作；团队成员被解散到他们自身的运营单元。

那么，如何从一个团体变成一个团队呢？

1. 第一步是组成一个团体。一旦一个团体建立了一些基本的稳定性，在塔克曼模型中，团队就在形成，即经历激荡期和规范期。团队继承了团体的属性，如共同目标或章程、角色和职责，以及个人行为的原则。

2. 第二步是建立个人成就、承诺和责任的标准。然后将团队的承诺内化，这虽然艰苦，却是最高优先级的事情。这种从自身到团队的转变就是从团体到团队的转变。精力应该用在结果上，而不是个人竞争上。

此后，进入执行期需要引入几个重要方法[6]：

1. 定义一个引人注目的、明确可识别的、可度量的团队任务。
2. 设定一个期望，团队必须成功，从而使每个人获得成功。
3. 要求工作具有合作性和集体性；大多数交付需要多种技能的集成和应用。
4. 从团队内部培养领导能力。如果团队成员可以轻松地分担领导责任，那么组织和管理工作并不总是需要一个强有力的层级领导者。
5. 在团队中建立方法和流程，但要根据企业的标准和惯例来采用和调整它们。

### 8.1.4　思考与讨论

当团队成员工作时，他们真的很特别，因为他们对团队的忠诚高于对自己的忠诚。在刚刚讨论的五种扩展的方法中，你认为实现团队最佳工作状态最重要的是什么？

## 8.2　指导团队的原则和价值观

个体忠诚变为团队忠诚。

### 8.2.1　目标

- 讨论并解释团队工作的价值。
- 讨论并解释成功团队的处事原则。

达到高绩效水平需要成员之间的凝聚力：一种团结一致并坚持完成工作的意愿和承诺。团队凝聚力，有时称为单元凝聚力，取决于共同的价值观和信念，以及日常规范中普遍接受的原则。在一个真正有凝聚力的团队中，个人如此相信团队的福祉，以至于个人的忠诚变成了团队的忠诚。凝聚力维持着对任务和组织的意志和承诺[7]。

但我们需要做的还有很多，人们必须将个人竞争放在次要地位，必须乐于接受批评和帮助，必须与他人合作，放弃一点个人隐私、自我中心、职位权力和权威。S1 高任务指令型管理方法让位于关系型领导管理方法，即协作型、双向倾听型、促进型和支持型。

| 情景领导模型 |
|---|
| - S1~S4 是赫西（Hersey）、约翰逊（Johnson）和布兰查德（Blanchard）提出的四种情境领导风格的标签[8]。<br>- S1 是高任务指令型，映射到初级的追随者身上。<br>- S2、S3 和 S4 的指令性更弱，委托性更强，其假设追随者具有更强的能力和动力。 |

也许最重要的是，自组织团队（那些被给予许可和自由来满足客户而不是遵循规定的团队）的成功取决于团队价值和原则的内化。

### 8.2.2　让团队高效工作的价值观

价值观使团队高效工作，因为它们是人际关系的核心：信任、承诺、责任、连续性、简单性、清晰性和确定性。

#### 8.2.2.1 信任

信任是相信别人不仅会为了他们的利益，也会为了你的利益而行动。它需要权力的交换，而权力的交换只有在诚实、开放、可靠和负责任的记录下才能实现。"信任是一个高效、有凝聚力的团队的核心。没有它，团队合作几乎是不可能的。"帕特里克·兰西奥尼写道。实际上，在导致团队失败的五个主要原因中，他把缺乏信任列在第一位。[9]

在缺乏信任的情况下，不可能有团队，因此只能建立官僚机构。官僚机构天生以结构为导向，用职位权力及规定的命令和控制取代信任关系。

人必须没有恐惧才能信任。免于恐惧意味着在个人和职业关系上的安全。安全伴随着脆弱，因此我们愿意与他人一起获得战胜脆弱的力量和决心。事实上，人身安全是 Crystal 方法中的七项原则之一，并在 XP 中涉及的人性原则中反复提到。正如建立 Crystal 方法的阿利斯泰尔·科伯恩所定义的，个人安全是迈向信任的第一步；个人感到了安全才没有对报复的恐惧。建立在安全基础上的信任，在某种程度上是你把自己的权力交给别人，并对权力的转移感到舒服。[10]

#### 8.2.2.2 虚拟团队的信任

虚拟团队因其特殊环境会影响信任的建立。尽管有许多分离，如时间、距离、地点和组织，但信任就像团队合作一样重要。[11]信任需要相互的认同，陌生人之间不可能有信任。必须进行有效的沟通，以评估安全性，并建立权力转移的边界。

交流首先取决于语言，其次取决于文化。

- 语言流利始于对单词和语法的字面理解；但是还可以有更大的进步，如包括术语、表达结构和语调。
- 文化的流畅性意味着理解肢体语言和其他非语言信号在文化中的含义，理解语言和行为的意图——什么时候不意味着不。例如，点头是一种真正的同意、一种理解，还是仅仅是礼貌？
- 文化影响着我们表达目的和优先级的方式——一封电子邮件和一个电话一样重要吗？一个电话是否意味着有个人关系？

考虑以下事实：对某些人来说，错误是经过奋斗和追求却几乎无法到达目标的证明；而对于另一些有着不同文化观的人来说，错误则是计划和执行不力的证明。同样，对一些人来说，只有事实是可信的；对另一些人来说，直觉和远见更有价值。

| 项目管理提示 | 跟踪记录能建立信任 |
| --- | --- |
| | • 只有利用时机在虚拟成员之间建立一个跟踪记录，才能消除不信任。 |

#### 8.2.2.3 承诺和责任

团队重视真诚和诚信的承诺及承担责任的意愿。谁没有带着怀疑的态度对待过团队任务？不愿意与团队的命运一起决定个人的命运，或者怀疑被要求的会比给予的更多？一个真正的团队是在规范期，成员坚定不移地对团队目标进行承诺。一个真正的团队是在执行期，成员愿意接受他人的评价，认同成功是由大家共同的表现取得的。

#### 8.2.2.4 连续性、简单性、清晰性和确定性

团队重视连续性、简单性、清晰性，以及目标和方法的确定性。拥有清晰性和确定性意味着没有或很少有混乱。努力、独创性和精力是直接指向预期的结果，而不是通过转动轮子、改变方向和适应时代的喜好来消耗掉。简单就是没有不必要的复杂性，但是最简单的解决方案可能仍然是复杂的。[12] 连续性意味着从一个时刻到下一个时刻，变化是可控的。

表 8-1 阐述了到目前为止所讨论的所有观点。

表 8-1 团队价值观总结

| 价值观 | 说明 |
| --- | --- |
| 信任 | 愿意且易于接受他人的表现和承诺，因为他们是为了与你的共同利益而行动的 |
| 承诺 | 承诺将尽一切可能的努力、精力和聪明才智来成功地完成目标 |
| 责任 | 愿意接受他人的评判，并对完成所分配的任务承担个人责任 |

续表

| 价值观 | 说　明 |
| --- | --- |
| 连续性 | 对事物保持不变的信心，直到它们因合理和正当的原因而改变，且使这种改变服从于团队目标的完成 |
| 简单性 | 没有不必要的复杂性 |
| 清晰性 | 没有混乱 |
| 确定性 | 没有未防范的风险 |

### 8.2.3　成功团队的原则

原则是日常工作的指导。原则与价值观一致，引导团队精力和活动的方向。在敏捷自组织模型中，牢记原则是影响团队合作的先决条件。表8-2列出了成功团队应该采用的通用原则。

表8-2　成功团队的通用原则

| 序　号 | 原则或准则 | 说　明 |
| --- | --- | --- |
| 1 | 团队是执行复杂的跨学科项目的首选结构 | 与单独工作的个人相比，多职能团队能更有效地接受和拥抱复杂性、无序性和不确定性，因为相互支持有助于问题的解决并为团队提升创造力提供机会 |
| 2 | 没有完成实际工作的明确目标和使命，任何团队都不会被雇用 | 一个令人信服的使命是凝聚力和对结果承诺的最有效的激励因素 |
| 3 | 不要沉默，沟通和合作将是频繁的 | 只有当团队成员能够实现协同作用时，团队才会比个人团体更好。协同的效果需要及时的沟通和合作，同时还需结合符合时机的建议 |
| 4 | 团队规模缩小，但鼓励扩大网络规模 | 大的团队需要内部结构和权威人士来管理规模，小的团队可以通过建立网络和致力于共同的目标来达到大的团队的效果 |
| 5 | 团队任务将由愿意承担责任的员工完成 | 不鼓励只根据职位和工作时间分配工作；分配的重点是完成技术、职能和决策技巧的良好结合；承认高绩效的人才不是像插件一样可被随意替代的 |

续表

| 序号 | 原则或准则 | 说明 |
|---|---|---|
| 6 | 项目时间线安排促进信任的时间和活动 | 陌生人之间不会产生信任。虚拟团队需要更多的时间和特定的机会来克服团队成员不在一起的不利因素 |
| 7 | 提供安全的工作环境 | 安全是信任的第一步；扬言要报复的行为是不能容忍的；类似涅墨西斯惩罚者的角色可以接受 |
| 8 | 鼓励团队成员去积极倾听、从怀疑中受益、建设性地响应、承认他人的成就[1] | 团队行为的"黄金法则" |
| 9 | 团队结果和度量以集体成果来评估 | 以技能和才能来评价个人；以符合客户期望的最佳价值来评价集体成果 |
| 10 | 对集体绩效的奖励优先于个人表彰 | 团队的表现是最重要的；它超越了个人的表现 |
| 11 | 自组织的团队将被授予一定程度的自治权来选择它的领导者并制定它的流程 | 自组织的团队实际上可以在没有领导者的情况下工作，也可以由团队选择自己的领导者，或者轮换产生领导者角色[2]；过程应该遵循企业的惯例，以确保对实体的声明都是有效的；在敏捷方法中，成本、进度和范围是在团队外部管理的 |

[1] Katzenbach, J. and Smith, D., *The Discipline of Teams*, Harvard Business Review, Cambridge, MA, March-April, 1993 81(2):111-120.
[2] Dyer, W., et al. *Team Building: Proven Strategies for Improving Team Performance*, Josey Bass, John Wiley & Sons, New York, 2007：22.

### 8.2.4 思考与讨论

使一个团队高效工作有诸多因素，如简单、清晰和确定的环境。然而，每个项目都有让人困惑的时候。在这种情况下，你会采取什么措施来保持团队高效工作？

## 8.3　团队是敏捷项目的基本单元

团队消耗投资，而团队合作推动计划执行。

### 8.3.1　目标

- 讨论并解释敏捷团队模式和敏捷团队合作。
- 讨论并解释作为项目设计必要架构的团队网络。
- 讨论并解释团队的规模。

团队是构建项目计划的运作单元。团队是一个活跃的绩效单元，其特点是具备开发新产品的能力。回想一下，产品无论何时都是团队生产的交付物，无论是有形的还是无形的，无论是内部的还是外部的。

对项目待办事项列表而言，团队是创造价值并使其增值的绩效单元，是在实现产品愿景。同时，团队也产生了项目的主要运作费用，它消耗了大部分可用的投资。团队合作的节奏是主要的进度驱动因素，日历上的时间主要是时间盒的积累。

### 8.3.2　敏捷团队的运作模型

| 运作模型 |
|---|
| 在价值观系统中，运作模型是项目中的人、过程和技术结合在一起进行工作。 |

敏捷项目团队的运作模型一般符合表 8-3 中描述的参数。

表 8-3　敏捷团队的运作模型

| 运作原则 | 说　　明 |
|---|---|
| 团队规模小，通常是 6~8 人，但也可能多达 12 人 | • 项目经理促进团队的形成<br>• 只需要团队从资源池中挑选兼职主题专家，并由项目经理雇用<br>• 初始团队可以将其成员派往其他团队，以使其他团队具备维持基础产品协同所需的知识 |

续表

| 运作原则 | 说　明 |
|---|---|
| 团队的领导和管理是由团队成员决定的 | • 领导能力是由团队成员自己赋予的。领导者可以是选举出来的，也可以由不同的人员在不同的迭代轮流担任<br>• 不需要由一个人来完全负责管理计划、协调、沟通和报告<br>• 团队是自组织的。每个团队成员承担一部分管理工作<br>• 团队代表需要参与团队之间的网络协调，并且是项目经理、产品负责人和项目环境中的其他外部人员的一致联系人<br>• 团队代表通常具有领导者的角色，并被授权做出决策<br>• 团队领导者要确保有效的过程被采用，目标设定明确且引人注目，并且责任分配和度量的方法是适当的和有效的 |
| 过程、实践和规则由团队自身建立 | • 每个团队的运作方式可能略有不同；但是为了使吞吐量基准变得有意义，所有团队必须一致地运作<br>• 流程必须符合组织的标准惯例，以确保认证要求的声明不会无效<br>• 每种方法都有自己的一套规则和建议的实践<br>• 采用规则和实践并按规范执行是一项集体活动，需要由承诺和责任驱动<br>• 规范与正式控制成反比；自律越强，所需的正式控制就越少<br>• 过程涉及技术和管理实践。团队负责度量和报告进展、评估问题、预测风险和确定缓解措施<br>• 项目计分卡和仪表盘受到团队的尊重<br>• 虚拟团队需要沟通和协调过程 |
| 团队生产率基准 | • 敏捷团队的目标是经常高质量地生产可工作产品<br>• 生产率基准对于预测吞吐量是必要的<br>• 每个团队负责建立和维护一个可靠的基准 |

团队依赖项目经理来建立和维护项目环境，并管理与相关方的关系。表 8-4 解释了项目管理角色与团队运作模型之间的关系。客户和最终用户会在每个冲刺或迭代期间帮助团队，如表 8-5 所示。

表 8-4  项目经理角色

| 运作原则 | 说　　明 |
|---|---|
| 项目经理指导团队 | • 项目经理不是强制执行计划的经理风格，对团队不是指挥权威<br>• 项目经理是对商业论证中相关方负责的经理<br>• 项目经理指导团队确保所有的机制都到位，冲突得到控制，表现不佳的成员得到纠正，所有的度量和绩效记录都是及时和准确的<br>• 对计分卡和仪表盘进行完整性检查<br>• 如果只有一个或几个团队，项目经理可以为日会和其他会议提供帮助 |
| 项目经理支持团队 | • 项目经理是项目级别的风险经理，负责在项目资产负债表上消除或接近消除两边的差距<br>• 项目经理管理相关方和客户的约束、障碍和期望<br>• 团队所需的所有资源和环境均由项目管理办公室指导获取、组装和部署<br>• 如果有多个团队在网络中运行，项目经理将协调网络活动<br>• 成本通常由项目经理在团队之外进行管理<br>• 奖励和报酬计划由项目经理管理 |
| 项目经理管理冲突、绩效和行政 | • 如果团队无法解决冲突，则由项目经理介入<br>• 如果团队不能执行任务，项目经理可以停止工作，解散或重组团队，或者根据需要采取其他措施<br>• 项目经理预测绩效，报告结果，与发起人一起管理成本、范围和预算<br>• 项目经理是治理委员会的参与者 |

表 8-5  团队中的客户角色

| 运作原则 | 说　　明 |
|---|---|
| 产品负责人解释需求 | • 客户有责任提供一个或多个产品专家，根据规模来解释需求和确认测试的结果<br>• 客户有权力在足够早的阶段观察和评估产品开发，以便进行纠正和调整<br>• 在敏捷方法中，客户代表被称为产品负责人 |
| 客户建立价值主张 | • 从商业论证开始，客户的声音就代表了项目的价值主张<br>• 客户的主要任务是面对竞争资源的情况下，在特性和功能之间设置优先级<br>• 紧急和重要是客户的观点；可行性、架构一致性、结构顺序和可承受能力是技术和管理人员的观点 |

续表

| 运作原则 | 说明 |
| --- | --- |
| 产品负责人致力于团队的成功 | • 产品负责人是负责为项目开发提供用户输入的客户<br>• 为了使敏捷团队在相对较短的迭代中高效,团队有权期望一个忠诚的客户或用户随时准备好,如果可能的话最好将其包含在团队中,以便总能在非常短的时间内就可以联络到 |
| 产品负责人代表客户群体 | • 产品负责人代表客户群体<br>• 在大型项目中,客户群体可以根据功能需求被组织到一个或多个团队内<br>• 项目负责人协助项目经理指导客户群体,以获得一致的需求描述 |

### 8.3.3 团队中的网络

增加工作团队的数量可以增加容量,但是在网络中工作的团队使容量变得复杂。排序约束仍然是存在的,因为没有一个网络可以让 9 名女性在 1 个月内生育 1 个孩子。但是架构元素可以在网络中的团队之间进行分解,也可以协调依赖关系。网络的分支结构支持对待办事项列表的分解和产品的重新组合。

| 敏捷项目管理中的网络 |
| --- |
| • 网络是具有节点、分支和组件的网格状结构。<br>• 节点是组件(团队或系统)的位置,分支是节点之间的关系或接口。<br>• 关系取决于如何划分架构和范围,然后将其分配给团队。<br>• 关系形成了跨团队间的渠道,促进了跨团队的沟通、协作和协调。 |

分支和节点之间的相互连接具有逻辑性。在项目网络状态下,逻辑关系表示团队设计、开发和生产项目交付成果之间的关系。建立网络不需要时间线、日历或期限。如果实际的用时在每次迭代的缓冲之外还需要额外的超前和滞后缓冲,那么它们将作为整个迭代添加。图 8-1 说明了讨论过程。

- 这个一般网络说明了节点上的时间盒之间、时间盒与产品基础之间的逻辑关系
- 节点是唯一的，因为每个节点都有不同的待办事项列表

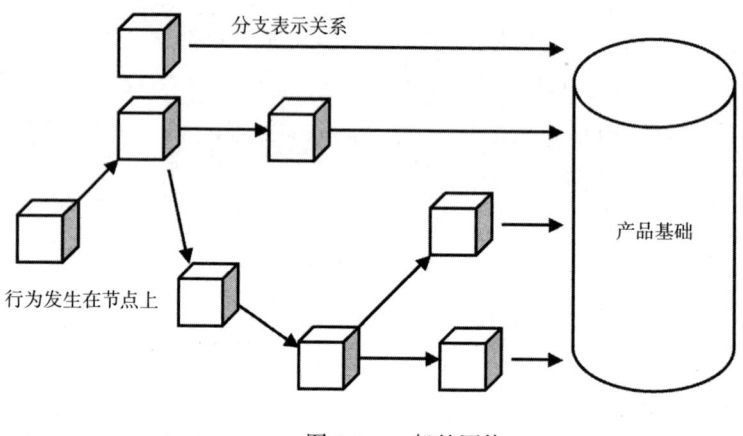

图 8-1　一般的网络

### 8.3.4　敏捷网络的思想转变

对于敏捷项目来说，网络改变了人们的观念；网络是关于团队与团队的关系，而不是关于开发人员的任务到任务的关系。大多数关于敏捷项目的讨论都没有假设网络运作模型。一个团队从一个迭代到下一个迭代可以完成很多工作，有时，一个团队却不能及时完成这些工作。

时间太长可能把可度量的风险变成不可度量的不确定性。一项工程拖得太久可能危及整个效益流。冗长的项目是敏捷的对立面：快速响应的目的是，要比商业和市场的周期跑得更快。

虽然解决办法之一是运用更多资源来提高开发和交付能力。但是让团队变得更大是有问题的，而让更多的团队一起投入也是有问题的。沟通（团队生产力的润滑剂）则会因为更多团队成员加入而受到影响。经验丰富的项目经理知道，增加更多的人进来也会增加更多的双向沟通链路。例如，卡洛琳需要和艾玛及每个新增人员交谈，每个人都需要回应卡洛琳和艾玛及其他每个人。

事实上，沟通链路的数量几乎是团队成员数量的平方，或者呈现 $N^2$ 效应（参见第 13 章注释）[13]。其他诸如协调和凝聚力的障碍也同样被放大。正如布鲁克斯法则所述：向滞后的软件项目追加人手会使进度更迟缓。所以经理们不愿意向现

有的、正在进行的团队增加人员。成功概率更高的运作模式是增加更多的小型团队，最后将结果网络化并连接起来。

---

**敏捷网络**

- 网络是关于对象的，而不是关于任务的。网络是团队的团队。
- 在由计划驱动的项目开发生命周期中，活动网络中显示的常见任务被移动到团队边界内部。
- 团队是绩效单元，而不是个体。

---

因此，网络化的进度是团队时间盒或开发单元的连接，以生产对象为中心，形成一个进度网格。把时间盒或开发单元的等价物放到时间网格上，发布和规划周期与网格是同步的。图 8-2 是一个进度网格的示例。

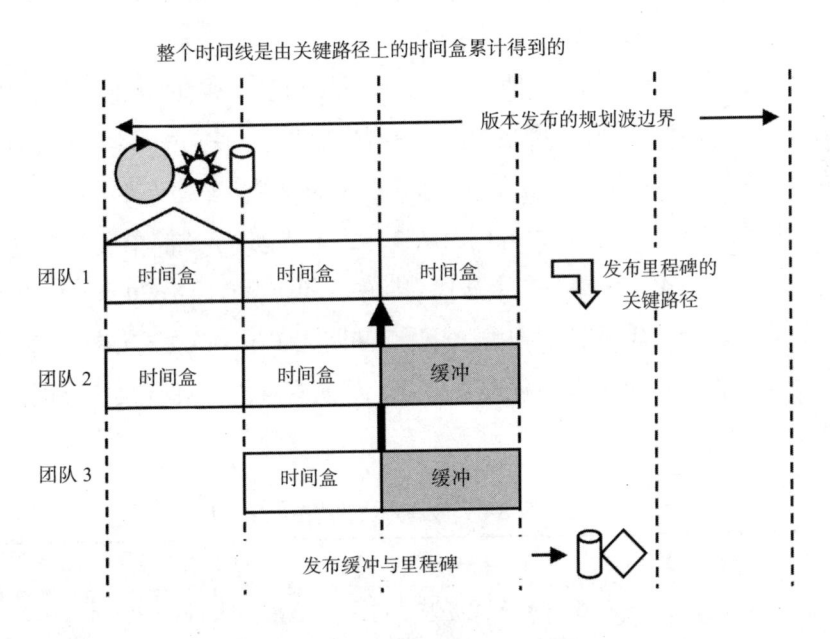

图 8-2 一般的团队进度

网络的绩效取决于每个团队的绩效；个人绩效被封装在团队结构中。团队绩效一旦确定就成为基准，并且这个绩效也是可预测的；任何个人对团队的风险都可以通过团队成员之间的多样化来降低。确保团队多样化的主要方法是冗余、多技能和协作。

### 8.3.5　网络的逻辑

任何网络都是逻辑的呈现。逻辑包含了两个意思：

1. 有些交付物是独立的，不依赖其他交付物。对于这些，团队在网络中的起点是任意的，可能仅仅依赖客户所表达的需求的重要性和紧迫性。这种逻辑可以被并行工作的独立团队快速跟踪。[14]

2. 有些交付物是相互依赖的。相互依赖可以是复杂的，也可以是简单的。简单地说，我们认为，每个团队都开发自己的产品增量，并且恰如其分地将其所依赖团队的工作与产品基础集成起来——这就是不伤害原则。在一个简单的依赖关系中，团队之间不存在功能优先级，但是需要始终使用最新的产品基础，以便回归测试验证当前的集成。

所谓复杂，我们认为是团队之间存在顺序约束。一个团队的结果不仅直接驱动另一个团队的结果，而且网络逻辑也重视先后顺序。使用顺序约束时，不可能重新安排顺序，也不可能过早地添加更多资源来加快项目速度（冲击项目计划）。[15]

回顾图 8-2，我们可以看到团队 1、2 和 3 呈现了或简单或复杂的逻辑概念。团队 3 可以在第一个或第二个迭代周期中开始，没有固定开始时间的依赖项。然而，在第三个迭代周期开始时，团队 2 和团队 3 与团队 1 有依赖关系。

虽然网络可以用很多种形式呈现，但所有网络都具有某些相同的属性，如表 8-6 所示。

表 8-6　敏捷方法的进度网络属性

| 属　　性 | 说　　明 |
| --- | --- |
| 进度是一个统一的网格 | • 网格是基于迭代时间盒所选择的持续时间<br>• 发布日期与网格同步<br>• 规划周期固定在网格上 |

续表

| 属 性 | 说 明 |
|---|---|
| 缓冲降低了进度右移的风险 | • 缓冲消化了可能使团队延迟交付的速度差异<br>• 总持续时间包含缓冲,以消化为满足客户需求所需的额外迭代 |
| 关键路径是可识别的 | • 关键路径是决定最后一次发布的路径<br>• 由于没有可识别的依赖关系,网络中的所有路径可能不是连接起来的 |
| 速度不是严格固定的 | • 速度在期望值附近有上下波动<br>• 对于单独团队,其速度是一个简单的三角形分布 |
| 进度的总持续时间是导出的 | • 总持续时间由进度依赖顺序、需求间复杂性和可用于清除复杂性的吞吐量决定 |
| 团队之间可以有简单的依赖关系,也可以有复杂的依赖关系 | • 简单的依赖关系意味着与另一个团队没有顺序约束;复杂的依赖关系意味着与另一个团队存在顺序约束 |

## 8.3.6 管理团队网络

要在敏捷领域中管理网络,就需要遵循敏捷原则 2。

> **敏捷原则 2**
>
> 欣然面对需求变化,即使在开发后期也一样。为了客户的竞争优势,敏捷过程掌控变化。

首先根据项目逻辑构建团队网络图。根据客户的优先级和顺序约束将项目待办事项列表分配给每个节点。然后,开发一个电子表格计分卡来集成每个节点上每个团队的成就。图 8-3 就是一个例子。

与所有的计分卡一样,三个信息要素是必需的:

1. 基准度量,在图 8-3 中,基准可以理解为在每个迭代中团队可以完成的故事点。

2. 运作计划,即根据最新信息调整的基准。

3. 实际成果。

基准和运作计划的偏差和效率的计算如图 8-3 所示。

| 偏 差 | | | | | | | | | | 效 率 | |
|---|---|---|---|---|---|---|---|---|---|---|---|
| 偏差=计划-绩效 | | | | | | | | | | 效率=绩效/计划 | |
| 规划波 2 | | | | | | | | | | | |
| 发布 1 | | | | | | | | | | | |
| | 迭代 1 | | | 迭代 2 | | | 迭代 3 | | | 发布 1 | 发布偏差 |
| | 团队 1 | 团队 2 | 团队 3 | 团队 1 | 团队 2 | 团队 3 | 团队 1 | 团队 2 | 团队 3 | | |
| 基准 | 50 | 55 | 50 | 50 | 55 | 50 | 50 | 55 | 50 | 465 | |
| 运作计划 | 48 | 50 | 45 | 50 | 53 | 48 | 52 | 55 | 50 | 451 | 14 |
| 实际绩效 | 48 | 48 | 45 | 50 | 50 | 48 | | | | | |
| 与基准的偏差 | 2 | 7 | 5 | 0 | 5 | 2 | | | | | |
| 与基准的累计偏差 | 2 | 9 | 14 | 14 | 19 | 21 | | | | | |
| 与基准的比率 | 96.00% | 87.27% | 90.00% | 100.00% | 90.91% | 96.00% | | | | | |
| 与运作计划的偏差 | 0 | 2 | 0 | 0 | 3 | 0 | | | | | |

图 8-3 团队计分卡

| 与运作计划的累计偏差 | 0 | 2 | 2 | 2 | 5 | 5 | | | | |
|---|---|---|---|---|---|---|---|---|---|---|
| 与运作计划的比率 | 100.00% | 96.00% | 100.00% | 100.00% | 94.34% | 100.00% | | | | |

图 8-3　团队计分卡（续）

从网络进度图出发，开发一个电子表格资源计划，可以用它和职能经理进行协调以获取需要的资源。

在每个迭代结束时，基于故事点度量的团队计分卡显示了早期的速度没有达到计划的基准——过程中虽然速度有提高，但是不足以在第一个发布里程碑时完成计划的范围。

### 8.3.7 团队的团队

团队的团队是在网络中协调团队活动和产品交付的一种方法。这种团队的运作就像一个管理工作组。作为一个工作组，它具有以下属性：

- 用于协调网络内产品团队的明确章程。
- 跨越所有产品团队的运作时间表。
- 必须每天开会，且在规定的时间盒内进行讨论。
- 自组织且共享领导者。
- 一组自己设计的用于评估在网络中工作的产品团队绩效的过程。
- 产品团队和项目管理办公室均为同一团队成员，在得到所有成员的同意并符合每日时间盒约束的情况下，与网络有特殊关系的相关方可能参与进来，如负责基础设施、工具支持，甚至可能是供应商管理等的关键管理人员。

- 承诺开放、诚实和安全的沟通。
- 用于交流的仪表盘。

团队的行政助理发布每日议程。行政助理不仅管理议程，而且还更新仪表盘并处理团队成员间的沟通和协调工作。

| 项目管理提示 | 工作流的管理 |
|---|---|
| | - 在具有多个工作流的项目中，每个工作流都有一个网络。工作流之间可能需要一些协调点。<br>- 为了进行这种协调，项目经理将特许一个工作组来指导工作流程。<br>- 有时，这个工作组以其工作的性质命名为指导委员会。<br>- 按惯例，委员会将每周开会。<br>- 团队的工作流是指导委员会的资源池，相关方会经常被邀请。 |

### 8.3.8 思考与讨论

我们提到，通过在网络中增加团队来扩大规模不仅会带来容量问题，还会带来复杂性，即仅从每个团队的单一绩效来看并不能完全预测处于网络中团队的整体表现。当它们是靠增加团队来提高生产力时，你能想象复杂性的一些"症状"是什么吗？

## 8.4 有的团队成功，有的团队失败

在所有项目管理方法中，敏捷方法最依赖团队。

### 8.4.1 目标

- 寻找一些团队失败的原因。
- 讨论并解释关于虚拟团队存在的问题。

公认的原则是敏捷团队自己招募成员；资源经理不会随意分配人员。敏捷团

队是指导的，而不是管理的。敏捷教练可以是专门从事指导的专业敏捷方法专家，也可以是项目经理。

敏捷团队是自组织的，有足够的自主权完成工作。这听起来不错，但为什么不是每次都有效呢？

### 8.4.2 团队为什么失败

团队不成功、不能很好地运作或者在许多情况下不能运作，这是值得认真思考的问题。许多人研究过能力不足和失败的团队，以及团队无法成功的情况，这些研究结果值得借鉴。

---

**美国企业中的团队**

事实上，敏捷团队作为一种多职能的绩效单元，从20世纪60年代后期才开始出现在美国企业中。从20世纪早期的泰勒主义演变而来的公司具有规模巨大、不太人性化的特点；在许多方面，团队只是这种公司设计的一个反映。

泰勒的思想，在之前的章节中已经提到，是将官僚机构设计推向顶峰的种子，它以多层级的企业组织设计为特色，将人视为可拔插的组件。只要看看流行的连环漫画《呆伯特》(*Dilbert*™)就知道了。

对团队历史的更详细介绍，请阅读 Robbins 和 Finley 合著的书 *The New Why Teams Don't Work: What Goes Wrong and How to Make It Right*。[16]

---

问题始于个人。许多人天生不倾向于团队合作，却乐于个人工作。许多人都认同一种根深蒂固的文化价值观，即每个人都是独一无二的人才，他们抵制默默无闻和服从。另一些具有强烈的个人竞争意识的人很难接受限制和约束，也很难为了更大的利益而把个人竞争放在一边。

敏捷团队把少数人组织成一个团队，这是第一个可能犯错的地方。团队规模变大后，任何大于12人的团队都需要管理结构、管理等级和官僚机构来将团队组织在一起。

除刚提到的团队规模的错误外，还有其他管理失误。[17]

- 界线常常是模糊的：混乱是生产力的杀手。所有成员都清楚团队的使命、目标和范围吗？什么是边界之外的事情？
- 将使命当作视而不见：人们不会自然地被目的和目标所吸引。需要通过不断的鼓励和强化来克服成员对使命感到无聊和没有兴趣的障碍。
- 轻易选择团队成员：通常，团队成员是根据职位和可用性来选择的，而真正的选拔应该是基于技能和承诺的严格评估。
- 不允许成员打破群体思维：群体思维是一个简单的想法，也是一个严重的威胁。人们普遍持有的信念和偏见几乎被奉为公理，排挤掉了那些可能更有成效、更有益的选择或观点。

学者哈维·罗宾斯（Harvey Robbins）和迈克尔·芬利（Michael Finley）也研究了团队失败的原因。他们加上了这些理由：[18]

- 有一个糟糕的决策过程或决策技能不足。
- 即使在良好决策的指导下，团队也会习惯性地执行得很差。
- 这个团队包括难相处的人；存在无法忍受分享和集体合作的天才怪人。
- 成员之间的竞争常常导致保密和隔离，这与合作完全相反。
- 存在授权的不确定性、尴尬和不合时宜的决策链，以及关于角色、权利和责任的混淆。授权需要对被授权者的决策能力和忠诚有极大的信任和信心。
- 许多人事问题没有得到解决，其中最重要的是薪酬和奖励。"我必须放弃什么？"没有得到满意的答复。

当面对上面列表中给出的一长串的问题时，大家会想：团队是否能成功，团队是否成功，或者团队是否应该成为运作模式的一部分。

### 8.4.3　团队成功与失败的原因

总体来说，团队之所以能够高效工作，是因为它是与社交本能相兼容的社会单元，所有人都必须与志趣相投的人在一起。团队是靠令人振奋的目标来吸引人的。但是团队也不要太大，没有人特别喜欢大的非人性化的团队。"小"更个性化、更亲切；越小越容易行动；需要不断强化小型团队意识，因为这样可以拥有快速反馈的机会。

不过请注意：本章讨论的价值观和原则需要真正地融入企业的组织结构中，而不是暂时堆砌起来。任何不诚实的行为都会影响信任，威胁安全。

| 再造团队 |
|---|
| • 团队是一种幸运的结果，它使组织模型变得更加扁平。扁平化在迈克尔·哈默（Michael Hammer）和詹姆斯·钱皮（James Champy）的关于重新设计公司的强大理论影响下不断向前发展。[19]
• 在 20 世纪 90 年代早期的再造运动中，企业管理的一个发展是接受和相信作为近乎自治、小型、多职能的团队单元可以完成非凡的事情。 |

团队之所以能够胜任工作，是因为小型的多技能绩效单元非常适合处理小型软件系统中也存在的异常的复杂性和不确定性。当然，也可能需要一个大团队规模，甚至每个团队都有自己的工作流。但团队协作适合解决大型问题，即通过将它们分解为最简单的构造形式，然后重新组合产品增量，以实现产品愿景。

幸运的是，绩效团队的老练程度和能力已经发展到可以应对非常复杂的系统，这些系统假设非常小和越来越移动的平台上存在巨大的复杂性。

### 8.4.3.1 人非机器

也许 Crystal 方法之父阿利斯泰尔·科伯恩的观点是最合适的，他认为人在行为和绩效表现上都是非线性的。非线性意味着一点小刺激可能产生一个结果，同时，更多的刺激可能导致倒退或加速。[20] 甚至可以说，除了非线性，人们还有一点混乱。也就是说，在某些奇怪的时刻，由于某种触发而使人失去理智。

如何通过敏捷进行员工管理？

第一，找对人。分别与每个人接触，以确定他的独特性及是否适合团队。但是与填充冗余、确保涵盖所有领域的技能及确定是否适合团队相比，特定的个人技能显得并不重要。

第二，遵守敏捷原则 5，相信有动力的人能完成工作；也遵守敏捷原则 8，即计划一个稳定和可持续的节奏。在安全和高效的环境下，一项令人振奋的使命和相应的奖励将具有激励作用。但是不要把员工激励到筋疲力尽的地步。接近倦怠时，非线性和混乱的行为是经常存在的风险。规划一个可持续的节奏需要注意劳动力损失，劳动力损失是从正常工作时间中减去的时间。

第三，使团队保持多样化的基础是拥有多个能够处理特定任务的人。在团队中的各个工种之间进行交叉培训，以便让多个成员可以运行脚本、检查数据库或设计用户界面。将工作职责（如需求编写人员、测试人员或验收人员）在前后迭代中进行转换。交叉评估团队成员的绩效。

| 项目管理提示 | 人非机器<br>• 当人们对文化感到舒适时，工作效率是最高的。<br>• 文化是我们信奉的价值观和原则的主体，正直、诚实、公平和道德是我们相信的行动指南。<br>• 团队需有一种文化。在某种程度上，组建一个团队需要招募具有文化共性的员工。<br>• 每个团队都应该有一个评估适合和减少不适的过程。 |
| --- | --- |

### 8.4.3.2 解决冲突

有效地处理冲突对于提高团队活力大有帮助。关于冲突解决的知识体系是深刻而广泛的，包含在许多关于项目管理的标准教科书中，许多研究过团队的学者都有论述。[21]

以下是关于敏捷团队解决冲突的一些观点。

- **接受新成员**：在项目的整个生命周期中，敏捷团队都应该团结一致；不终止也不交接给后续规划波中新组建的团队。时间一长难免会有交接；但是由于团队内聚性的存在，交接也是适度的。随着交接，团队的生产力需要重新调整；短期内，生产率可能受到影响。团队已有成员通过共同经历联系在一起，新成员需要时间来与他们建立有效的关系。新成员不会是离开成员的替代品；更有可能的是，他们的技能与那些离开团队的人不同。可以预期的是，团队成员变动之后，将会重新调整一些角色和职责。新的调整和关系完全成熟需要一些时间。

- **信任新关系**：信任必须建立，而建立过程需要时间。史蒂芬·柯维的观点是恰当的：每个人在建立一种关系时，都好像在自己的信托账户中存入一小笔钱。[22] 当人们遇到他们尊敬的人时，他们自然会有一种乐观的态度。没有人会被以陌生人的身份邀请加入一个团队。新来的人的目标是建立他的账户余额。每个新的团队成员都应该在这个基础上被接受：他可以被信任，直到被证明不是这样。每个新成员必须认识到，重新获得失去的信任是非常困难的，甚至比当初建立信任还要耗时。
- **团队中的竞争**：构建复杂的系统是一项竞争性的任务，从事这项任务的人是有竞争力的。但从直觉和实践上看，竞争则孕育了隐私和保密。如果事情划分得太细，就不可能实现有效的协作。沟通和协作是团队互动过程的润滑油，没有它们，摩擦就会变成冲突和紧张关系。需要培养团队以协作和信任来取代秘密和隐私。
- **不善合作者**：有些人无法忍受团队合作，也永远不会。信任和安全不能使他们赢得集体工作。他们总是与团队的价值观和原则相冲突。他们大概不会在知情的情况下被招募；他们大概也不会被一个有经验的经理分配到一个团队中去。然而，团队发现他们有这样的成员，多半是因为该成员有一种特殊的技能，这种技能供不应求。
- **虚拟团队**：虚拟团队有自己独特的冲突。虚拟团队没有文化整合；成员们相距遥远，不能使用手势进行表达。社交和联系在很大程度上是缺失的，社交主要存在于本地团队。冲突产生于误解，这些误解的根源在于价值观、语言、文化和目的。一个好的实践是虚拟团队在形成阶段进行面对面的交流。如果这是不切实际的，那么一个有限的个人介绍也是最好的——通过一个类似彼此信息交流的活动。虽然电话会议和视频会议是重要的技术，但几乎没有什么能代替面对面接触。

#### 8.4.3.3 激励和薪酬

一个简单的规则是围绕团队成就而不是个人成就来建立奖励、激励和报酬。尽管这一规定很简单，但它与现代企业中几乎所有的薪酬方面的做法都背道而驰。人力资源部门、流程和原则都是围绕为个人服务而建立的，而不是团队。几乎所有以团队级别进行的补偿和奖励都将是政策的例外，因此就涉及了项目管理的工作。大多数项目和团队都会得到现金或实物奖励：

- 为在不寻常或意外情况下的杰出表现颁发的奖项。
- 基于成功发布的绩效奖。
- 以其在团队中可接受的表现为条件，对关键人员的保留奖励。

对于被分配到团队的商务成员来说，更麻烦的薪酬问题出现了。高级商务人员的报酬通常有奖金、佣金和激励计划。那么，对这些离开有机会获得可变报酬的人应该如何补偿呢？答案通常可以在以下叙述中找到。

- 受委托的销售人员：对于薪酬的现金组成部分，根据最近的业绩记录支付项目薪酬，并在一段合理的时间内进行平滑处理。对于非现金部分，例如，针对销售人员旅行的奖励，可以根据项目薪酬继续发放旅行奖励，或者根据项目的成功表现以发起人或协调者的身份发放给销售人员一定的旅行奖励。
- 薪酬或奖金可变的管理者：如果产品负责人的奖金是基于宏观参数的，如企业绩效，奖金可以继续不变。个人绩效奖金可以转为项目绩效奖金。

| 项目管理提示 | 薪酬和奖金<br>• 公平和透明的薪酬计划部分程度上使团队成员在从职能型环境转换到团队环境时感到舒服。<br>• 金钱会说话，如果与团队绩效挂钩，它就更能说明由企业加于团队的价值观。它将在一定程度上解决一个经常被忽视的问题：我要放弃什么？ |
| --- | --- |

### 8.4.4 虚拟团队

虚拟团队是敏捷项目的一个特例。虚拟团队使物理上不能实际协作的技术人员能够一起工作。在某些情况下，虚拟团队可以提高项目的承担能力。在另一些情况下，它可能带来一些无法用经济手段得到的技术。虚拟团队可能能够在企业内部及合作伙伴、供应商和供应链中的其他人之间架起不同的桥梁。

为了获得这些优势，必须克服一些障碍：

- 必须有一个对所有的团队成员都有吸引力的共同目标。
- 需要注意，对一个人有激励作用的东西，对其他人可能是普通的或没有吸引力的。
- 必须找到一种建立信任的方法，并且需要一种约定来促进任何必要的合作。
- 还需要一种在多区域具有文化兼容性的度量、奖励和激励系统。

---

**文化影响**

在西欧的一家半导体工厂，有人听到团队成员对他们的美国教练抗议："我们不要T恤和咖啡杯！"

---

授权和信任"领导者—下属"关系，鼓励自我管理、自我组织和同行评审问责制都不容易通过虚拟网络传达，特别是当虚拟团队存在多元文化的时候。美国文化有以下特点：

- 容忍对上级的挑战。
- 容忍反群体的思维观点。
- 接受和鼓励扁平化组织。
- 积极反对一切形式的歧视。

但是其他文化有不同的价值观，对这些事情的尊重程度也不同。

因此，尽管越来越有效和高效的电子网络能力可以克服时间和距离的限制，但人的因素仍然是最重要的。每个人的列表中都应该具有如下参数。[23]

- **时间和距离**：尽管有电子沟通渠道，时间和距离还是会在创造力、构建、生产和想法的交流中产生偏差和间断。总体来说，这些会导致整体上更慢的速度和更长的时间，这可能是项目管理办公室在规划迭代和发布中要考虑的最重要的风险之一。
- **生活方式、文化、语言和距离**：这些都抑制了柯维所说的信任账户的快速积累，因此需要额外的时间、努力和机会来克服这些障碍和惰性。牛顿第一定律适用：如果没有受到额外的、坚定的力的干扰，事情将会继续下去，没有改变，没有改进。[24] 而这种行为与精益相悖；它们增加了前面讨论的速度问题，并且导致了更大、更普遍的开销成本，在计划中也必须考虑到这一点。

- **身份被打乱**：人们有一个物理空间和一个本地身份，但随后他们被期望有一个虚拟身份，并出现在虚拟空间中。在某些情况下，可能出现必须在接近实时的情况下管理两个身份的情况。物理空间可以成为私人空间；虚拟空间更加开放，也更加脆弱。这些差异可能导致紧张或分心，所有这些都会增强不一致性。

- **休息时间是什么时候？** 一些虚拟团队可以利用世界时钟并持续工作。但这意味着问题和事件无时无刻不在发生。24 小时工作制真的符合敏捷原则第 8 条所述的可持续的工作节奏吗？

| 项目管理提示 | 虚拟团队 |
|---|---|
| | - 虚拟团队可以并且确实也在工作，但是在团队失败中发现的问题将被放大并变得更加尖锐。<br>- 需要规划额外的工作来指导和培训团队成功。<br>- 需要假设团队的开发速度会比同类非虚拟团队低，成本也会高，直到虚拟团队获得了和本地团队一样的工作能力。 |

### 8.4.5 思考与讨论

几乎每个企业级项目中都存在虚拟团队，因此速度较慢和额外的开销会削弱虚拟团队本身的优势。你认为你能做些什么来弥补这些损失？

## 8.5 敏捷领域的矩阵管理

有人说矩阵的组织方式和敏捷是天生不兼容的。

## 8.5.1 目标

- 检验矩阵管理实践和敏捷是如何兼容的。

项目有几种运作模式,它们可以是敏捷的,也可以是其他方式。《项目管理知识体系指南》第 2 章阐述了最常见的模式。[25] 敏捷团队的项目经理感兴趣的是矩阵,因为它有可能影响长期的绩效团队单元的概念。

## 8.5.2 矩阵的属性

管理矩阵是一个有两边的网格,一边是项目,另一边是职能部门。交叉点代表共同责任的交集。

| 项目管理提示 | 矩阵引入了冲突 |
| --- | --- |
| | • 矩阵管理引入了蓄意冲突。<br>• 交叉点的竞争是冲突的根源。<br>• 冲突管理薄弱的组织应该避免矩阵。 |

交叉点也可以表示单个团队成员的两个上司的交点。每个上司都期待忠诚、承诺和责任,对大多数人来说这是一个艰巨的任务。减少冲突需要总经理做出决定:是项目还是职能组织占据主导地位?有时这是一个相当艰难的决定,但业务必须继续下去。在敏捷领域,实际上只有一个实用的答案:绩效团队必须优先拥有有意义的吞吐量基准。

按照惯例,项目在矩阵的顶部,以垂直列的方式排列在项目管理办公室下面。职能组织放在左侧,用从职能经理延伸来的水平行表示,如图 8-4 所示。

当开始一个新的敏捷项目时,要设计一个管理矩阵,列出项目和组织的所有管理职责。然后根据运作模型将职责分配到矩阵的每一边。运作模型通常采用以下两种形式中的一种,但首选第一种,因为所有的项目职责都由项目经理承担。

1. 职能经理是资源供应者,负责为项目提供人员。
2. 职能经理是项目的承包者。职能经理对团队绩效负责;本质上是形成绩效团队,他们是项目办公室的签约单位。

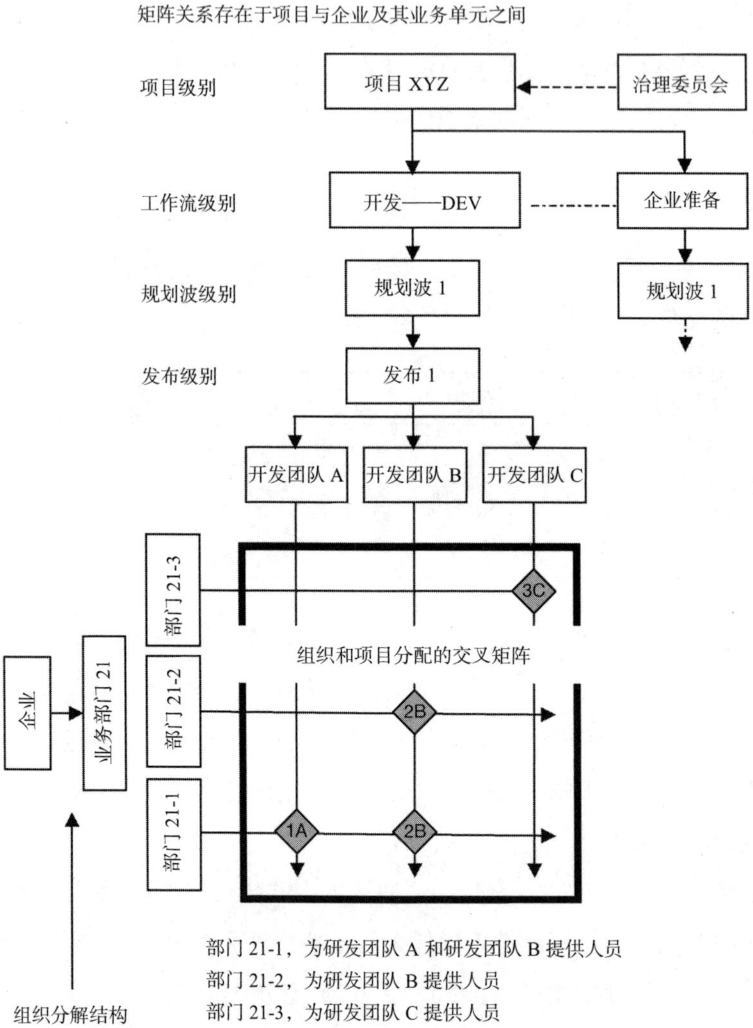

210　Project Management the Agile Way

矩阵关系存在于项目与企业及其业务单元之间

项目级别　项目 XYZ ←-- 治理委员会

工作流级别　开发——DEV ---- 企业准备

规划波级别　规划波 1　规划波 1

发布级别　发布 1

开发团队 A　开发团队 B　开发团队 C

部门 21-3　　　　　　　　3C

企业　业务部门 21

部门 21-2　　　2B

组织和项目分配的交叉矩阵

部门 21-1　1A　2B

组织分解结构

部门 21-1，为研发团队 A 和研发团队 B 提供人员
部门 21-2，为研发团队 B 提供人员
部门 21-3，为研发团队 C 提供人员

图 8-4　一般的矩阵

经过深思熟虑的分配，相同的职责不会出现在矩阵的两边。因此，责任并不重叠，那么为什么它们要相互竞争并产生冲突呢？答案是使命不同。

> **不同使命下的矩阵管理**
>
> 矩阵的每一方管理者的使命是不同的，因此，每一方管理者对利益的共同交集的优先级判断也是不同的。

一方面，项目使命是满足迭代时间线，全体人员必须到位；另一方面，职能经理使命可能是员工发展。职能经理可能有一个和薪酬挂钩的关键绩效指标，以确保在预算时间内花费最少的技能培训时间。处于交叉点上的团队成员不可能同时在两个地方——项目和培训。因此，需要打破僵局。

如果矩阵的每一边都是不同的机构，那么刚才描述的情况就更糟了。例如，在一些合同约定的情况下，一个绩效团队是由来自两个机构的人员混合组成的，这两个机构位于同一地点或者在其他方面看似都是透明的一个团队，但是机构特权有时会介入并引发冲突。

### 8.5.3 作为敏捷管理工具的矩阵管理

矩阵管理是风险管理的一种形式。

1. 成本是一个可以控制的风险。项目不再需要的团队成员将会被重新回流到职能团队中，从而减轻了项目的成本。

2. 资源供求是管理的第二个风险。职能经理通过展望规划范围来预测可能的需求，然后管理供应。在较大的组织中，职能经理负责招聘人员来替换离职员工，规划和执行技能培训，并寻找能提供相关技能的合同工。

职能经理通常负责满足和维护外部权威机构（如国际标准化组织）颁发的技能认证。为此，职能经理要确保培训、灌输和应用原则与实践的一致性。

### 8.5.4 敏捷团队自己招募成员

所有的敏捷方法都是在团队成员具有高度积极性、熟练的技能和经验的情况下最有效。所有敏捷方法都认可这样的理念：团队招募成员，而不是将成员分配给团队。招募成员根据的是他们的特定技能和能力，而不仅仅是因为他们可以被分配到团队中。

任何大的群体都会有一个绩效的正态分布，一个看起来像钟形曲线的分布，钟的中心是平均值。并不是每个人都是出类拔萃的，事实上有一半的开发者能力低于平均水平。[26] 不是每个团队都能从最高的百分位数中招募自己的成员，因为根本就不会有足够的顶级人才存在。

分配和招聘符合企业的惯例。即使在优化之后，团队也将由不同能力和级别的人员组成。幸运的是，敏捷团队的设计是为了分散个体的绩效风险。以下是常见的缓解方法：

- 进行交叉培训来创造团队技能冗余。
- 采用结对编程来强化好的质量。
- 进行同行评审，尽早发现问题和不一致之处。
- 进行速度基准测试，以掌握实际团队绩效；在经历了最初几次迭代之后重新进行基准测试。
- 为不可预见的偏差规划迭代缓冲。
- 设定劳动力损失计划。

| 项目管理提示 | 不是所有人都是明星 |
|---|---|
| | • 计划面对现实，并不是每个人都是最佳执行者。坚定的努力往往能克服技能上的不足；参见 David 和 Goliath，以及 1980 年美国奥运会曲棍球队的记录。[27] |

### 8.5.5 思考与讨论

矩阵思想当然是一种传统的管理实践。有些人说它在敏捷方法中不适用，因为它不是"精益"的，涉及多个管理者；而且在敏捷方法中团队成员都是被招募的，但矩阵管理存在机会主义的分配。你对这些批评有什么看法？在大多数情况下，它们是对的还是错的？

## 8.6 小结

本章的主题是能够自组织并且致力于频繁的增量发布的小型团队,小型团队是敏捷方法的基本绩效单元。

在 8.1 节中,我们讨论了团队是一种社会结构,在这种结构中,所有的成员都为实现一个共同的目标而单独工作和相互协作,而这个目标只有通过每个成员的共同努力才能实现。

在 8.2 节中,我们知道每个团队都有一套价值观和原则,但最重要的是信任。如果你不相信你的队友不仅想着他们自己的利益,而且也时刻想着你的利益,那么就不会有真正的团队合作。

在 8.3 节中,我们提出了这样的观点:在敏捷领域中,团队是基本的组成单元和绩效单元。主要绩效参数是速度,即对吞吐量的度量。为了实现规模,团队形成网络。团队的团队管理网络并确保团队之间的协调和合作。

在 8.4 节中,我们探索了一些团队成功或失败的观点。除了信任,成功团队的主要障碍是缺乏有说服力的使命,以及缺乏清晰的行动和结果的边界。成功的团队首先是因为有信任,其次它的成员相信使命,并且得到了公司的支持。奖励和报酬应该在团队层面。团队薪酬与大多数在个人层面进行薪酬设计的人力资源管理原则不一致。

在 8.5 节中,我们讨论了在更大的组织中,某种形式的矩阵是不可避免的。矩阵负责协调项目使命和职能团队的管理使命。

最后,团队能运作并产生卓越的结果。敏捷方法之所以奏效,是因为团队能出色地完成工作。

## 8.7 本章注释

1. Lencioni, *The Five Dysfunctions of a Team: A Leadership Fable*, vii.
2. Sherif, Muzafer, and Sherif, *An Outline of Social Psychology*, 143-180.
3. Katzenbach 和 Smith 在 *The Discipline of Teams*, 81(2):111-120 中描述了团

队应该被认为是一个绩效单元的观点，虽然他们没有用速度和敏捷方法的术语。该文报道了一些初步研究，后来发展为他们于 1994 年出版的 *The Wisdom of Teams* 一书。

4. Tuckman, *Developmental Sequences in Small Teams* 384-399。塔克曼（Tuckman）后来于 2001 年在重印 1965 年的文章中修订了其理论，加入了第 5 个阶段。*Group Facilitation: A Research and Applications Journal*, Issue #3, Spring 2001.

5. Wikipedia, *Forming-Storming-Norming-Performing*.

6. Katzenbach and Smith, *The Discipline of Teams: A Mindbook-Workbook*, 4.

7. Henderson, Cohesion, *the Human Element in Combat*, 4.

8. Hersey, Blanchard, and Johnson, *Management of Organizational Behavior*, 173-174.

9. Lencioni, *The Five Dysfunctions of a Team*, 43, 195.

10. 参见文章 Alistair Cockburn 在 http://alistair.cockburn.us/Personal+safety 的 "Personal Safety"，它摘自 Cockburn, *Crystal Clear—a Human-powered Methodology*, 28.

11. Kimble, Li, Barlow, *Effective Virtual Teams through Communities of Practice*，Research Paper, 2000/9, 5.

12. Beck with Andres, *Extreme Programming Explained*, 18-19.

13. $N\times(N-1)$ 公式代表了 $N$ 个个体之间的沟通链路数量，当 $N$ 较大时，该公式等效为 $N^2$。例如，如果团队中有 5 个人，分别名为 A、B、C、D 和 E，那么将有 20 条独立的路径可用于在 5 个参与方之间进行沟通。A 可以和 B、C、D、E 对话，B、C、D 或 E 也可以反过来和 A 对话，这就有 8 条路径。但是如果在团队中加入 3 个人，就会有 56 条沟通路径。在每条沟通路径上的小摩擦将会迅速增长并消耗团队的生产力。

14. Project Management Institute, *A Guide to the Project Management Body of Knowledge* (PMBOK® Guide), 155-156.

15. 不能分解的计划的一个典型例子是 "9 个妇女不能在 1 个月内生 1 个小孩"。另外请参阅 Project Management Institute, *PMBOK® Guide*, 155-156 和 Brooks,

*The Mythical Man-month*, 16-18。

16. Robbins and Finley, *The New Why Teams Don't Work*, 4-8.

17. Coutu, *Why Teams Don't Work*, Interview with Dr. J. Richard Hackman, May 2009.

18. Robbins and Finley, *The New Why Teams Don't Work*, 49, 88, 130, 131, 185, 186, 188.

19. Hammer and Champy, *Reengineering the Corporation: A Manifesto*, 34-52.

20. Cockburn, *Characterizing People as Nonlinear First Order Components*," HaT Technical Report presented at the Fourth International Multiconference on Systems, Cybernetics, and Informatics.

21. 哈罗德·科兹纳（Harold Kerzner）的经典教科书《项目管理：计划、进度和控制的系统方法》的第 8 章给出了项目管理的出色论述。Robbins 和 Finley 的著作 *The New Why Teams Don't Work* 的第 11 章论述了从整体管理的角度看冲突管理。

22. Covey, *7 Habits of Highly Effective People*, 188-190.

23. 关于报道形式的优秀概述，请参阅 Kimble, Li, and Barlow, *Effective Virtual Teams through Communities of Practice,* Research Paper 2000/9。还有优秀的著作 Haywood, *Managing Virtual Teams: Practical Techniques*, 5-10.

24. 改编自艾萨克·牛顿爵士的著作，他在《自然哲学的数学原理》上发表了他的经典力学定律。

25. Project Management Institute, *A Guide to the Project Management Body of Knowledge* (PMBOK® Guide), 28.

26. 正态分布曲线是在平均值两侧对称分布的。总体的一半高于平均值，另一半低于平均值。

27. Malcolm Gladwell, *Highly Effective Underdogs*, 40-49.

# 第 9 章

# 治理

治理带来了秩序并增强了创新能力,利用企业的力量实现项目成果。

  我们总是高估未来两年的变化,而低估未来十年的变化。不要让自己陷入无所作为的状态。

——比尔·盖茨

  治理和一些敏捷原则看似矛盾,但事实并非如此。治理手段对于项目有序运行至关重要。如果没有治理,自适应性和演进式方法的优势就不能发挥出来,产品的功能被随意地堆砌在一起,使得操作效率低下、维护成本高昂,并且对客户和相关方不利。

  敏捷实践者同意治理是必要的。事实上,浏览 Web 会发现许多致力于促进敏捷治理的论文、博客和网站。敏捷方法论者已经深入构建治理实践中,如回顾性评审、时间盒和每日评审。

  治理应该致力于最大化项目的商业潜力,同时最小化影响商业绩效的风险。治理应该促进创新和富有想象力的解决方案,但要阻止偏离规范太远的行为。简而言之,治理的存在有五个原因,实际上这也是治理的使命声明。

| 治理的使命 |
|---|
| 1. 代表企业受益人监督和批准投资。 |
| 2. 规范决策权，使团队拥有自主和机动的自由。 |
| 3. 在架构和操作规范的框架内促进创新、演进和技术卓越。 |
| 4. 成为影响企业绩效和责任的风险的最终仲裁者。 |
| 5. 为遵守强制性标准提供责任制。 |

## 9.1 治理建立在质量原则之上

治理可以提升项目结果的质量。

### 9.1.1 目标

- 检查提升质量结果的治理要素。

### 9.1.2 治理授权

授权在这些质量原则中具有基础。

| 质量原则 |
|---|
| 1. 治理应与所涉数额成比例地应用。 |
| 2. 治理应该为使命和目标、范围界限、决策授权和决策权力提供清晰的说明。 |
| 3. 治理应该尊重辅助功能的原则：治理不应该干涉那些最好留给职能经理和项目经理的管理职能。 |
| 4. 治理必须是精益的、及时的和快速响应的，尊重敏捷原则，以提供足够但刚好足够的监督和控制来完成治理任务。 |

考虑以下几点：

1. 治理可以成为缓和监督及抑制官僚作风的工具，这是通过将权力授权给团队来实现的，这样团队就可以自己做出决定。

2. 治理可以对规范的行为给予奖励。有了规范，信任就会随之而来，而信任能够促进自我决策。

信任是精益治理的必要条件。如果不信任他人的行为，就会倾向于增加许多资源和过程步骤来进行检验和审查。最好的领导者被他们的追随者所信任，最好的团队被他们的领导者所信任。

领导力激发好奇心去质疑现状，寻找更好的方法；领导力激发创新。信任的组织也是安全的组织。信任和规范的真正好处是可以安全地从事真正创新和有趣的任务。[1] 在敏捷领域，安全扩展了边界；更宽的边界常常带来新的发现和触手可及的挑战性机会，增加竞争回报。

在其最佳形式中，治理为项目管理者及团队管理者授予决策及相关行动的权利。

### 9.1.2.1 利用授权

所有治理系统都代表项目来使用企业的力量。在处理商业论证时，这是最真实的。创新的产品和服务、Kano 图里具有魅力属性的卓越技术和高效客户服务带来的投资回报是投资额的多倍。治理使平衡计分卡里的活动合法化，如支出和资源承诺、研发及持续改进。不要忽视这样一个事实：资金来源总是掌握在高管和相关方手中。高管和相关方都会对项目进行批准和约束；他们会放松资金限制，为经过深思熟虑、专业管理和客观治理的项目提供资金。

### 9.1.2.2 决策权授权

决策权在公司的政策里有明确的说明，治理可以构想和执行这些政策。尽管听起来很奇怪，但治理实际上可以通过明确地将决策权下放到项目中以使组织摆脱困境。

治理可以处理组织中各方之间的冲突，组织冲突和混乱会制约行动。组织中相关各方都会本能地保护自己的利益，他们只促进那些符合他们利益的项目。治理提供了客观的仲裁，以实现各方之间的平衡。

有目的的决策有助于有效的项目管理。混乱会削弱权力；不可避免地会出现重叠、矛盾、负担不起或不一致的选择。但有效的治理提供了明确、指导和直接行动的决策。

#### 9.1.2.3 领导力授权

治理机构根据当前的环境来实践情景领导。所有形式的领导力都会激发、鼓舞和鼓励行动。在治理委员会的主持下，可以为研发、原型制作、实验和建模提供资金和支持。新的想法可以在早期提出，风险可以通过方法和实践（如第1章所述的螺旋模型）在合理的范围内管理和控制。

### 9.1.3 一些机制是必需的

一些治理机构、政策、标准和认证是不可避免的。常见的例子有：GAAP 或 Sarbanes-Oxley 法案给出的财务治理，自愿遵守 CoBIT 或 ITIL 提供的信息技术治理，以及 ISO 监督的质量认证。[2] 这些机构和政策显然不是敏捷的。

然而，如何在敏捷项目里应用治理由组织自己决定；治理可以是尽可能小的，也可以是尽可能大的。治理机构为组织的管理者提供服务。究竟有多少监管才足以保护他们的利益，实际上取决于这些管理者。

#### 9.1.3.1 操作元素

为了使治理有效地工作，需要四个操作元素：
1. 有效传播指导和指南的政策模型。
2. 能够决策备选方案和客观地做出最佳价值决策的管理框架。
3. 行使决策权和情景判断的协议。
4. 满足业务委员会和高级管理人员监督职责的责任机制或方案。

这四个要素都将在下面的章节中展开讨论。

#### 9.1.3.2 治理的政策模型

政策使有效治理成为可能。如果没有政策机制来提供指导及确定边界，管理者就会自己填补这一空白。一家企业也许能够在政策真空中经营，但这样做意味着每一个重大决策都没有先例可以参考。经验表明，这样做更有效：

- 只建立那些确定行为界限所必需的政策。
- 提前制定政策。
- 建立高水平的政策。
- 允许特定扩展和解释填写操作细节。

好的政策是简短的、明确的、与业务相关的、随需应变的，并且能够在业务上得到扩展。如表 9-1 所示，有效的政策要有企业高管层的支持。一个框架拥有所有的政策工具。根据部署计划主动部署，主动跟踪遵从性。表 9-2 为政策的一个例子。

表 9-1 政策属性

| 政策特征 | 含义和意图 |
| --- | --- |
| 章程 | 最高级别的政策应得到本组织高级管理人员的批准和认可。组织里的所有人都要遵从政策 |
| 框架 | 各职能部门应维护一个治理相关文件的政策库。应在政策交叉引用中识别和管理各域之间的依赖关系 |
| 部署 | 应在每个职能部门的成员之间制订和实施治理政策的沟通和部署计划。政策应该可以通过组织网络或其他方式方便地提供给所有参与者 |
| 符合性 | 应积极管理符合性衡量和责任 |
| 业务相关性 | 必须维护政策。随着商业和商业环境的变化，政策也必须改变。业务部门应扩展高层政策，以纳入运营细节。本着持续改进的精神，应提供一种接受反馈和对好想法采取行动的手段。应鼓励政策接受方明确政策的含义 |

表 9-2 政策示例

| 政策组件 | 含义和意图 |
| --- | --- |
| 主题领域 | 信息技术资产 |
| 政策声明 | 应用程序、系统、基础设施和数据将在业务部门之间共享，以最大化其商业价值<br>- 经批准后允许个别的例外<br>- 非常不鼓励例外 |

| 政策组件 | 含义和意图 |
| --- | --- |
| 政策目标 | • 通过降低业务部门互操作性和功能协调的成本，提高业务运营效率<br>• 减少未经认证的系统和数据带来的业务效能和符合性风险<br>• 提供灾难恢复，确保完整性，保护系统和数据的机密性<br>• 确保业务系统的可靠性和可用性 |
| 推广应用 | • 适用于所有业务部门<br>• 向所有经理和团队管理人员传播<br>• 在公司内部网上提供 |
| 符合性 | • 所有系统和数据都必须遵从该政策，非办公用的个人电脑应用除外<br>• 每年由经理认证符合性 |

| | 项目经理的决策方针 |
| --- | --- |
| 项目管理<br>提示 | • 最简单的决策策略是，总是根据风险加权因子的集合值做出最优价值决策。<br>• 在决策备选方案时，选择最有利于业务的备选方案，即使它对项目的结果不是最优的。 |

#### 9.1.3.3 管理框架

治理是在保护客观性和独立性的项目边界之外执行的管理。客观性和独立性在决策中建立了公平竞争和信任。

组织的管理层设置和授权治理委员会来进行管理。治理委员会还可以包括独立的架构委员会和业务筹备委员会，架构委员会负责维护被治理系统、产品的一致性架构，业务筹备委员会代表用户、客户和相关方。

| 治理委员会的使命 |
| --- |
| • 治理委员会是五点（Five-Point）治理使命的执行机构。<br>• 委员会每天都会检查每个商业论证，并根据组织的目标、战略和惯例做出项目 go/no-go 的决定。 |

为了精益，治理委员会对于 0 级商业论证可能只涉及一到两个人。0 级的决策可以通过电子工作流进行管理，这样的流程控制系统可以节省时间和金钱，并保存决策记录。在第 1 级或第 2 级，需要更多的详细说明。回顾一下治理与所涉数额成比例应用的原则：总投资、客户影响、收益实现和业务绩效。

派往治理委员会的工作人员体现使命的细节。工作人员的人数不如他们的技能和权威重要。与团队成员一样，委员会成员被招募是因为其敏锐的商业知识、对客户的熟悉程度、对技术的舒适度和分析能力。委员会不能对政治充耳不闻。政治技能是执行决定和获得支持所必需的。

大多数治理委员会都是事件驱动的，这意味着它们在事件需要关注时采取行动，而不是定期开会。本着敏捷方法的精神，治理委员会的审议工作受到时间盒限制。

治理框架由治理委员会负责。框架提供了表 9-3 中给出的服务和功能。

**表 9-3 治理的管理和政策框架**

| 框架组件 | 说　　明 |
| --- | --- |
| 机制和服务 | • 提供发布、批准、维护和访问对象（主要是文档）的方法<br>• 提供文档存储库，管理签入/签出<br>• 提供基于网络的文档，通常是政策和决策文档，通过工作流发送以供批准，并在批准后可在内部网站上访问<br>• 通过搜索内部网络，方便访问政策和决策 |
| 商业论证的政策支持 | • 定义并建立 0、1 和 2 级商业论证的参数<br>• 使用工作流执行商业论证的提交、批准和维护<br>• 定义并建立审批机构和审批流程 |
| 项目符合性验证 | • 执行"跳闸线"功能，跟踪政策要求的符合性[1]<br>• 通过 Web 表单的数据输入和检索，使遵守、跟踪和报告符合性变得容易 |
| 验证其他职能符合性，如 IT 和财务 | • 根据政策指令强制遵守政策<br>• 利用功能来发布、批准、维护和访问<br>• 通过 Web 表单的数据输入和检索，使遵守、跟踪和报告符合性变得容易 |

续表

| 框架组件 | 说　　明 |
| --- | --- |
| 政策库的安全性和完整性 | • 根据安全策略和实践管理对内容的访问和修改<br>• 对创建、读取、修改和删除文档强制认证和授权 |

1　"跳闸线"功能是由治理委员会设置的一个条件，如果条件变为真，将导致一些治理行动启动。跳闸线可以围绕财务参数、里程碑或某些功能需求进行设置。在某些情况下，可以在客户的计分卡周围设置跳闸线。

#### 9.1.3.4　决策权协议

有效的治理将其决策指令和限制嵌入协议中。决策协议规定了参与决策的每个人的权利、责任和规则。

决策权规定了谁可以成为决策者，他们可以决定什么，以及在各种情况下他们投入多少资源。下面是三个例子。

1. 发起人权利：发起人批准商业论证。根据每一级别的投资、影响和预期收益，将三个级别（0、1和2级）的商业论证的决策权分别授予项目发起人。

2. 项目管理权利：项目经理管理绩效、责任和成就。项目经理有权影响绩效，坚持责任制，并进行干预以纠正低效和无效的做法。

3. 团队权利：团队管理需求和日常实践。团队有权选择待办事项列表里的需求、设置优先级及对生产特性和功能进行排序。团队管理自己的实践，并决定哪些实践适用于这种情况。

权利与责任同在。决策者负责：

- 遵循治理制度的决策规则。
- 及时决策。
- 支持执行决策的团队。
- 对结果负责。

协议是基于规则的。规则使人有秩序；规则使人能在远处做出决定。表 9-4 列出了一些更常见的规则。决策者被多次提及，表 9-5 解决了他们决定什么及影响什么级别商业论证的问题。

表 9-4 决策规则

| 规则 | 说明 |
|---|---|
| 所有决策都尊重商业论证中给出的项目价值主张 | • 业务和客户的声音在商业论证中得到了倾听<br>• 资金限制、里程碑和产品愿景来自商业论证<br>• 平衡计分卡通过商业论证体现出来，它代表每个发起人对项目的承诺 |
| 支持结果的决策比支持实现计划的决策更受欢迎 | • 满足客户比满足计划的具体要求更重要<br>• 规则假设计划与预期结果之间存在非价值差距，因此计划对客户来说不是最佳的 |
| 所有的决定都是道德的、合法的，并且符合监管和政策的限制 | • 每个决策者对所做决策的质量负责<br>• 这一规则表面上似乎是客观的，但解释往往使问题复杂化 |
| 所有的决策都将被评估风险；不利的可能性将在决策者的决策权范围内 | • 每个项目决策都涉及风险；财务风险通常采用现金流量折现法进行评估<br>• 风险负面影响的严重程度不能超过决策者的权限 |
| 在其他同等的备选方案中做出的决策将有利于企业的最佳价值 | • 最佳价值总是包括对客户的考虑 |

表 9-5 决策者

| 决策者 | 决策范围 | 影响的商业论证级别 |
|---|---|---|
| 高管团队 | • 最高级别的战略和目标<br>• 为 1 级以上的商业论证提供资金支持<br>• 具有战略影响的人事决策<br>• 影响高层战略和目标企业之间的关系<br>• 基于战略基准的下一步行动 | • 2 级的商业论证<br>• 执行战略和目标的关键 1 级商业论证 |
| 治理委员会及架构委员会 | • 与遗留业务实践、遗留系统和前瞻性路线图的一致性<br>• 战略技术、新产品方向<br>• 基于计分卡和基准的战略步骤<br>• 投资组合排序<br>• 有限资源的优先权 | 所有级别的商业论证 |

续表

| 决策者 | 决策范围 | 影响的商业论证级别 |
|---|---|---|
| 职能经理 | • 对新活动的资源承诺<br>• 变更管理以吸收新成果<br>• 基于计分卡和基准的后续步骤 | 所有级别的商业论证 |
| 项目经理 | • 估算新的或变更的活动<br>• 适用于团队级别活动的过程及度量<br>• 基于计分卡和基准的后续步骤 | 所有级别的商业论证 |
| 小组组长 | • 对新的或者变更的活动估算投入<br>• 适用于小组级别活动的过程及度量<br>• 为每个小组活动分配资源 | 所有级别的商业论证 |
| 主题专家 | • 为解决特定问题而采取的战术步骤 | 所有级别的商业论证 |

#### 9.1.3.5 责任制

责任制意味着对结果负责。良好的结果需要遵守治理方向和指导。符合性的最佳证据是客户对产品结果的满意程度。

但是必须收回投资，并为其他受益人提供服务。在平衡计分卡上实现关键业绩指标是成果责任制的次佳证据。

提供认证的外部机构需要符合性证明。对从计分卡、仪表盘、工作流记录和其他工件收集信息的审计提供了性能证明。

在本章的下一节中，我们将更详细地讨论符合性。

| 项目管理提示 | 商业论证的责任制<br>• 有效的责任制度量总是包含结果度量。<br>• 避免对投入消耗和活动的度量，如资金和时间；将治理的重点放在产出和有益的结果上。 |
|---|---|

### 9.1.4 思考与讨论

在没有政策的情况下进行治理，需要在前进的过程中弥补政策。在政策背景下的治理就是授权。你同意这些说法吗？为什么？

## 9.2 治理验证符合性

符合性验证：任何治理范式的测试。

### 9.2.1 目标

- 讨论并解释计分卡作为治理的工具。

### 9.2.2 结果的计分卡和基准

在敏捷领域，结果是周期性和增量的。在敏捷计划—执行—检查—行动（PDCA）周期的检查—行动部分，有机会审核对标准、法规和惯例的符合性，并分析计分卡和仪表盘上的成果。

- 计分卡是成果的快照：计分卡数据是暂时的，意味着对时间敏感；出于治理目的，里程碑的数据快照通常足以显示治理目标是否正在实现。例如，一些计分卡信息描述了治理委员会为指导项目绩效而建立的基准绩效。
- 仪表盘是信息门户：这些门户不仅提供临时计分卡，还提供固定信息。一些固定的信息，如标准的部署时间和方式，可能有助于证明符合性。

当存在与技术可行性、基础设施性能或架构相关的风险时，架构委员会可能需要技术基准。技术基准通常嵌入一个被称为技术性能测量（Technical Performance Measures，TPM）的过程中。TPM 预期对技术成果进行定期测量，将成果与基准进行比较，然后采取行动减少偏差。

团队生产力数据、质量度量和产品性能结果是典型的技术基准。敏捷项目有助于基准管理和 TPM，因为频繁的交付提供了许多评估点，提供了支持趋势线和预测的数据，并逐步朝着 TPM 目标发展。有足够的时间在一系列结果的情况下积累经验。

### 9.2.3 黑盒模型的精益计分卡

在考虑计分卡在商业论证治理中的效用时，我们使用项目的黑盒模型：

- 该项目已完全封装。

- 内部机制不可见。
- 具有定义的功能和技术性能的接口接受资源和触发器，返回或交付经过处理的结果，并接受治理控制和环境支持。

关于这个概念的可视化描述如图 9-1 所示。在每个输入和输出端，都有预期值和实际值。在这四个数据元素中，可以计算偏差和效率。回想一下，偏差是两个数据之间的比较差值，效率是两个数据的比率。

对于外界来说，项目是一个黑盒，项目绩效是基于它的接口、输入和输出进行评估的

| 计分卡 | | 里程碑 | | | |
| --- | --- | --- | --- | --- | --- |
| 来源 | 度量 | 1 | 2 | 3 | 4 |
| 企业 | 可用投资 | 10 | 15 | 15 | 12 |
| 项目 | 消耗的资金（输入） | 9 | 15 | 16 | 12 |
| 计算 | 资金的偏差 | 1 | 0 | −1 | 0 |
| | 资金的效率 | 111% | 100% | 94% | 100% |
| 企业 | 期望的结果 | 5 | 7 | 7 | 6 |
| 项目 | 实际的结果 | 4 | 7 | 8 | 6 |
| 计算 | 结果的偏差 | −1 | 0 | 1 | 0 |
| | 结果的效率 | 80% | 100% | 114% | 100% |

图 9-1　黑盒模型的精益计分卡

作为一个简单的例子，看看图 9-1 中给出的计分卡。度量单位是任意的，但在大多数情况下，它们的上半部分是美元，下半部分是故事点。计分卡上半部分的计算是测量项目消耗，下半部分的数据显示了项目结果。在实际项目中，比较上下部分的偏差和效率以持续改进预测和基准是有指导意义的。

在考虑效率时，目标始终是比率为 1.0 或更大，这意味着达到或超过了预期。

遗憾的是，100%是一个很难达到的基准。由于各种原因，经常会有一些损失将效率拖到 100%以下。在每次迭代和发布之后，在做"检查—行动"的回顾时检查效率和偏差的原因以寻找改进的机会。

### 9.2.4　思考与讨论

作为治理工具的计分卡强化了对结果负责的敏捷理念。在你经历过的项目中什么计分卡是常见的？你认为它们是治理工具还是仅仅作为沟通进展的一种手段？

## 9.3　小结

本章的主题是治理带来秩序和推动创新，利用企业的力量来实现项目的目标。

在 9.1 节中，我们发现治理建立在质量原则的基础上，并可以促进质量结果。治理体系的目标是致力于最大化项目的商业潜力，同时最小化业务绩效的风险。治理应该鼓励创新和富有想象力的解决方案，但要阻止偏离企业规范太远的行为。简而言之，治理体系的存在有五个原因：

1. 把投资与商业价值和结果联系起来。
2. 规范决策权。
3. 在架构和操作规范的框架内促进创新、演进和技术卓越。
4. 管理影响企业绩效和责任的风险。
5. 为遵守标准提供责任制。

有四项原则来指导治理的有效实施：

1. 治理与所涉金额成比例地应用。
2. 治理应该清晰地说明已批准项目的使命和目标、范围界限、决策权利。
3. 治理应尊重辅助功能原则；治理不应该干涉下属部门的职能管理。
4. 治理必须是精益的、及时的和快速响应的，尊重敏捷原则，以提供足够但刚好足够的监督和控制来完成治理的使命。

为了使治理有效地工作，需要四个操作元素：

1. 政策模型。
2. 能够决策备选方案和客观地做出最佳价值决策的管理框架。
3. 行使决策权的协议，协议使决策者能够对估算进行判断并根据事实客观地做决策。
4. 满足商业委员会和高级管理人员监督职责的责任制机制。

在 9.2 节中，我们了解到计分卡和基准为验证提供了数据。每个治理系统都会在结果上进行闭环。毕竟，获得有利于客户和企业的结果才是规范绩效的动力。

## 9.4 本章注释

1. 安全组织的概念在以人为本的 Crystal 方法中是一个重要的概念。参见 *Crystal Clear—A Human-powered Methodology*, 28。

2. 美国通用会计准则（Generally Accepted Accounting Standards，GAAP）由美国财务会计准则委员会（Financial Accounting Standards Board，FASB）管理。萨班斯—奥克斯利（Sarbanes-Oxley）是美国的法案，它设立了报表和对财务报表的准确性进行认证的标准。另请参见 COSO，它是符合萨班斯—奥克斯利法案的首选模型。信息及相关技术控制目标（Control Objectives for Information and related Technology，CoBIT）是一组由 IT 治理研究所（IT Governance Institute）管理的信息技术治理实践。信息技术基础设施库（Information Technology Infrastructure Library，ITIL）是指由英国政府开发的 IT 实践。国际标准化组织（International Standards Organization，ISO）致力于在 ISO 9000 标准下提高质量。

# 第 10 章

# 价值管理

敏捷项目根据客户需求的优先级通过可负担的、周期性的、增量的方式交付产品来积累价值。

> 如果客户不满意,他可能不想为我们的努力支付费用。如果客户没有成功,他可能无法负担我们的支出。如果他没有比现在更成功,他为什么要付钱呢?
>
> ——尼尔斯·马洛托(Niels Malotaux)

在敏捷领域,价值总是以企业和客户为中心。敏捷理论认为,企业和客户最清楚什么对自己最重要。[1] 在敏捷领域,价值随时间积累——根据优先级和收益将产品功能和特性通过版本迭代的形式添加到产品基础上,而这些优先级和收益在每个迭代开始前都会得到客户的重新评估。积累的价值就是赚取的价值。当待办事项列表完成时,敏捷项目就增加了价值。

---

**价值获得**

对项目计分卡而言:
- 每一个待办事项列表内容(故事、用例、需求)都是一个实体,在其完成时会获得价值。
- 当发布包与产品基础集成并发布到生产时,每个发布包都会获得价值。

> 对企业计分卡而言：
> - 项目上线会为企业带来价值。

## 10.1 定义和计算价值

价值：当我看到价值时才能了解价值。

### 10.1.1 目标

- 检验与价值相关的各种定义或概念。

### 10.1.2 价值的定义

敏捷就是给予客户/用户许可来驱动价值主张。我们认为价值定义的两个质量都以客户为导向：

1. 品味价值（Esteem Value），产品令人愉悦而不只是执行功能。
2. 使用价值（Use Value），产品功能按照预期工作和执行。

以正确的经济性、在正确的平衡中正确地获得这两个质量，是我们这个时代价值质量的挑战，也是敏捷方法的核心。实际上，除了将敏捷作为方法，一种商业模式已经围绕这一挑战成长起来，这种模式被称为设计思维。[2]

然后是价值满足，或者说是伴随着一个好的价值而来的满足。一般来说，当质量超过价格时，价值就满足了。也就是说，结果达到或超过了预期，价格似乎是公平的。

当然，价值需要有需求及解决需求的意愿，意愿与能力、实力相结合。把所有这些放在一起，就可以直接得出一个永恒的价值定义：这就是客户愿意支付的价格。由此得出的结论很简单：如果很少有人愿意支付，那么这种价值就不具有支配性或强制性。[3]

| 项目管理提示 | 实现价值的方法 |
|---|---|
| | - 必定存在那些值得支付的价值——价值要锚定客户需求。 |

| 项目管理提示 | • 质量在很大程度上满足使用价值和品味价值。<br>• 结果达到或超过预期。 |
|---|---|

### 10.1.3 客观的度量

价值有客观的度量方法。

- 投资价值或价值成本：生产令人满意的可交付产品的最低可能成本。
- 挣值：已完成并交付的计划价值中的一部分，称为挣值。
- 燃尽的价值：完成代表着燃尽。团队燃烧掉待办事项列表，通过交付产品而创造价值。在敏捷中可以作为挣值的概念使用。
- 效益价值或经济价值：由内部客户或外部客户支付给企业的效益流而形成的现值。
- 最佳价值：正如第 1 章所述，基于可用资源提供尽可能大的项目范围，最大限度地优化企业效率、重视并及时响应客户的紧急需求。
- 免费价值：以零价格交付的价值。该价值要么是因为生产的边际成本几乎为零，就像软件的复用能力一样；要么因为生产者赚钱，但不是直接从终端客户，而是从诸如广告支持服务中获取收益。[4]

| 价值区分 |
|---|
| 价值成本和最佳价值之间难道没有区别吗？<br>有的。简单的订单输入功能的价值成本或投资价值可能非常大，而且每年都需要更多的成本来维护，但是对于想要购买系统的客户来说，简单的订单输入功能可能是一个最佳价值，它仅仅是投资价值的一小部分。<br>• 使价值成本或投资价值与最佳价值相一致，需要规模经济。<br>• 规模经济需要大规模的精益实践，小规模的精益实践是无法实现的。<br>• 生产规模逐渐从许多客户那里收回开发、生产、分销和维护成本。 |

### 10.1.4 价值核算

有三种常用的实践来核算价值：成本核算、吞吐量核算和挣值核算。完成百分比不算。

> **核算实践**
>
> - 在所有方法中，无论是敏捷方法还是传统方法，都要注意各种形式的成本核算。
> - 许多传统的方法都应用了某种形式的挣值，敏捷也是如此，尽管敏捷团队使用的术语是燃烧待办事项列表。
> - 与传统方法相比，吞吐量核算更适合敏捷方法，因为它关注的是增加的价值，而不是总成本。

在第 4 章中，我们讨论了瀑布中的敏捷。在同一项目中，方法的结合或方法的共存可能使所有这些核算方式以一种或另一种形式发挥作用。

#### 10.1.4.1 成本核算

成本核算是评估项目现金流或资源消耗的传统方法。它的特点是预算预测和对该预算中的每项费用（或每小时）的核算。用敏捷的话说，成本核算就是投入核算。它对投入预算的消耗方式进行度量。

但成本核算是严格输入型度量，没有面向客户的价值度量指标。

> **成本核算重点**
>
> 重点是尽量减少开发和生产的费用，以便收回投资。

如果满足这三个条件，就可以获得优化投入消耗的价值：

- 经营费用（以资金或时间计算）不超过经营预算。
- 货币化的项目成本和收益现金流的净现值为正。
- 现金承诺的经济附加值也为正。

#### 10.1.4.2 吞吐量核算

吞吐量核算关注团队为项目之前预想的价值基准所增加的价值。前面的章节定义过吞吐量，它是在一个开发迭代或一个发布中交付的产品。在敏捷项目中，吞吐量参数类似于速度，以每个迭代完成的故事点来度量。[5] 换句话说，吞吐量和它的近亲——速度,都是生产速率的度量。

项目之前的机会和现状通常有一些内在的价值。例如,在构思但未实现的新思想,现有但未更改的遗留功能,以及优先处理但未解决的错误列表。内在价值激励企业进行一些投资以定义机会、估算收益的可能性、确定相关方群体,并开始沿着图 2-2 所示的 V 形向下移动。一旦项目开始发布,价值就产生了。

| 吞吐量价值收益 |
| --- |
| 在货币术语中,吞吐量收益本质上是与发布相关联的收益流的现值。因此,吞吐量核算是计算对企业增加的价值。 |

收益先收回初始投资。此后,收益增加的价值则超过了初始投资。

| 项目管理提示 | 核算重点<br>• 吞吐量核算计算增加的价值,而成本核算计算投资费用的边际收益。图 10-1 描述了该观点。[6] |
| --- | --- |

吞吐量核算关注的是输入机会和输出可交付成果之间的增值差异
项目运营费用被认为是固定成本

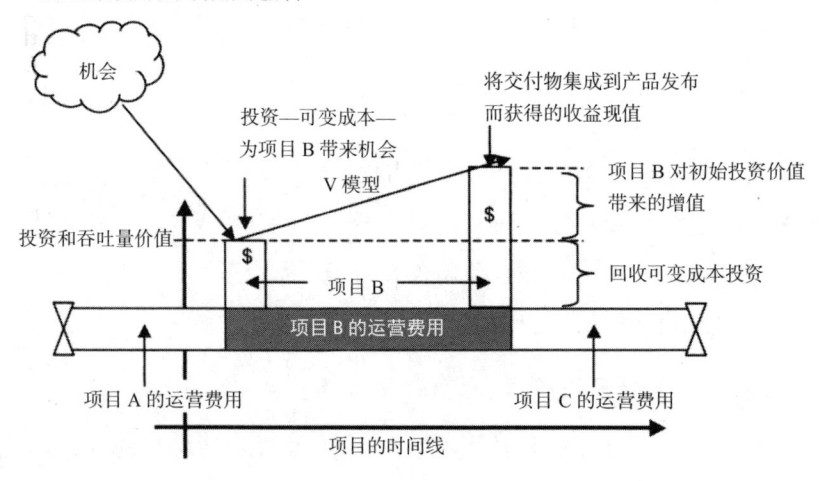

图 10-1 吞吐量价值

从长期看，人力只会发生微小变化。然而，成本核算通常将所有的项目费用归类为可变费用。吞吐量核算则忽略了在原有状态下的固定费用；吞吐量是指在原有基础上增加了多少价值。

### 10.1.4.3 完成百分比

完成百分比不是价值的度量，它甚至不是完成的度量，因为一些工作（但不是全部）在度量值小于100%时就完成了。我们提到这个是因为，作为一个比率，分母和分子都在起作用。因此，完成百分比会受到移动基准（分母）的影响。

比率是无量纲的，而价值是有量纲的。因此，完成百分比的价值无法衡量；价值需要带有量纲。

在敏捷领域，完成百分比完全被剩余的工作量所取代。换句话说，敏捷管理关注三个问题：

1. 我要做多少工作？也就是说，迭代、发布或项目还有多少待办事项列表。
2. 我已经完成了多少待办事项列表的工作？
3. 待办事项列表是动态的（添加了一些新东西，也放弃了一些旧东西，同时遗留了一些以前迭代的债务），因此，你可以看到的完成百分比是没有意义的。以比率来衡量，任何给定时刻的待办事项列表都是分母（已消耗、在制品、未启动）；而分子是已完成的待办事项列表。分子和分母每隔一段时间都在变化，使得这个比率在管理上毫无用处。

## 10.1.5 积累价值就是投资回报

积累价值是一个简单的概念，从项目开始就存在。简单地说，价值的积累就是让客户的钱增值：

- 在敏捷项目中，客户价值是从增量产品发布中积累起来的。
- 传统的项目也会以增量的方式积累价值。因为没有一个方便的方法将阶段成果及时地交付给客户，所以传统的项目设计可能在最后交付所有的价值。
- 混合型项目依赖彼此衔接的结果，正如我们在第4章中讨论的那样，每个结果都有一定的积累价值。

企业收益源于客户价值；虽然随着时间的推移，企业积累了它的收益，但客户也同时获得了价值。换句话说，对客户而言，此时此地的结果与随着时间的推移而实现的企业收益之间存在时间关系。所以，在发布的那一刻，就有：

- 正在生产的产品。
- 因为发布的实体可以立即使用，客户感到满意，并且可能立即实现了其期望价值。
- 对公司未实现的价值进行收益的预测。随着时间的推移，当使命成功地完成或为客户/用户创造了收益时，价值就实现了。

我们认为，在产品发布时，公司的收益还没有实现，因为这时它只是纸面上的收益。随着时间的推移，收益预测变成了实质性收益；收益的积累会一直持续下去，直到所有的机会都被争取到为止。

在项目术语中，积累价值和挣得价值几乎是同义词：

- 挣得或积累价值意味着为一个有收益的结果做计划并实现它，不管预期的资源是否被使用和消耗。[7]
- 当项目完成并达到预期时，整个项目的计分卡值就会被挣得并积累起来——所有的需求都在生产中呈现并映射到收益上。

敏捷方法稍微改变了传统的做法，专注于燃烧掉待办事项列表，但是根据敏捷原则1，交付价值是最重要的。

---

**敏捷原则 1**

我们最重要的目标，是通过持续不断地及早交付有价值的软件使客户满意。

---

### 挣值和积累值的三个组成部分

从概念上讲，任何挣值和积累值系统都有三个基本指标。

1. 计划或预测要挣得和交付的价值成本：价值成本（Cost of Value，CoV）以美元表示结果价值，是质量的替代物；也就是说，以公平的价格（或成本）来衡量价值。

a）CoV 是预算计划的同义词，而不是实际成本（Actual Cost，AC）。

b）从传统上讲，CoV 是计划价值（Planned Value，PV）或预算。

c）在传统的术语中，CoV 是对结果的计划价值，而不是对需求本身的值。

d）需求本身不被重视；但作为应用于项目过程的需求所交付的结果，是有价值的。

2. 挣得、积累或交付的价值：挣值和交付的价值是同义词。

a）正如在其他地方所解释的，挣值可能与实际成本不同。

b）敏捷项目团队通常考虑的是哪些部分的待办事项列表已经被燃烧并交付了。

c）从传统上讲，挣得的价值就是挣值。

3. 实际消耗的资源：实际资源的消耗计算或实际成本计算。

a）AC 是项目运营、开发或建设费用，包括分配给项目的任何初始机会投资。

b）成本核算适用于实际消耗的资源。

其他几个有用的指标是由基本的度量指标派生出来的。[8] 表 10-1 给出了为传统实践和敏捷实践编写的重要公式。

表 10-1　挣值和积累值度量

| 公　式 | 说　明 |
|---|---|
| 每单位价值成本挣得或交付的价值 | • 这是对效率的度量。这个比率显示了盈利计划执行的效率<br>• 传统方法中写成：EV/PV<br>• 敏捷方法中写成：挣值/价值成本 |
| 每单位实际成本所挣得或交付的价值 | • 这也是对效率的度量。这个比率显示了一个单位的实际成本是如何有效地创造一个单位的价值的<br>• 传统方法中写成：EV/AC<br>• 敏捷方法中写成：挣值/实际成本 |
| 在特定时间点获得或交付的价值减去 CoV | • 在特定时间内计划交付单位价值的偏差<br>• 传统方法中，EV－PV 是一种超前或落后于计划的衡量指标<br>• 敏捷方法中写成：挣值-价值成本 |

| 公　　式 | 说　　明 |
|---|---|
| 在特定时间点获得或交付的价值减去 AC | • 以一定成本计划交付单位价值的偏差<br>• 传统方法中写成：EV – AV<br>• 敏捷方法中写成：挣值-实际成本 |

注意在表 10-1 里：

- 比率是效率的度量。
- 加减是方差的度量。

挣值和积累价值机制简单明了，易于应用。在"本章附录"中有一个简短的例子，说明了这些机制是如何应用到敏捷项目中的。

| 项目管理提示 | 敏捷项目中的挣值和积累价值<br>• 挣值（Earned Value，EV）应用于作为绩效单元的团队，而不是应用于单个任务。<br>• 传统项目和敏捷项目中针对 EV 之间的一个主要区别是，一个评估任务完成度，另一个评估发布的完成度。<br>• 积累价值可以用燃起图和燃尽图来跟踪。 |
|---|---|

### 10.1.6　积累价值度量

在传统的项目计划中，往往存在关于所挣得的价值和所增加的积累价值的严重争议。因为：

- 不管结果是否完成，挣值的度量都是在报告期结束时进行的。
- 对所挣得的部分价值，存在争议性。

**混合项目和传统实践**

如果项目方法是混合型的，如第 4 章所述，应用传统方法的工作流的度量相对简单，可以在每个里程碑处进行。

- AC 的度量：AC 来自项目中应用的成本核算。成本核算通常由工作包解析，工作包是一个在时间和工作量上与敏捷迭代大致相当的工作单元。[9]

- 挣值的度量：就像在敏捷中一样，挣值是工作包任务中已经完成并可以交付给后续任务、工作单元或其他工作流的那部分。
- 效率和偏差的计算：典型 EV 公式可用于计算成本和进度差异；为了计算工作和进度效率，需要统计管理和报告所需的所有指标。

积累值计分卡的一个版本适用于附录 10A 中给出的示例项目。成本和价值收益度量在每个里程碑处进行评分，并记录在计分卡上。从实测数据中计算得到的度量值使用表 10-1 中的公式进行计算。附录 10A 中的第一个示例在项目上下文中说明了这些思想。表 10-2 比较了传统方法和敏捷方法的价值度量实践。

表 10-2 价值度量实践对比

| 敏捷—PDLC 实践 | 传统—PDLC 实践 | 说　明 |
|---|---|---|
| 商机的货币化总价值由投资承诺和总支付能力上限在商业计划中给出 | | 即使不知道所有的详细需求，商业计划依旧表达了企业的价值主张 |
| 价值仅在当前规划波内进行规划 | 价值是预先为整个项目周期进行规划的 | 根据敏捷原则 2，需求即使在项目的后期也会被鼓励改变 |
| 项目基准仅针对当前规划波进行详细规划 | 项目基准是为整个项目制定的 | 敏捷计划者为稳定的需求设计时间线计划 |
| 需求没有特别的价值，因为它会在迭代间发生变化 | 需求是有价值的，因为工作计划包含所有可追溯到需求的可交付成果 | 包含在每个敏捷团队的产品负责人只会将团队导向有价值的、重要的和及时的需求 |
| 结果是有价值的 | 每个交付物都是有价值的 | 对企业的价值不依赖项目方法 |

## 10.1.7　思考与讨论

许多敏捷实践者会说，我们在附录 10A 中描述和说明的用于跟踪积累价值的度量和测量方法对于敏捷方法来说不够精益。当你作为一个专业人士用别人的钱工作的时候，你还能提出其他的更精益的度量标准来给发起人信心，让他们相信钱和资源都被有效地使用了吗？

## 10.2 燃尽图和价值计分卡

这一切都是为了掌握接下来要做的事情。

### 10.2.1 目标

- 讨论并解释作为项目管理工具的燃尽图。
- 讨论和解释同为项目管理工具的在制品图。

### 10.2.2 燃尽图

与传统实践有些不同,敏捷项目通常维护如下两种用作评估的管理工具。

1. 燃尽图:有时候也使用燃起图;度量已经完成(也称为燃尽)的待办事项列表和剩余的待办事项列表,待办事项列表的单位通常是每小时的工作量。[10]

2. 在制品图:不管是否遵循看板过程,可以使用在制品图显示在制品的状态。

因为这两种图都不能直接显示待办事项列表中工作的优先顺序,所以通常会维护一个能显示剩余待办事项列表顺序的计划表。

- 这样的序列计划可以具有输入、功能或技术约束;规划输入可以是客户的优先级。
- 由于序列是动态的,并且受客户需求及其他项目因素和约束的影响,所以通常使用虚拟的或物理的白板来将所有的待办事项安排在研发或构建队列中的适当位置。

#### 10.2.2.1 燃尽图特征

燃尽图有时被认为是一个燃尽的价值图,它具有以下特征。

- 剩余时间:这是剩余时间(或工作)与项目时间线的关系图。通常,剩余时间为纵轴,项目时间为横轴。
- 速度:除非有错误的信息,否则图的斜率就是团队的速度基准,单位则是项目时间线上每单位剩余小时数。
- 非连续图:由于新项目或废弃项目的变更,以及技术债务的累积,待办事项列表会有变化；当剩余时间随着待办事项列表的变化而变化时，图形可能出现不连续性。
- 计划图：在开始工作之前，要制订一个计划或目标图；该图坡度均匀，以团队速度绘制。
- 工作顺序：在燃尽图上没有显示工作单元的顺序，但在在制品看板上会显示该顺序。
- 回顾计划：在项目开始之后，在每次迭代或发布结束的回顾审查期间，所有关于修改燃尽图的估计和计划都要进行审查。有些团队会安排单独的会议，专门用于清理、翻新或重新安排待办事项列表。因为像数据库一样，随着时间的推移它会变得杂乱无章。

图 10-2 显示了一个典型的燃尽图。或许最难把握的概念是，当观察图 10-2 时，其剩余时间不代表剩下的预算，也不是一些工作完成百分比，而是达到完成状态所需要的剩余时间，正如在回顾会上评估的时间一样。

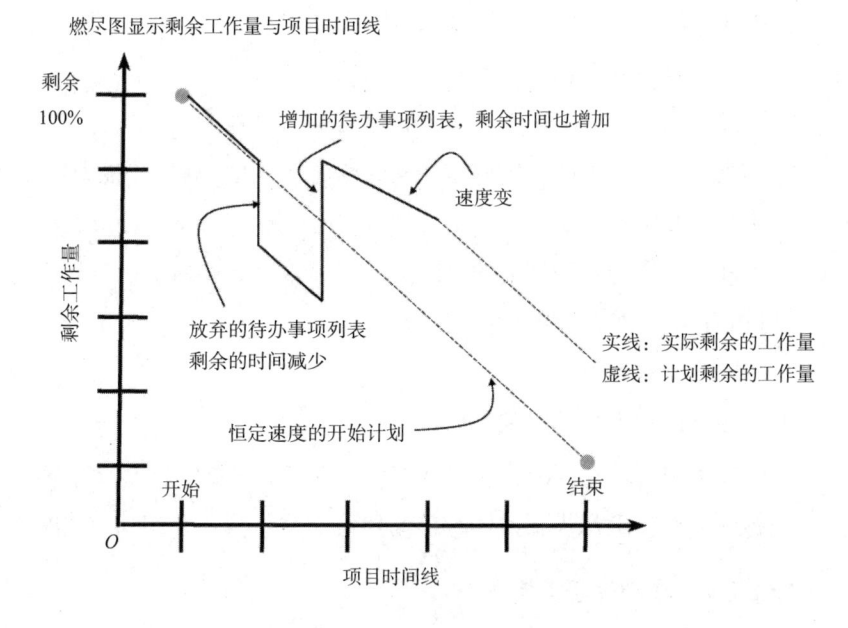

图 10-2 燃尽图

#### 10.2.2.2 燃尽图案例

"本章附录"中提供了一个应用于项目的简单燃尽图示例。你将看到,当待办事项列表被燃烧和剩余的时间(也就是剩余的工作量)趋向于零的时候,价值就会积累起来。

与燃尽图形成对比的是它的近亲燃起图。燃起图是燃尽图的倒挂展现形式,优点在于它是一个真正的价值积累图。价值的积累从 0 开始,这意味着没有任何价值被获取,并在最后一个待办事项交付并完成时结束。

### 10.2.3 在制品图

当团队从待办事项列表中开始处理一个特定的用户故事或用例时,每个实体的工作步骤和工作状态的顺序会被维护在一个在制品图中。[11]

#### 10.2.3.1 在制品图特征

构建和维护在制品图有多种方法,但所有方法都具有以下特征。

- 正在处理的每个待办事项都具有唯一标识。
- 每个待办事项都包含一个故事、用例或规格。
- 待办事项从开始到结束有一个固定的步骤序列。
- 所有待办事项可能并不遵循相同的顺序,因此,顺序可能取决于实体的性质及其开发的需要。
- 也许有一个与顺序相关的时间线,但通常没有。通常,时间度量为:
—进入特定序列步骤的时间。
—按顺序步骤积累的时间。
—从序列步骤退出的时间。
- 待办事项可以在任何步骤中放弃,在任何步骤中停止以等待某些外部条件的满足,在满足步骤条件时移动到下一个步骤,在序列结束时完成。

#### 10.2.3.2 在制品图案例

图 10-3 显示了一个在制品图。在看板方法中,在制品图就是看板。在图 10-3 中有几点需要注意,下面的"管理动作"一节对此进行了解释。

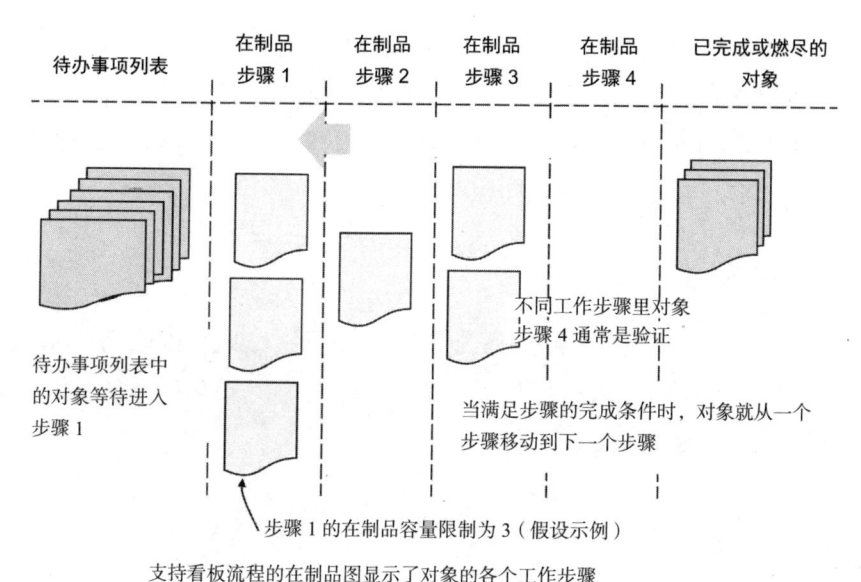

图 10-3　在制品图

### 10.2.3.3　管理动作

在制品图中有几个管理动作：

- **在制品限制**。正如我们所知，一次只能有有限的球在空中。所以可以启动并保持在制品状态的待办事项的数量也是有限的。有一些实际的依据，但通常在制品限制是根据经验提出的项目或团队策略问题。
- **移动的标准**。从一个步骤移动到另一个步骤有时就是从一个工作站移动到另一个工作站，而下一个工作站可能是远程的或虚拟的。因此，只有为每个步骤确定一些标准，才能将在制品从一个步骤移动到下一个步骤。
- **反馈**。在制品过程不应该是开环的，也就是说，目前待办事项是从在制品序列开始的，没有反馈。当工作站是虚拟的或远程的时，尤其如此。没有反馈的系统或过程往往不稳定，容易出现混乱或无法预测的表现。为了管理在制品限制，并在错误进一步传播之前纠正错误，至少需要反馈。

- **验证**。当一个项目完成或结束时，需要对功能或性能进行一些验证。测试脚本、用例、故事和规范都适用于该验证。
- **与燃尽图的连接**。当一项工作完成后，剩余的工作时间将从燃尽图中的待办事项列表中删除；需要对在制品和未开始的待办事项列表进行修订估计，并将其转移到燃尽图中。

### 10.2.4 思考与讨论

在许多方面，燃尽图和在制品图与里程碑的同步，且可以取代项目的任务级进度计划。这个事实让你感到犹豫了吗？很明显，你可以使用电子表格来替代进度计划工具来开展项目吗？

## 10.3 小结

本章的主题是，敏捷项目通过增量地、周期性地、根据承受能力和客户的优先级交付价值来获得收益。

在 10.1 节中，我们讨论并解释了价值是对商业的感知。总体来说，它是驱动企业投资项目的动力。简单地说，挣值就是让客户觉得钱花得物有所值。在敏捷项目中，只有客户接收到价值时，项目才能挣得价值。只有在产品成果积累到发布时进度才可衡量。

同样在 10.1 节中，我们讨论了挣值的度量，需求本身是不需要被重视的。有价值的是团队对需求的生产响应，典型的特征是面向结果的度量，如故事点。其他指标只要关注结果而不是投入就可以使用。

效率可以从挣值信息中计算出来。效率提供了估计项目着陆点的方法。如果距离足够近，就不需要采取任何行动。

在 10.2 节中，我们学习了燃尽图和在制品图。燃尽图用于估算项目完成还需要多少时间。在制品图是用来调节在制品的流动和顺序的工具。

## 10.4 本章附录

### 10.4.1 示例 1：价值成本（挣值）

#### 10.4.1.1 商业论证

10 万美元的 Gizmo 商业论证：10 万美元将投资于一个叫 Gizmo 的产品开发，计划在一个规划周期内包含的 3 个版本中增量地完成。

规划叙述：

- 在一个规划周期内，3 个版本（版本 1、版本 2 和版本 3）分别计划在里程碑 M1、M2 和 M3 上实现具有 2.5 万美元、2.5 万美元和 5 万美元价值的特性和功能。
- 这些美元和日期统称为绩效度量基准（PMB 或项目计划）。
- 项目开始于里程碑 M0，结束于 M3。

#### 10.4.1.2 里程碑结果的展示

M1 结果：

- 项目管理报告指出，M1 规划的待办事项列表特性和功能已经交付并投入生产，即已经完成了。
- 成本会计报告显示，已经花费了 3.5 万美元，比原计划的 2.5 万美元多了 1 万美元。

项目管理报告显示，投资效率低于预期，它用价值成本效率衡量，即价值与成本的比值。在 M1 处的 CoV 效率由两个因素计算：（1）成本是 3.5 万美元；（2）在 M1 处发布的价值是 2.5 万美元。计算效率：2.5/3.5 = 71（%）。

| 版本 1 在里程碑 M1 的结果 | | |
|---|---|---|
| 计分卡内容 | 度量指标 | 说 明 |
| 项目管理 | 是否完成 | 版本 1 所有待办事项列表完成 |
| 成本核算 | 实际成本 | 实际 3.5 万美元，预算 2.5 万美元 |
| 项目绩效 | 价值成本效率 | 效率：预算/实际，2.5/3.5=71（%）（每美元成本挣得的价值） |

团队成员反思在 M1 中学到的教训，努力改进 CoV。项目团队继续工作到 M2。在 M2 处，对项目计划得分进行再次检查。

版本 2 在里程碑 M2 的结果

| 计分卡内容 | 度量指标 | 说明 |
| --- | --- | --- |
| 项目管理 | 是否完成 | 版本 2 所有待办事项列表完成 |
| 成本核算 | 实际成本 | 实际 2.5 万美元，预算 2.5 万美元 |
| 项目绩效 | 价值成本效率 | 2.5/2.5=100（%） |

M3 的结果：

版本 3 在里程碑 M3 的结果

| 计分卡内容 | 度量指标 | 说明 |
| --- | --- | --- |
| 项目管理 | 是否完成 | 版本 3 所有待办事项列表完成 |
| 成本核算 | 实际成本 | 实际 4.5 万美元，预算 5 万美元 |
| 项目绩效 | 价值成本效率 | 5/4.5=111（%） |

整体项目结果：

在一个规划周期内，总共有三个版本。

规划周期在里程碑 M3 的整体结果

| 计分卡内容 | 度量指标 | 说明 |
| --- | --- | --- |
| 项目管理 | 是否完成 | 规划周期内的所有待办事项列表完成 |
| 成本核算 | 实际成本 | 实际：3.5+2.5+4.5=10.5（万美元）<br>预算：10 万美元 |
| 项目绩效 | 价值成本效率 | 10/10.5=95（%） |

### 10.4.2 示例 2：燃尽图（剩余时间、挣值）

#### 10.4.2.1 商业论证

Gizmo 产品商业论证：资源将投入一个叫 Gizmo 的产品开发，计划在一个规划周期内包含的 3 个版本中增量地完成。

规划叙述：

- 在一个规划周期内，3 个版本（版本 1、版本 2 和版本 3）分别计划在里程碑 M1、M2 和 M3 上实现待办事项列表中的 25、25 和 50 个故事点。
- 这些故事点和资源时间统称为绩效度量基准（PMB 或项目计划）：
  - 到 M1 需要 400 小时。
  - 到 M2 需要 450 小时。
  - 到 M3 需要 600 小时。
  - 清空待办事项列表中的内容并完成 3 个版本发布共计消耗 1450 小时。
- 项目开始于里程碑 M0，结束于 M3。

下面的每个里程碑处显示了演进的项目管理进度和度量结果。

#### 10.4.2.2 里程碑结果的展示

M0 计划：

在 M0，没有任务处于完成状态，这个项目已经准备开始了。

| | M0 处的项目计划，项目开始 | |
|---|---|---|
| 计分卡内容 | 进度治理 | 说　明 |
| 项目管理 | 剩余故事点（没有完成） | 剩余 100 个故事点，完成度 0% |
| 成本核算 | 实际消耗的小时数 | 1450 小时里面有 0 小时被消耗 |
| 项目绩效 | 价值成本效率<br>剩余小时数 | 计划/实际，效率百分比<br>剩余 1450 小时 |

M1 结果：

- 项目管理报告指出，规划的待发布特性和功能在 M1 交付并投入生产，也就是说，25 个故事点被燃尽并完成。
- 成本核算报告显示，用了 450 小时，比原计划的 400 小时多了 50 小时。
- 根据价值成本效率（每实际小时的价值），项目管理报告的投资效率低于预期：在 M1 为 400 小时时发布的价值，共计花费了 450 小时。计算效率：400/450 = 89（%）。

**M1 回顾：**

作为 M1 版本回顾的一部分，以及作为 M2 处版本 2 待办事项列表规划的一部分，对剩余的时间进行了重新估算。重新估算考虑了来自版本 1 的技术债务，以及基于版本 1 的经验对版本 2 的吞吐量进行调整。

| 版本 1 发布后的回顾中对 M1 进行再次估算 | | |
|---|---|---|
| 计分卡内容 | 度量指标 | 说明 |
| 发布 1 遗留的技术债务 | 完成任务需要的时间消耗 | 技术债务需要 100 小时消耗 |
| 发布 2 和发布 3 的吞吐量判断 | 基于 89% 的完成效率进行判断 | （450+600）/0.89=1180 |
| 剩余时间 | 版本 2 和版本 3 需要处理的技术债务和剩余故事点 | 100+1180=1280（剩余小时数） |

**M2 结果：**

| M2 结果 | | |
|---|---|---|
| 计分卡内容 | 度量指标 | 说明 |
| 项目管理 | 剩余故事点（没有完成） | 版本 2 没有故事点剩余；所有均已完成 |
| 成本核算 | 实际成本消耗 | 575 小时消耗 |
| 项目绩效 | 价值成本效率<br>剩余小时数估算 | （450+100）/575=96%<br>在 M2 回顾中会被考虑 |

**M2 回顾：**

从产品负责人处得知：

- 50 个故事点中的 10 个故事将从版本 3 中删除，这相当于 600 小时中的 200 小时。
- 5 个新故事将以 150 小时的成本加入。

从项目管理中了解到，从版本 2 开始，还有 140 小时的技术债务必须在版本 3 中完成。

版本 2 发布后的回顾中对 M2 进行再次估算

| 计分卡内容 | 度量指标 | 说明 |
|---|---|---|
| 发布 2 遗留的技术债务 | 完成任务需要的时间消耗 | 技术债务需要 140 小时消耗 |
| 发布 3 的吞吐量判断 | 基于 96% 的完成效率进行判断 | (600–200+150)/0.96=550/0.96=573 |
| 剩余时间 | 技术债务+版本 3 的故事点–删除的故事点+新增的故事点 | 140+573=713（剩余小时数） |

项目结束处的 M3 结果：

| 计分卡内容 | 度量指标 | 说明 |
|---|---|---|
| | M3 结果 | |
| 项目管理 | 剩余故事点（没有完成） | 版本 3 故事点和依赖技术债务均已完成 |
| 成本核算 | 实际成本消耗 | 700 小时消耗 |
| 项目绩效 | 价值成本效率 | (600–200+150+140)/700=99（%） |
| | 剩余小时数估算 | 0 小时剩余 |
| | 整个项目的价值成本 | (1450–200+150)/(450+575+700)=81(%) |

## 10.5 本章注释

1. 为了方便，术语客户、最终用户和企业可以互换使用，前提是企业高保真地代表客户的利益。企业包括发起人和相关方。发起人对商业论证负有直接责任；相关方对平衡计分卡内容负有责任。客户是项目的受益者，客户可以是内部的，可以是企业的一部分，也可以是外部的。用户是功能专家。用户是客户社区的一部分，但是许多有价值主张的客户不是用户。

2. 设计思维是一门艺术。最早由 Herbert Simon 在 1969 年的 *Sciences of The Artificial* 杂志上提出，但这方面最著名的专家可能是产品设计公司 IDEO 的创始人 David Kelley。

3. Goodpasture, *Managing Projects for Value*, 6.

4. 免费搜索是最早的大规模免费应用程序之一，在这之前免费是由集成的免费浏览器开始的，它使收费的浏览器退出了市场。

5. 提醒读者，本书集成了来自不同方法的几个敏捷概念，并关注产出结果。速度是 XP 里的概念；故事点（也来自 XP）是度量吞吐量的几种方法之一，但它贯穿全书。

6. Anderson, *Agile Management for Software Engineering*, 15-20.

7. 价值和成本是非常不同的。例如，一个管理人员可能计划了一定的成本来将一个待办事项列表发布到生产环境中，但结果发现可以复用已经开发的对象。管理者可以声明计划价值，但价值成本要低得多。

8. 挣得进度是挣值管理领域里一种新的计算方法，在 2003 年由 Walter Lipke 在 PMI 的杂志 *The Measurable News*, Summer 2003: 31-34 里的文章 "Schedule is Different" 里提出。它表示截止到某时间点实际已经完成工作量的时间价值，也就是完成的这部分工作原计划用多少时间来完成。

9. 这样做的理由如下：一个拥有固定员工数量的标准团队需要花费一定数量的美元，并以产生一定数量的故事点作为基准。成本可以用美元表示，也可以用等价的故事点货币表示。如果需要额外的人员，那么人员成本与一些故事点的数量将会成比例，并添加到团队的故事点成本中，假设吞吐量保持不变。如果工具和其他非工作人员费用是必需的，那么它们的成本与一些等价的故事点数量也将会成比例，并添加到实际成本中。实际上，在计分卡中使用了相对成本。除非方便，否则使用实际的美元度量并跟踪是没有必要的。然而，最后计分卡上的所有单位都必须相似，这样数学计算才能保持一致。

10. 当然，当我们说"团队"时，它指任何在处理待办事项列表中的组织单位。因此这个表在任何层级都可以用。

11. 从本质上讲，在制品图并不是针对整个待办事项的顺序计划，而只是针对已经开始进入工作的实体的步骤顺序。

# 第 11 章

# 规模化和合同

敏捷方法在规模上是可扩展的。在一定限制内，敏捷方法能够适应合同和虚拟团队的优势。

> 我们不应该只思考如何做出重大的变化，而忽略每天可以做的小的变化。小的变化经过时间的推移就会变成大的变化，其影响是我们无法预见的。
>
> ——玛丽安·赖特·埃德尔曼（Marian Wright Edelman）

敏捷方法最初是小型团队管理事务和完成高质量工作的一种非常好的方法。事实上，敏捷宣言和敏捷原则对小型团队来说似乎是最佳的。但是在小规模项目上的成功，让人不禁联想到敏捷方法是否可以扩展到大型项目，这些大型项目通常涉及多个团队、虚拟团队甚至合同签约的团队。在一定的限制内，答案是肯定的。

## 11.1 规模放大了所有问题

规模意味着更大的范围、宽度和广度。

### 11.1.1 目标

- 讨论并解释规模对客户、沟通及其他项目目标和关系的影响。

- 讨论并解释缩小规模。

### 11.1.2 全局问题

所有的软件项目在范围上都是不确定的，结构上都是复杂的，这就是无形产品的本质。对于一个由无形产品组成的系统，很难想象所有的范围，甚至小规模的范围，但是更难想象的是所有范围中的元素如何在上下文环境中工作，因为有太多的相互关系并且想象本身是没有限制或管理的。尽管并非所有的复杂系统都是大型系统，但是所有的大型系统都是复杂的。规模意味着更大的范围、宽度和广度，通常需要面对更大的客户群体，更大的客户群体意味着需求的输入有很多不同的想法。

表 11-1 总结了大规模项目的复杂性和架构的宏观问题。

表 11-1 宏观问题——复杂性和架构

| 问 题 | 措 施 | 敏捷措施 |
| --- | --- | --- |
| 复杂的系统可能包括硬件、软件及其集成 | • 实现工作专业化和劳动分工[1] | • 识别具有不同领域知识的专业人员，并将他们放在同一个团队中，在同一个团队中寻求冗余和协同效应<br>• 冗余意味着团队不需要以装配线的方式工作，不需要成员之间的交接<br>• 协同效应是合作和团队工作的主要指标 |
| 没有人能记住整个系统 | • 在文档中记录顶层架构 | • 在项目和团队中增加架构师的角色<br>• 用图表或者其他模型将系统架构记录在文档中 |
| 复杂性有许多影响点和控制点，其中有一些自相矛盾 | • 不允许某些系统状态和混乱的响应 | • 设置负责安全和稳定性的系统工程师角色<br>• 维护"红—绿—重构"周期的节奏，以确保设计可行和维持较高的质量<br>• 团队必须尊重排序安排和回归测试<br>• 经常构建系统，如果可能就每天构建 |

[1] 分工或许是最古老的措施。亚当·斯密认为需要有工作专长，可以说是一种分工，这样才能把最简单的工作做好，而且质量高，这是他在 18 世纪的《国富论》一书中提到的。

大规模的项目引起团队之间的紧张关系。团队不再是独立的，它们必须以网络的形式合作，尊重团队之间的依赖关系。团队需要为更大的目标让出一些自主权。表 11-2 中的材料总结了这些要点，并展示了常用的减轻措施和敏捷方法特有的扩展。

表 11-2　宏观问题——团队、客户和企业

| 问　　题 | 措　　施 | 敏捷措施 |
| --- | --- | --- |
| 成本对 $N^2$ 效应非常敏感[1] | • 严格地消除随意的复杂性 | • 将 $N^2$ 效应作为项目资产负债表中预算—成本缺口的一部分进行管理<br>• 使架构具有最大的内聚和最小的耦合，以减少大型系统中的摩擦<br>• 自动化测试，以便可以至少每天快速评估设计是否存在不必要的冗余和复杂性而导致高成本和低效率 |
| 团队级优化与全局冲突 | • 自上而下的架构设计，使约束最小化<br>• 进行企业优化上的激励 | • 在每次发布后重新评估体系结构；为下一次发布进行更正和调整<br>• 在团队的团队中包括架构师 |
| 客户和企业优先级与技术优先级冲突 | • 技术可行性和逻辑顺序的优先级高于客户需要 | • 在开发团队中包含客户，以便在开发过程中改进信息交换和建立信任<br>• 由项目经理和架构师支持的团队的团队来管理优先级<br>• 将未解决的优先级分歧上报给发起人或治理委员会 |
| 客户和企业规模庞大，没有指定的领导者来管理冲突 | • 寻求客户和企业高层的执行所有权 | • 为包含在团队中的客户和企业进行培训和指导<br>• 为客户和企业建立团队的团队进行沟通和协调 |

[1] $N^2$ 效应是指随着沟通者的数量 $N$ 的增加，沟通路径的数量呈指数增长。

### 11.1.3 客户规模

很可能，要克服的第一个障碍是定义客户社区。

- 大型项目不可避免地会涉及许多不同的组成部分：试图在它们之间找到关注点和共同目标已经足够困难；找到一组能够准确有效地代表所有客户、用户、市场和销售问题的产品专家往往更难以解决，因为职能经理实际上无法在项目期间持续投入资源。
- 针对客户规模的缓解措施是视情况而定的：高管团队通常必须进行干预以确定优先级。企业的日常 KPI 很少会为项目让路，只会加剧为项目提供优秀人才与将优秀人才留在企业这两者之间的矛盾。

由于分配给项目的人员存在缺口，因此不可避免的是必须有人承担风险，这很像在项目资产负债表上弥合缺口的努力。没有公式，没有药方，每个组织都必须做出自己的选择。然而，如果没有对客户的密切关注，敏捷方法是不会有效的；如果没有客户与团队的协作，优先级和适应性就可能是技术驱动的，这会导致项目变成技术项目而非商业项目。

### 11.1.4 $N^2$ 效应

规模以指数的形式放大复杂性。即使最简单的软件系统，本质上也是复杂的，因此大型的软件系统是极其复杂的。[1] 这种效应被称为 $N^2$ 效应，它以数学公式命名，描述了系统组件之间可能的交互数以组件数量的平方数增长。即使小系统，扩大规模也会使它变得更大更复杂；系统、网络、组织和环境难以想象和记住。

$N^2$ 效应将细节复杂性和系统复杂性的差异表现出来。细节复杂性是关于单个对象和效果的。客户或开发人员可能记住许多对象和对象的详细信息，如颜色、按钮、字体、字段、权限、名称等。然而，系统复杂性是指这些对象如何交互；随着用户干预和系统输入等大量条件的变化，这些对象间的交互也会变化。[2]

系统的复杂性更难以想象，更难以跟上。因此，即使细节复杂性的微小增加也会导致更大的 $N^2$ 系统复杂性。因此，简单性（也就是复杂性尽可能简单）是必需的，因为它是一个影响开发成本、进度和发布后支持的高杠杆参数。图 11-1 说明了互连现象；图 11-2 说明了 $N$ 大于 20 时 $N\times(N-1)$ 与 $N^2$ 有多接近。

在 N 个组件的交互中，存在 N×(N-1) 个可能的交互路径，用于交换和确认信息以及为过程提供接口

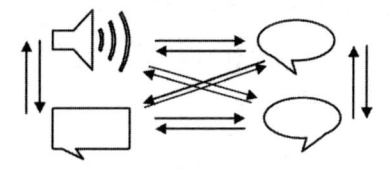

如上所示 12 = 4×3

图 11-1　$N^2$ 效应

对于更大的 N，N×(N-1) 的近似值为 $N^2$，如曲线所示，两条曲线几乎相互重合

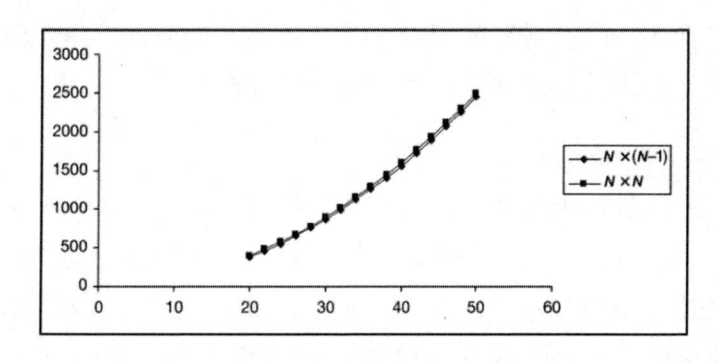

图 11-2　N 值较大时的 $N^2$

## 11.1.5　缩小规模

一些批评人士指出，敏捷宣言和敏捷原则都没有涉及个人和组织规范、产品和支持的架构，或者经过验证的工程实践，而这些都是在企业范围内进行严肃工作所必需的。诚然，他们所说的有一定道理。[3] 一些批评者经常指责小规模团队的方法在这些场景下不太适用：使用合同，没有在同一办公区的工作环境，没有面对面的接触和沟通，团队需要尊重与其他团队和项目之间的依赖性。但对于这些情形都有对应的措施。

诀窍是将大规模转化为更小、更易于管理的规模。在很多情况下，项目的所有可移动部件充满了摩擦，以至于掩盖了机会。这个现象促进了把系统分解成更小的、近似独立的增量，公开可能被隐藏的内部函数，定义比内部路径和过程更容易操作的对象接口。

#### 11.1.5.1 分解成更小的单元

针对大规模系统的有效措施是把它分解成多个更小的单元，把每个单元的细节封装或抽象成最小数量的接口点，然后通过接口重新连接单元。还有一些问题需要解决。

- 复杂性是伪装的：当小规模的对象被重新连接或集成时，可能很难预测它们之间的相互作用。
- 有太多小部件需要开发：尽管小部件比较简单、更容易理解、风险也较小，但是部件的数量可能相当大。分解增加了细节复杂性。
- 接口的 $N^2$ 问题：虽然小部件的接口更简单、更容易理解和单独管理，但是随着小部件数量的增多，接口的数量也增多。

#### 11.1.5.2 放大或缩小

放大和缩小通常不遵循相同的路径，不花费相同的金额，不呈现相同的问题。在物理系统中，这种现象的一个版本叫作滞后现象，这是由投入与产出之间的时间滞后造成的。[4] 在管理系统中，存在着偏见、抵制变革，以及对声誉或地位丧失敏感性的影响。在大型系统中，存在架构和依赖性问题，对象或功能因为在架构中的位置而不能简单地变小。

### 11.1.6 规模与合同

实现规模化的一种方法是为额外的工作人员、扩大的能力或独特的能力签订合同。因此，项目经理必须考虑使用合同来扩大规模。但合同有其特殊的问题。例如，在双方关系中，合同本质上是对抗性的。信任和对抗是对立的两个方面，增加一个总是减少另一个。合同几乎总是增加了困境。

与敏捷的目标相比，典型的项目合同总是仪式繁多、信任度低、成本高昂、管理不及时。由于诸如此类的原因，合同总是增加管理费用和稀释精益实践：

- 会议必须安排。
- 议程和内容必须准备。
- 各方必须从不同的地点聚合到一起。

- 会议之前必须做好自己的准备工作。
- 意外很难避免，而意外又会降低信任和增加对立。

合同需要文档记录。文档可以代替个人的实时讨论、争论和决策。在编写文档时，很难应用敏捷的思想。文档向计划驱动的方向倾斜；文档要求预先考虑一些事情而不是准时制的。

### 11.1.7 思考与讨论

人与人的实时深入参与是所有敏捷团队的基石。将实时环境替换为远程协作，特别是在不同时区里，似乎是有悖敏捷理念的。由于不能面对面沟通，它需要良好的文档记录以确保交流的效果。这是否意味着敏捷方法不仅与合同不兼容，而且还与虚拟团队不兼容呢？

## 11.2 网络使规模化变得可能

网络——有效地连接范围和沟通。

### 11.2.1 目标

- 讨论并解释管理网络作为解决规模化问题的一种手段。

### 11.2.2 在大型网络中进行沟通

在前面的章节中，有一些资料讨论了在同一个项目中多个团队协作以扩大规模的实践。表 11-3 收集了这些想法。

表 11-3　扩大团队规模的实践总结

| 扩大团队规模的实践 | 说　　明 |
| --- | --- |
| 多个工作流 | - 每个工作流都处理项目范围的某些方面<br>- 工作流可专用于基础设施、技术、产品开发、生产后支持准备、培训、供应链、项目管理和其他 |

续表

| 扩大团队规模的实践 | 说　明 |
|---|---|
| 团队的网络 | • 一个网络将多个团队的活动连接起来产生一个集体的结果<br>• 当一个团队的生产力不足以及时满足价值主张时需要使用网络<br>• 有些团队可能比多职能绩效单元更专业化 |
| 团队的团队 | • 团队的团队是负责协调和沟通团队日常活动的团队<br>• 可能有必要成立一个指导委员会，以协调各工作组之间的工作 |
| 网络缓冲 | • 缓冲是一段没有规划任何活动的时间<br>• 使用缓冲来处理未知和计划外的事件和活动<br>• 当一个团队需要更多时间来完成其迭代时，可以使用缓冲<br>• 缓冲通常作为项目资源由项目经理进行管理 |

### 11.2.2.1　使用文档支持网络

尽管敏捷宣言声称人与人之间的交流互动胜过文档，但是它不代表文档是不需要的。一个简单的事实是，在有许多团队、多个工作流和大量参与者的情况下，通过人与人之间的对话来快速沟通和分发系统的信息是不切实际的。

准确性、及时性和完整性都会因规模变大而受到损害。为了减轻这些影响，文档变得更为必要。事实上，文档可以同时满足许多项目的议程。吉姆·海史密斯是敏捷宣言小组的17位作者之一，关于文档他写道：

- 支持协作和通信。
- 加强知识转移。
- 保存历史信息。
- 协助持续的产品改进。
- 满足法规和法律要求。[5]

大规模的项目在团队运作上需要文档。文档的例子包括架构、产品设计、测试脚本和场景。电子模板是用来收集最小信息元素（Minimum Information Elements，MIE）的精益工具。文档管理系统根据项目惯例规定文档访问、版本和权限，是维护文档库有效且简洁的工具。项目惯例规定了哪些信息元素可以只是软件代码中的注释，哪些将被提交到书面文档中。[6]

## 11.2.2.2 白板和作战室

许多关于敏捷方法的文献都阐述了白板和故事卡的优点。[7] 作为用于个人小组设置的权宜之计,可能没有更好的方法,但结果和结论需要更持久的方法。大多数团队不保留故事卡,除了测试脚本,没有故事级别的需求文档。

然而,在网络中工作时必须考虑信息的可移植性。实体的作战室、白板和故事卡仅限于本地使用。在网络中,电子计分卡和仪表盘是首选的方法,使用它们可以广泛、准确和及时地对临时、时间敏感或大家普遍感兴趣的信息进行交流。

## 11.2.3 网络中的工作依赖

在网络中成功工作需要尊重团队之间的依赖关系。尊重依赖意味着尊重每个人的时间、按计划完成迭代及按计划交付范围,以避免空闲等待直到工作可以按顺序完成。团队的团队需要识别和协调这些依赖。

网络对开发团队中的客户和用户施加了限制。在网络中工作的客户和用户放弃了一些重新设置优先级和引入新需求的自主权,因为必须考虑其他团队的优先级。团队级的优化让位于网络级的优化。

### 11.2.3.1 管理网络

网络使得大量人员能够在同一个项目中工作,它在结构和控制上有以下属性:

- 节点,完成工作的地方,具有沟通的入口和出口点。节点通常是一个团队,但也可以是虚拟团队中的个人。
- 在一个共同的社群中把节点连接在一起的路径和方法,以及在节点之间进行沟通的方法,由正式的或者非正式、不成文的协议来管理。
- 保持网络正常运行的管理工具,它实现冗余和停机解决方案,并且提供安全、隐私和访问控制。

网络比以往任何时候都更加灵活:适应性强、非正式的精益、操作效率高。最近的社会变革导致了网络在项目环境中的许多应用方式:

- 即时通信和无线连接的广泛接入和采用,给沟通带来了前所未有的速度和民主。
- 在商业关系中对非正式的文化接受使运作模式变得扁平化,并且使越级沟通被接受。扁平化鼓励横向关系，横向关系加速沟通和更准确的信息传递。

互联网和电子网络提高了人们的期望，即信息应易于获取、使用和应用，而且反馈响应几乎是即时的。用系统的术语说，现在期望循环是闭环的并且行动在网络中得到确认和跟踪。

#### 11.2.3.2 工作流

大多数项目都希望引入一个工作流过程来规范活动并为各种行动传递 MIE。例如，验收测试期间用户的反馈通常由工作流收集、分析、存档和管理。模板为用户提供了一种输入 MIE 的方式；模板中的格式化信息通过一个治理过程转发，如本书其他部分所述。

团队网络中的战术信息由许多工件提供：

- 架构、技术和功能设计及配置数据的模板。
- 项目待办事项列表、发布待办事项列表和团队的迭代待办事项列表。
- 由 Scrum 燃尽图或者 XP 燃起图组成的进度图，包含已完成和未完成的需求列表。
- 进展趋势图和积累值计算。
- 其他计分卡和仪表盘。

### 11.2.4 思考与讨论

你将如何扩展一个非常注重解决方案的可视化和实时协作的作战室？你会完全放弃这个概念而代之以一些更符合时间延迟和沟通限制的其他做法，还是会寻找一种工具来扩大作战室？

## 11.3 虚拟团队扩大吞吐量

### 11.3.1 目标

- 讨论并解释虚拟团队如何增加项目的吞吐量。
- 考察影响虚拟团队管理和绩效的因素。

## 11.3.2 模拟真实的团队

虚拟团队是指团队成员并非全部位于同一地点的团队。事实上,成员可能而且通常不在同一组织、业务单元或时区中。虚拟团队的特点是团队成员具有不同的环境和文化、在不同时间和地点工作,以及可能对优先级和必要性有不同看法。然而,虚拟团队将不能聚在一起的成员包含进来,是扩展网络产出的一种方法。

**虚拟团队间的沟通**

虚拟团队通常从模仿真实团队的行为和环境开始。第一个特点是沟通。

- 真实的团队能够处理更大的 $N^2$ 沟通强度,因为大部分人与人之间的沟通是非语言的。
- 非语言是一种非常高带宽的沟通方式,尽管信息通常是高度编码的并且解码经常不准确,但它能够立即传送大量的信息。
- 即使对于语言交流,如果人在现场也会更容易理解。如果人、声音和环境都在一起,就更容易厘清讨论中的冲突。

因此在规划虚拟团队时,请记住以下因素:

- 虚拟团队没有无限的带宽。
- 虚拟团队受限的通道往往导致较少的丰富性、较低和移动较慢的吞吐量。
- 有一种自然的趋势是过滤消息,只沟通最不复杂的消息。

电子沟通是最有效的对策。从不断开放的会议专线,到即时消息、视频链接、网络研讨会和像社交网络墙一样运行的通用仪表盘,一切都是有效的。

沟通减少对速率的影响不是直观的。一些团队喜欢实时沟通的喧嚣,而另一些不喜欢。有些团队喜欢用非正式沟通的渗透作为主要的方式,而有些团队偏爱受管制的方法。

## 11.3.3 给虚拟团队分配工作

发布和迭代计划会议是分配工作的敏捷机制,所有队员都参加,这同样适用于虚拟团队。操作上的区别在于,白板和索引卡被在线研讨会应用程序和视听会议共享的电子白板所取代。

将工作分配给虚拟团队应该遵循这样一个简单的规则：根据最小化和简化接口的自然边界划分工作。为此，阿尔伯特·爱因斯坦的一句名言很有启发性："让一切尽可能简单，但不要太简单。"他认为任意的复杂性毫无价值而且可能导致效率低下和无效的解决方案。但过于简单化也很危险，不大可能从太小的部件建立有效的解决方案。

### 11.3.4 跟踪进度和识别问题

跟踪进度和识别问题的两种敏捷实践是挣值燃烧图和从挣值燃烧数据开发的趋势图。其他进度和问题跟踪实践包括测试计分卡、流水线计分卡[8]和每日站会。

每日站会受虚拟团队特有的沟通影响。电子渠道的效率较低，可能必须通过延长每日站会的时间来弥补。然而，要求每个人发言并将发言限制在两分钟内的规则仍然适用。

#### 11.3.4.1 承诺和责任

敏捷实践需要全面的承诺和责任，无论是对个人还是对团队的成就；对虚拟团队的期望同样如此。

#### 11.3.4.2 激励和奖励

显然，与同一地点的团队一起举行庆祝活动更有可能也更有效。在虚拟空间中，奖励更针对个人并根据具体情况设置，特别是当虚拟团队成员在物理位置上不方便时。在某些情况下，本地职能经理要承担一些项目经理和团队领导者的职责以确保对团队成员进行合适的奖励。

### 11.3.5 思考与讨论

在管理网络中使用虚拟团队在软件业务中是很常见的，但是有时虚拟团队工作太慢。如果有人要求你加快大型项目的进度，你会采取什么措施来加快进度和提升吞吐量？

## 11.4 敏捷通过合同来扩大规模

毫无疑问，可以通过合同外包来购买生产能力。

### 11.4.1 目标

- 讨论并解释敏捷项目中影响合同有用性的许多因素。

### 11.4.2 合同的目标

从某种意义上说，每个敏捷项目都是在合同的支持下运行的，因为商业论证实际上就是一个合同，只是非法律的形式而已。正如在所有双边协议中所发生的那样：有时发起人与项目的关系变得具有挑战性，愿景不够清晰，或者项目资产负债表上的差距增大。

如果决定与供应商签订合同，挑战变得更大，因为关系扩展到发起人—项目—供应商。在每个连接点，都有对目标与方法有意或无意的误解、混淆和不一致。

为什么需要合同？有几个原因，所有这些都是风险缓解和资源管理的形式。

- 技能：为了获得具有某些技能和方法的人，这些技能与方法项目用其他方法无法获得。
- 可行性：从低风险来源获得可交付成果。
- 产能：在不需要长期产能的情况下暂时增产。

之所以签订合同，是因为通过成本和效益综合的商业分析发现签订合同比自己做更有利。为了合同成功，成本和效益估算必须切合实际，包括供应商的技能和产能，以及项目向供应商有效传达需求和愿望的能力。

很多事情都可能出差错。通过合同渠道沟通易变和未知的需求是有风险的；假设承包商能够在敏捷环境中做好工作或者比项目本身做得更好也是有风险的。简而言之，复杂的技术工作合同没有固定不变的内容。警惕不要因为不适当的合同而使一个原本就有风险的问题变得更糟。以下是需要掌握的要点。

| 关于合同的观点 |
| --- |
| • 任何形式的合同都是用来转移风险的风险管理工具。<br>• 每个风险转移都是有代价的，需要计算成本和收益。<br>• 每份合同都要求不同背景的当事方之间的信息交换，这些背景包括文化、可接受的实践、管理偏见和语言。 |

| | 合同的五要素 |
| --- | --- |
| 项目管理<br>提示 | 通常认为，在制定一个合法和可强制执行的合同之前，需要以口头或书面形式确立以下五个要素：<br>1．项目必须发出真正的要约。<br>2．承包商接受了要约。<br>3．对要执行的工作必须有指定的对价，对价不一定是美元的形式。<br>4．供应商必须有能力履行其接受的要约中所述的要求。<br>5．工作声明必须是合法活动，不能为非法活动签订合同。 |

### 11.4.3 通过风险管理视角来看合同

风险由合同双方共同管理。每个步骤都遵循类似的过程：

- 识别风险。
- 根据影响对风险进行评估和排序。
- 根据概率对风险进行评估和排序。
- 首先对高影响、高概率的风险直接采取减轻措施。

合同是另一种形式的项目资产负债表：

- 一边是企业。
- 另一边是项目。
- 一边的期望和承受能力与另一边的满足期望的技能和生产能力之间存在差距。这个差距就是风险。

只有顶层的愿景需求而没有客户和用户的解释,就没有可行的范围规格。因此,无法对成本、进度甚至可能需要的方法和工具进行详细的评估。任何书面合同都必须说明这些风险,并确定相应的风险溢价。

任何形式的合同都不能消除项目风险,合同只能使项目风险更易于管理。有几种选择:

- 项目经理可以选择保留部分或大部分成本风险,只转移绩效风险。
- 项目经理可以选择转移成本和绩效风险。

选择不同,风险溢价也不同;项目保留的风险越多,风险溢价越低。即便如此,项目也可能达不到预期目标。例如,在所谓的固定价格合同中,承包商可能执行失败,使项目至少出现进度问题。承包商可能遇到不可预见的可行性问题,在影响项目的其他地方经历商业失败,或者受到外部威胁的影响,如法规的改变和不可抗力。

### 11.4.4　成本和成果的合同概念

所有合同都有基础概念,如表 11-4 所示。第一个概念是关于努力与成果的,完成与最大努力不同。第二个概念是关于成本责任的,固定价格与成本补偿不同。努力与成果的概念可与不同的成本责任形式组合来减少风险与奖励成就。

表 11-4　合同的基础概念

| 合同概念 | 说　　明 |
|---|---|
| 完成与最大努力 | • 在保证完成时,承包商承诺交付成品;通常价格是"固定的"<br>• 在保证尽最大努力时,承包商承诺尽量努力以高质量工作满足所有要求,但不承诺完成产品。只要向承包商支付进度款,工程就继续进行<br>• 当可行性未经验证、需求不完整或战略方向不确定时,最大努力是更好的选择 |
| 固定价格与成本补偿 | • 固定价格合同要求承包商以工作开始前协商并同意的价格(包括风险溢价)交付完成的产品<br>• 固定价格合同是完成合同 |

续表

| 合同概念 | 说明 |
| --- | --- |
| 固定价格与成本补偿 | • 固定价格合同最容易管理<br>• 固定价格合同将所有成本风险转移给供应商，为此供应商向项目收取较高风险溢价<br>• 成本补偿或成本加成合同通常按发票金额支付承包商的成本，并支付与成本分开计算的费用<br>• 成本补偿合同很少将项目成本风险转移给承包商，只需要承包商为完成工程"尽最大努力"<br>• 风险溢价非常低，甚至到了完全没有溢价的地步<br>• 成本补偿合同不是完成合同<br>• 成本补偿合同不像固定价格合同那样容易管理；要想成功地执行成本补偿合同，就必须对商业数据进行更多的管理和交换 |
| 工料合同<br>（Time and Materials,<br>T&M） | • T&M用来购买劳动力，通常按小时计算，每小时有固定的价格。费用、工具和用品通常按成本报销<br>• 不承诺完成，甚至不承诺最大努力。承包商除了提供合格人员，不承担任何项目责任<br>• 每小时费率中包含一笔风险溢价，以弥补人员流失再招聘的高昂成本 |

### 11.4.5 合同激励和奖励

激励和奖励能够激发内部项目团队的积极性，也能激发承包商团队的积极性。通用的惯例是，首先根据成本绩效实施激励，然后根据增值成果实施激励。"本章附录"里表11A-1列出了一些常用的合同形式。同样在"本章附录"中图11A-1说明了项目和承包商之间的共同分担。

### 11.4.6 合同关系

合同建立关系，并提供传递知识、数据和优先权的手段和方法。作为回报，项目受益于承包商的工作，而承包商受益于商业关系。

#### 11.4.6.1 承包商具有价值观、实践和方法论

合格的承包商为这一关系带来了兼容的方法和实践；如果承包商不这样做，他们就不会被选为供应商。合格的承包商也有自己的价值观，这些价值观可能与项目不同。如果想使承包商和项目之间的价值观标准化，则应注意：合同是传递价值观和文化（相信并认为是正确的事情）的糟糕工具。

然而，承诺和责任是需要传递给承包商的两种价值观。幸运的是，承包商经常模仿他们观察到的情况，通过在某种程度上吸收他们最好客户的工作风格来尽量减少差异。当然，还有"胡萝卜"和"大棒"：激励和惩罚是吸引注意力和推动行为的两种手段。

不过，也有一些警告：戴明以回避所有口号、劝诫、量化目标和激励而闻名。自戴明以来，研究表明，激励或惩罚可以影响行为。但要使激励或惩罚有效，必须具备一些条件：

- 后果必须显而易见。
- 对各种可能性必须有广泛的认识和理解。
- 效果必须立即被感觉到并且是相关的。
- 结果必须符合公平和合理的社会准则。

#### 11.4.6.2 固定价格合同的敏捷

固定价格（Firm-Fixed-Price，FFP）完成合同不适用于敏捷项目的承包。

- 固定价格完成合同需要对一组不变的可交付成果提前就价格达成一致；为了固定价格的确定，范围必须是稳定的。
- 固定价格完成合同的条件在敏捷项目中不存在。

尽管传统方法论中常用的 FFP 在敏捷项目中是不合适的，但是有一些替代方法对固定价格合同还是有效的。一个可行的策略是固定价格的工作订单。在这样的合同中，项目首先建立一个框架，然后每次为一个迭代签订合同，每个这样的合同就是一个工作订单。为减少行政管理并及时签订此类合同，应遵循以下步骤：

- 建立一个框架，为工作订单提供基本的合同服务。
- 项目组从待办事项中选择需求，和承包商一起进行评估和定价。

- 在工作订单执行期间，需求是冻结的。
- 工作订单预留空间来处理累积的速度错误和债务。
- 项目指定工作订单持续时间内的时间盒。
- 工作订单完成后，向承包商支付固定价格。

为了使工作订单场景切实可行，在使用合同的情况下也必须应用将用户包含在团队中的概念：

1. 一种可能是在时间盒内将用户从项目组织派到承包商。如果承包商在附近，这种安排可能起作用。

2. 另一种方法是建立一个仪表盘和其他提供现场模拟的电子访问系统。

3. 另一种可能是预先在工做订单中包含一个与用户协商好的验收测试场景。场景由项目组的用户编写；当然，它是在承包商编写任何代码之前编写的。测试场景成为工作订单范围的一部分和需求规格说明的一种形式。

这些方法都会造成与承包商的关系紧张。需要注意的是，采用固定价格合同的规则是项目不能过多地干涉承包商；项目只对承包商的活动进行很少的监督。项目无权指导或建议承包商工作的方式方法。此外，还必须尊重合同条款，否则可能引起混乱。工作订单的范围必须通过协商确定，用户到现场是为了解释需求而不是为了改变范围。

当对客户的解释、优先权和紧迫性有一定程度的理解并能够合理估算价格范围（限制在目标价格和最高价格之间）时，激励合同是一种可能。价格范围应该足够大，以便可以吸收来自用户的多个指导的影响。在建立激励合同时，有两个价格需要协商一致。

1. 目标价格：目标价格是基于一切顺利的乐观价格。按目标价格计算时，承包商的利润比按最高价格计算的利润大。

2. 最高价格：最高价格是最悲观的价格，允许错过的需求和其他风险实现并包含在内。如果工程以最高价格或高于最高价格交付，则承包商的利润微乎其微，甚至根本没有利润。

项目和承包商分担目标价格和最高价格之间的成本，项目通常承担70%~80%的风险。在超出最高价格时，承包商承担所有额外费用的风险。

### 11.4.6.3 敏捷项目的成本补偿合同

成本补偿合同是专门为敏捷项目设计的。约定的规则是期望并允许对需求进行打扰、重定向和解释。如果此类行动增加了成本,则增加的成本将转移到项目中,而不会给承包商增加风险。

但是它没有完成承诺。绩效风险从项目转移到合同。在成本补偿加固定费用的合同中,所有成本风险由项目承担;在成本补偿加激励费用的合同中,承包商要分担一定的成本。在所有形式的成本补偿合同中,尽管激励费用可以促进成本控制,但承包商控制成本的动力很小。

在最简单的成本补偿合同形式中,根据承包商的预期资本成本和合理的股本回报支付固定费用。但是由于实际成本比最初的估计有所上升或下降,费用没有变化。一旦达成一致,费用就是固定的。

激励费用和奖励费用非常适用于成本补偿合同。激励费用是一种成本分担的安排,项目通常分担较大的份额。奖励费用是基于参数的费用。在合同开始时就协商好一个计分卡,类似于平衡计分卡。在定期评估的时候,将根据获得的分数对承包商支付费用。在敏捷项目中,奖励期通常是一个规划波。计分卡可用于功能、技术或管理的参数。

- 客户感知的特性和功能的质量。
- 通过单元和集成测试的通过率来衡量单元开发的质量。
- 更新计分卡、仪表盘和其他媒体的响应速度和准确性,以防意外。

### 11.4.6.4 敏捷的工料合同

工料合同是按小时购买劳动力的方式,通常是雇用独立的承包商。一旦签订了合同的开发人员进入团队中,团队的凝聚力就至关重要。

| 项目管理提示 | 工作订单与工料合同 |
|---|---|
| | • 工作订单比工料合同转移更多的风险。 |
| | • 工料合同只是解决人员问题。 |
| | • 工作订单带来额外人员、管理团队及可靠的完成承诺。 |

### 11.4.7 思考与讨论

你希望为敏捷项目开发签订合同,但希望避免在合同情况下通常出现的敌对紧张关系。你会做些什么来完成你的目标?

## 11.5 小结

本章的主题是敏捷方法是可以扩大规模的,并且在一定限制内,能够利用合同和虚拟团队的优势。

在 11.1 节中,我们了解到规模放大了每个项目问题,并可能产生规模特有的问题。对于敏捷实践者来说,扩大规模需要绩效单元团队放弃一定的自主性和独立性。我们了解到,规模引入 $N^2$ 沟通问题,如果我们想缩小规模,返回较小规模的路径可能有所不同。

在 11.2 节和 11.3 节中,我们了解到几种扩大规模的可行方法。

1. 网络。要提高生产力以便及时满足业务目标,需要多个团队。为了提高效率,团队在网络中工作,建立关系并交换信息。

2. 虚拟团队。要添加位于不同地点并且由于某种原因不能一起工作的员工,虚拟团队是一个解决方案。虚拟团队必须克服不在同一地点的缺点;他们需要准确和及时的沟通,致力于克服文化差异,并合理地分解需求以分配工作。

3. 合同。合同可用于解决技能、生产能力和可行性的风险。合同将风险从项目转移到承包商手中。然而,合同也存在虚拟团队的所有问题,还有合同结构的重叠问题。固定价格合同不适合敏捷项目。工料合同或完成工作订单(固定价格激励或成本补偿)是可行的合同框架。

通过这些扩大规模的方法,敏捷项目将不仅仅用于简单的项目,还可以扩展到更大更复杂的项目。

## 11.6 本章附录

### 11.6.1 激励合同（见表11A-1）

表 11A-1 激励合同

| 激励方式 | 说　　明 |
|---|---|
| 固定价格加激励 | • 给予承包商的激励在一个价格范围内而不是在特定价格点上<br>• 在目标价格和最高限价格之间，项目和承包商分担价格风险<br>• 超出范围（高于上限或低于目标），承包商承担所有风险<br>• 价格中包含较低的风险溢价，因此目标价格通常低于固定价格合同里的固定价格 |
| 奖励费用合同 | • 承包商的费用是基于在工作开始前预先协商的一些参数上取得的成果，有点像平衡计分卡<br>• 奖励费用通常适用于成本补偿合同，但也可以是固定价格合同的额外费用 |
| 成本补偿加固定费用和成本补偿加激励费用 | • 成本补偿加固定费用：费用是固定的，但是有补偿成本，目的是将费用和成本分开<br>• 事先协商好一个固定的费用，无论承包商的成本绩效表现如何都要支付这个费用<br>• 由于承包商不承担成本风险，因此没有包含风险溢价<br>• 费用适中，通常基于所用资本的合理回报，这是一个经济增值的参数<br>• 成本补偿加激励费用：固定费用激励分享提高了承包商的成本绩效。根据分摊比率，每节省一美元的费用都和承包商分摊 |

## 11.6.2 固定价格加激励合同示例（见图 11A-1）

敏捷迭代可以按固定价格加激励的方式签订合同

固定价格加激励合同是在承包商成本范围在目标价格和最高价格之间的风险分担和成本分担的合同形式

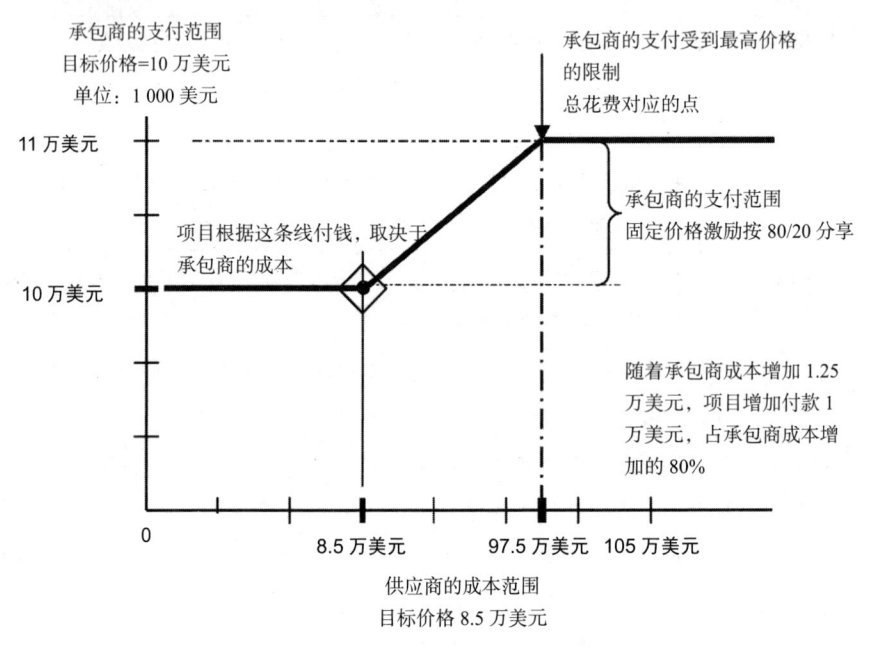

承包商的支付范围
目标价格=10 万美元
单位：1 000 美元

承包商的支付受到最高价格的限制
总花费对应的点

11 万美元

项目根据这条线付钱，取决于承包商的成本

承包商的支付范围
固定价格激励按 80/20 分享

10 万美元

随着承包商成本增加 1.25 万美元，项目增加付款 1 万美元，占承包商成本增加的 80%

0    8.5 万美元    97.5 万美元  105 万美元

供应商的成本范围
目标价格 8.5 万美元

图 11A-1　固定价格加激励合同示例

## 11.7　本章注释

1. 组件之间的交互增长大约为交互的设备数量的平方，即 $N\times(N-1)$。当 $N$ 较大时，这个公式非常接近 $N^2$。这个现象解释了为什么团队规模扩大到一定程度后会降低生产力。类似的概念适用于任何互通组件，无论是软件对象还是子系统。

2. Anderson, *Agile Management for Software Engineering*, 15.

3. Schawber, *Agile Project Management with Scrum*, 119-132, 147.

4. 见：http://en.wikipedia.org/wiki/Hysteresis

5. Highsmith, *Agile Project Management: Creating Innovative Products*, 12.

6. McConnell, *Code Complete*, Chapter 19, 453-492.

7. Beck, with Andres, *Extreme Programming Explained*, 95.

8. 流水线（Pipelines）和流水线化（Pipelining）用于描述使用计分卡获取像流水一样的数据。见 Goodpasture, *Pipelining your Project*, 37-43。

# 第 12 章

# 敏捷转型

也许有一种真正的敏捷方法——对每个团队都最有效的方法。

——Mike Cohn[1]

我们这一章的主题是，真正的敏捷方法是最适合团队、项目、投资组合和企业的方法。没有绝对的最佳方法，也没有绝对的实践。正如我们在第 1 章中所描述的，许多敏捷方法是不完整的，或者不像它们的传统对手那样定义良好。那么，你是在向哪个方向转型呢？这是由每个项目管理办公室来决定的。

从某种程度上说，整本书都是关于转型的，即关于如何在企业环境和商业环境中实现敏捷。在此基础上，提出了从传统方法向敏捷方法转型的一些具体问题，这些问题是我们将在本章中讨论的。

## 12.1 领导力转型

用问题来领导，或者用答案来领导。

### 12.1.1 目标

- 研究领导力转型的必要属性。

- 讨论并解释大交易（The Grand Bargain）在转型期如何运作。
- 研究影响企业计分卡的转型因素。

## 12.1.2 领导力和领导风格

几乎可以肯定的是，大型管理变革由企业高层领导时才更有可能成功。尽管有变革项目的方法论，但最好由熟悉该方法的企业高层担任领导者。因此，第一个转型的想法是，如果还没有熟悉敏捷方法的领导者，就需要先招募一个。

### 12.1.2.1 敏捷转型领导者

敏捷转型领导者需要具备以下一些特质：
- 受赞助和投资项目的企业管理层的尊重且具有影响力。
- 愿意尝试各种敏捷实践，并期望它们不都是开箱即用的，需要进行一些调优和实验，但组织也要付出一定的代价。
- 有能力和意愿为敏捷实践提供培训、工具和环境。
- 具有与企业和客户/用户社区协作的能力。
- 将领导视为一种活动而不是一件事，行动力强。

敏捷转型领导者的职责或行动是什么？我们可以肯定地说，以下这些是需要的：
- 为将要进行实践的行动团队设定战略方向。
- 评估并建立可能与传统文化不同的价值观，特别是所谓的主导地位的转移（在前面章节讨论过）。
- 随着转型项目的推进，实践者之间、实践者和企业经理之间的冲突需要解决（主导地位可能成为一个问题和冲突）。
- 提供保护和安全的环境，因为随着实践的学习、修改甚至放弃，将会出现一些失败和低效。
- 当出现争论时，特别是当团队发展还处于激荡期时，要恢复并维护秩序。

### 12.1.2.2 转型领导者的风格

有两种主要的领导风格可以有效地为转型领导者提供帮助：[2]

1. 用答案领导:"我找到了问题的答案。我们要做这个或那个,所以跟着我!"你可能期待这样一种转型领导者的领导风格,他已经内化了敏捷宣言,并吸取了敏捷原则的教训。除了对战略结果的自信(有答案的领导者都有自信),这种领导风格还可能是非常技术专家型的,接近于管理细节而不是领导愿景。的确,有些人可能不仅会说很多的管理方法,也有很多的管理实践。

2. 用问题领导:"我们有一些问题需要解决,以使这项业务变得更好,所以让我们一起努力,为向更好的方向转型做出贡献。"这种风格散发出一种自我安全感,好像领导者能坦然接受自己没有得到所有答案。这种风格的形成是因为人们愿意广泛地征求意见。一些人认为,在推动多元文化和多学科参与时,领导力往往是最具创新性的。

虽然转型领导者可能给出答案或提出问题,但在转型项目中仍然会遇到这些情况,需要一些风格上的细微差别:[3]

1. 完全是指令和强制性的,不给任何讨论机会。
2. 存在授权和信任的机会,把所有的战术决策留给团队。
3. 介于两者之间,指导与授权有一定比例的混合。

这三种选择是根据环境和追随者的意愿、产能和能力做出的。从本质上讲,这些风格并没有什么独特的敏捷或转型,但是转型到敏捷的环境会使其中一种或另一种发挥更大的作用。

| 项目管理提示 | 长期的结果 |
| --- | --- |
| | 无论哪种风格,其长远的结果对企业来说都可能是事务性或变革性的:<br>• 事务性:在必要或有效的地方使用敏捷方法,但默认方法是传统方法。<br>• 变革性:选择的方法变成敏捷,传统的方法几乎都在回顾里。 |

### 12.1.2.3 无权威领导

无权威领导在敏捷环境中经常出现。无权威领导并不意味着由委员会领导,也不意味着废除统治法则。的确，一个不是管理者的人也可能主导讨论，即使没有经理办公室也可能是一个大胆行事的伟大的人。

在向敏捷转型的情况下，对领导者的要求可能催生出一个天生的领导者。如果职位、权力和责任不一致，一个自然而非正式的领导者就会出现。

考虑无权威的可能性：

- 如果没有权威的约束，可能就会有更多的空间让创造性偏离旧有规范。非正式领导者不受更广泛的关注和责任的约束，可以专注于一个问题或一组有限的问题。
- 没有正式权力地位的领导者通常也在一线工作，他可以获取相关方的详细经验。
- 或许最重要的是，非正式领导者有自由让自己成为这个问题的典型代表。

### 12.1.3 大交易

在第 4 章中，我们开始提出大交易的观点，即通过项目与企业进行交易。

| 大交易 |
| --- |
| 其特征在于，为了具有战术上涌现性和迭代性的选择自由，项目承诺按照战略意图交付最佳价值。 |

如果这样一个大交易被认为是敏捷转型的一部分，那么它可能带来一些变革：

- 发起人控制着战略。
- 客户控制着许多战术。
- 项目控制实践和详细设计。

大交易在很大程度上依赖信任和安全。信任的环境通常是安全的环境；与信任一样，安全也是一种文化特征。

安全是这样一种理念，即团队成员不会因为与主流观点不一致或对立而受到嘲笑，他们不会被踢出团队，他们可以向当权者说出真相，而不用担心受到某种惩罚。

信任和安全是文化问题。由于敏捷的转变在某些情况下可能违背常规，所以实践者会期望领导者建立文化氛围，然后通过劝说和执行该文化中可接受的行为限制来进行规范。

| 项目管理提示 | 文化和虚拟团队 |
|---|---|
| | 团队文化很难跨越虚拟空间，因此，大多数刚开始的敏捷项目都认为共同工作是秉持统一价值观的重要推动者之一，也是重要的文化框架。 |

## 12.1.4　商业论证和计分卡

在企业计分卡上，构成商业目标的很多因素都是通过商业项目的可预测结果进行预测的。那么，关于范围蔓延对商业目标的影响，我们该说些什么呢？敏捷是否远离了范围蔓延？

### 12.1.4.1　范围蔓延

随着敏捷的转型，我们也要转移话题。

- 从：范围的详细说明，或导致范围蔓延的任何变更。
- 到：关于管理期望变更以保留基本商业价值的对话。

理论上，敏捷通过定义范围来规避范围蔓延：

- 客户/用户可以从待办事项列表中挑选出最重要、最紧急或最需要的事项。
- 如果没有足够的钱，他们必须把一些东西放回去。
- 随着项目的进展，他们会改变想法，即从待办事项列表中获取什么。但是他们的支付预算是固定的。

因此，变更在待办事项列表之间进行交易，这样整个成本和进度都不会受到影响，并且可预测的业务结果也是不受影响的——变更没有蔓延！

因此，即使没有技术上的蔓延，范围仍然会发生变化。现在的问题是，发起人对客户/用户的选择的反应是什么。发起人的愿景不能完全实现，或者不能按照发起人想要的优先顺序实现。但是敏捷的前提假设是忠实于客户/用户的需求胜过忠实于发起人的愿景。

#### 12.1.4.2 其他人的钱

然而，当发起人提供资金时，发起人可能觉得他们的优先级被不适当地打折和不必要地降低。毕竟，没有严肃的商业论证的项目是不会被批准的。需要有叙述、愿景和相应的商业期望。因此，钱会说话；发起人总是对项目的所有战略方向都有投票权，包括对完成的定义。

对于客户—发起人之间的紧张关系，没有固定的解决方法，因为发起人的个性、商业论证、项目章程及与客户/用户的关系都对开发人员的工作起到了一定的作用。这些都是转型项目中需要验证和实践的问题。

### 12.1.5 思考与讨论

大交易可能在试点项目中很有效，因为在这些项目中商业论证将会有风险，但是我们可以做些什么来将这种交易制度化成日常工作模式呢？

## 12.2 客户关系转型

承诺、协作、投入和在需要时出现。

### 12.2.1 目标

- 研究可能在转型中出现的一些客户承诺因素。
- 研究作为产品代表加入团队的客户可能需要的培训。

### 12.2.2 承诺

敏捷的核心思想是客户/用户非常关心项目及其结果，他们愿意为项目的成功贡献资源。因此，敏捷项目计划不仅假定了客户/用户的承诺，而且还假定了长期的承诺——无论它需要什么。

这些想法把这些转型问题摆到了前面，所以在这一节中会讨论：

- 客户/用户或产品负责人实在太忙了，无法致力于一种嵌入的、长期的关系，而这在传统方法中并不是必需的。

- 管理一个紧密联系的客户的承诺和关系，尤其是嵌入式客户，并不是免费的。

#### 12.2.2.1 客户参与

显然，正如作者所述，以下情况并不好：

"对于那些不成功的项目，产品负责人实在太忙了。该项目恶化为一个开发项目，在该项目中，设计决策是由团队在未与产品负责人直接协商的情况下做出的。"

太忙可能不是唯一的问题，还会存在：

- 没有文化（行为规范）来指导参与。
- 客户/用户可能不熟悉项目的节奏，对开发者来说是可持续的，而对客户/用户来说可能是不可持续的。
- 客户/用户可能没有足够权限代表产品或服务结果的所有客户，因此，参与会受到外部因素的制约。
- 项目和客户/用户之间可能还存在一个协议，其中描述了应该做和不应该做的事情、权限限制和问题升级协议。

在这些因素中，许可和约束可能是最令人烦恼和最难克服的。

还有"产品负责人幽灵"（Product Owner Ghosts），这是博客作者 Mike Griffiths 创造的一个术语。[4] 他们不会出现，或者几乎不会出现，或者当需要他们的时候你找不到他们。然而在后台，他们有影响力，有时会以神秘的方式推动项目。在转型阶段，你可能不会看到他们，因为产品负责人可能已经完全对其承诺了，但是他们也可能在稍后出现。

还有一些需要长期注意的参与弊病，尽管在转型期间你可能不会面对这些：[5]

- 在重要问题上犹豫不决，或者意外地撤销支持。
- 缺乏有效的沟通，也许是出于害羞、无聊，或者只是个人的工作方式。
- 过于频繁地传递交接，从而失去连续性，未能留下制度沉淀。

#### 12.2.2.2 转型到故事和用例

通常，在形成待办事项列表时会感受到它的影响。传统的结构化方法被故事和用例的对话所取代。

那么，这样的对话是什么时候发生的呢？实际上应该在项目一开始，在架构排除它之前。但我们如何才能进行这样的对话呢？在大型项目中，你不是直接与用户交谈，而是与用户的代理人交谈，而且他们可能来自远方，不仅在地理上而且在组织上。例如，在军事或公共部门项目中，采购组织签订合同购买产品，然后将产品提供给培训操作团队，培训操作团队把产品部署到操作环境，在这种情况下缺乏有效的对话并不罕见。

在转型过程中，要实践的解决方案是建立一些转型协议来收集需求。最初，在试点情况下，这些通常以脚本化的形式，在客户/用户层次结构中上下传递。交流仍然是对话式的，可能是故事板和白皮书的形式，但是可以解析为数据库。这些都变成了待办事项列表。

电子数据库的功能不只是存储便利贴或故事卡片。数据库可以提供其他方式无法提供的服务，但是这些服务可能与传统方法中的服务有很大的不同，因为故事有些非结构化和对话性质，因此在转型期间需要考虑如何处理这些情况：

- 故事持续了很长一段时间，因此会减少卡片的丢失和残缺不全。
- 搜索物以类聚故事或用例的关键字。
- 搜索冗余或重复的故事。
- 将技术和功能债务与更大的故事上下文联系起来。
- 确认和验证服务。

| 项目管理提示 | 从数据库到待办事项列表 |
|---|---|
| | • 在构建迭代待办事项列表时，如果有用的话，选择的故事会打印到卡片上。但是在一个所有人都在远程工作的完全分布式项目中，作战室必须是虚拟的，因此卡片是电子的。 |

### 12.2.2.3 客户管理

说有一个叫作"客户管理"的项目任务可能有些冒昧；在通常情况下是相反的，客户会谈到管理他们的供应商或承包商。从转型的角度来看，你的第一个敏捷项目很可能就是你的客户的第一个敏捷项目。

坦率地说，许多人没有根据经验做好准备，或者没有配备工具和协议，或者在文化上没有适应敏捷所要求的参与度。如果在公共部门或私营部门合同安排中，合同本身可能禁止或阻碍参与度。

即使有了参与度，掌管"糖果店"的想法也会让人难以抗拒。因此，一些想法、一些项目管理精力和一些项目管理资源将不得不通过以下方式转移到客户管理的开销上：

- 定义和记录参与度及问题升级机制。
- 定义并解释嵌入式客户如何成为整个业务的大使并代表业务期望。
- 为客户期望的工作提供培训，如故事或用例开发、待办事项列表审查、变更审批、用户测试和验证、为开发人员解释需求和其他项目特定的活动。
- 协助客户理解技术和功能上的实现，这些将会影响待办事项列表。
- 协助客户进行风险管理。
- 协助客户向企业管理层汇报，汇报内容包含所有计分卡指标。

### 12.2.2.4 产品负责人规模

在企业中，客户/用户或产品所有者可能不是一个人，而是一个组织、委员会、工作组或理事会。在这种组织设计里，没有一个人能够充分地代表涵盖整个操作和支持环境的用户需求，例如：

- 用户培训和部署到操作单元。
- 补给、维护和用户支持的供应链考虑因素。
- 为修复、现场修复和补丁、变更和升级提供服务支持。

当企业或公共部门机构具有全球影响力时，产品负责人的规模会因地理、文化和语言差异，监管差异和用户偏好而更加复杂。例如：一个产品负责人委员会由代表全球市场用户、所有商业团体和软件服务组织的几个有投票权的成员组成。投票成员负责将其委托人的用户需求转换成用户故事，供委员会审查。这个委员会对待办事项列表、质量建议和全球商业论证的满意度有着不一般的实际影响力，转型到这样一个委员会不是一件小事。显然，明智的做法是在经验和反馈的指导下，从小处着手，扩大委员会的范围。

| 项目管理提示 | 全球部署 |
|---|---|
| | • 可以想象，当全球部署正在进行时，理事会、委员会或工作组将把所有能让整个全球化团队正常工作的用户故事优先级调到最高，这些用户故事的优先级高于功能需求和一些不太重要的缺陷或债务。 |

### 12.2.3 工作培训

培训是有必要的。你可能已经预料到了，一个好的项目——嵌入式客户不是严格的、现成的，实际上，是有培训和指导的。培训实际上是向新客户/用户或产品负责人传授他们所期望的每个任务的各种步骤——其中许多任务可能已经讨论过了，但是其他任务是特定于该项目的。

需要在材料和工作设计方面进行一些投资，并且大多数情况下都是可重复使用的。同样，尽管这些材料是根据情况而定的，但它们可能是转型项目的可交付成果。如果一个有经验和悟性的产品负责人被招募到转型阶段，他可以在没有正式材料帮助的情况下有效地工作。实际上，我们讨论的是一个能够容忍第一次尝试不确定性的产品负责人。

当然，在前进的过程中，你会想要剖析出最佳的培训内容——因为培训在你的文化中是可以接受的。当然，在每个人的理想性格清单上都有这样一些人，他们善于接受新思想，有能力也愿意接受培训，并且渴望接受类似于 S4 或授权型领导风格的培训。[6]

培训材料上可能还会包含以下内容：

- 允许团队分散各地；虚拟产品负责人是可以存在的，但不是在转型阶段。
- 愿意承担责任，并有能力推动结果。
- 尽管敏捷重视冗余，但在不与同事轮换工作的意义上持续可用。
- 在产品或服务领域得到认可和尊重。换句话说，产品负责人不应该是所代表的客户/用户组的局外人。
- 履行责任中带着一定权威，虽然读者会想到无权威领导。
- 对人际沟通有足够的了解，因此协作和沟通都很自然。

### 12.2.4　思考与讨论

我们说管理客户是一种自以为是的想法，但事实果真如此吗？任何加入一个项目团队的客户，特别是在一个几乎是全职的嵌入式环境中，难道不应该被期望服从于项目管理吗？

## 12.3　项目管理转型

敏捷方法中有项目管理的角色。

### 12.3.1　目标

- 讨论并解释影响向敏捷项目管理转型的因素。

### 12.3.2　项目设计

当你总结很多关于敏捷的文章时，有两个观点似乎被重复提及：
1. 敏捷解放了开发人员。
2. 敏捷对管理者来讲是一种威胁。

这些都是我们所说的项目设计的结果。对于开发人员（包括所有那些处于设计、开发、测试和集成的构建周期中的开发人员）来说，敏捷意味着更少的项目管理开销，更多地强调精益实践、过早试错或快速成功。当然，更少的开销通常意味着更少的计划和文档、更少的项目度量和指标，以及更轻的过程控制。毫无疑问，敏捷宣言直接迎合了这一主题，即更少的开销和更高质量的吞吐量。

对于管理者来说，第一次试行敏捷会造成一种偏见，这种偏见有个正式的名称叫展望理论[7]，但不太正式的说法是，我们非常害怕失去我们所拥有的东西，而不是看重改变所带来的好处。因此，人们倾向于夸大失去我们所珍视的东西的风险，而低估改变现状的好处。

夸大什么风险？我在一个公共论坛上听到了这个想法：项目经理应该拥抱敏捷，因为它将废除我们所熟知的项目管理方法。但是这样一个精益项目难道不是对企业最好的事情吗？坦率地说，在那个论坛上，项目经理们并没有争先恐后地去实施敏捷。

当然，正如这些章节所显示的，这将会得到一些变化，并且理解我们对失去所拥有的东西的自然偏见是值得尊敬的。我们将讨论项目设计中的一些元素，这些元素可以缓解这些偏见。

#### 12.3.2.1 系统工程及规模

当我们谈论系统工程时，我们通常谈论的是系统工程的三大思想：需求、架构和验证。在这三者中，肯定与敏捷原则或敏捷宣言没有什么不兼容的。

让我们这样说吧：我们来自系统工程，我们来这里是为了帮助……

真的吗？系统工程能为敏捷项目做什么？答案可以在下面关于需求、架构、验证、阶段—关口（Stage Gates）和同行评审的讨论中找到。

| 项目管理提示 | 系统工程和项目设计 |
|---|---|
| | • 作为项目设计的一部分，系统工程经常直接与项目办公室联系在一起，其负责人通常向项目的首席技术人员或项目经理汇报。 |
| | • 我们可以用项目组合管理来代替单个项目，因为系统工程通常是在项目组合管理级别上发现的。 |

**需求**：的确，系统工程师更习惯于结构化分析、分解，以及大量"应该"和"意愿"描述，而不是故事和用例的非正式对话。很多结构化分析并没有出现在大多数（但不是全部）敏捷方法中，除非在更复杂和更大规模的项目中，这些项目涉及敏捷建模。[8] 尽管如此，工程师参与需求和待办事项列表开发的动机很好地满足了敏捷的需要，不仅要从许多不同的故事、用例和语句中开发一个叙述，而且要构建一个支持整个待办事项列表的架构。

**架构**：与需求密切相关的是架构——表现、结构、接口、大规模设计和相互关系。架构的重要活动除了外观和表现，还包括：

- 将需求分配给主要的系统组成部分。

- 定义组成部分之间的关系。
- 解决那些可能损害耦合、一致性、内聚、冗余和多样化的冲突。

> **耦合、一致性、内聚、冗余和多样化**
>
> 耦合：把一种影响从一部分转移到另一部分的能力。松耦合是指在传输过程中会产生大量的损耗，因此只会感觉到很小的影响。紧耦合则是无损耗的。松耦合有利于隔离风险；紧耦合有利于信息传递和响应及时。封装使迭代、对象和不同方法之间的耦合变得松弛。
>
> 一致性：一项活动对另一项活动的强化，通常由一项活动相对于另一项活动的阶段化或分时而引起。缺乏连贯性可能是破坏性的。因此，在混合项目环境中，需要及时在封装的活动间及传统方法和敏捷方法之间进行同步和分时。
>
> 内聚：指在压力下，各成分黏在一起或不散开的能力。敏捷面对的对象，以及传统面对的对象，都要经受压力检验。
>
> 冗余：完成一个活动的替代方法的可用性，尽管这种替代方法可能不是完全重复的，并且在所有方面都不能产生一个可靠的呈现。交叉培训团队成员就是制造冗余的一个例子。
>
> 多样化：分配原因和结果的方法，使可能影响其中一个原因的错误和风险事件不会影响所有原因。总体结果的风险较小，因为整个因果环境中只有一部分受到事件的影响，而不是整个环境。

**验证**：在其他章节中，我们已经讨论了测试和验证的问题。但是为什么要让系统工程师参与验证过程呢？主要原因是带来全局和更大规模的架构验证。这种对全局的关注使发起人确信：商业论证的战略意图得到了尊重；市场营销全面展开；如果有制造或发布后的支持，那么这些组织也会在验证中获得代表。

**阶段—关口**：敏捷不是"阶段—关口"流程的方法，主要是因为范围被看作涌现式的，因此，预先确定的关口标准思想与渐进的精化和涌现是不一致的。但是敏捷确实支持结构化的发布。系统工程师或项目经理都可以围绕一个版本制定标准，并将其作为交付范围的关口。

**同行评审**：同行评审不仅是一个系统工程功能，而是每个系统工程都对建议的交付成果进行同行评审。同行评审是一种非常强大、廉价且易于实现的实践。有些团队把同行评审称为"红色团队"，然后用其他颜色来表示处于不同成熟度的团队（红色，然后是金色，等等），因为他们认识到每次评审都会有改进。为了提高效率，需要一个固定的评审团队，这样就不会为每个评审都单独发明"轮子"。

| 项目管理提示 | 同行评审的权威 |
| --- | --- |
| | • 应该有关于同行评审是否具有否决权或强制执行的约定，以及申诉或升级流程。 |

#### 12.3.2.2 项目计分卡

**预算**：理论上，在敏捷中如果每个迭代不是零基础的，那么每个版本上都是零基础的。理论上，发起人可以在每次发布时提出问题并重新做预算、重新组合，甚至停止项目。这明显不同于传统的预算编制方式，即项目必须在顺利运作一段时间后才有机会实现零基础。但是在实践中，零基础通常是挽救陷入困境的项目的最后手段。任何合理规模的大多数项目都有许多相关的活动，难以抗拒继续下去的势头。

**偏差和重建基准**：如果项目错过了一个日期，那就是一个偏差。只要你试图恢复计划，基准仍然是你正在管理的计划。然而，常识在任何时候都是适用的。在大多数关键情况下，任何时候都有两个计划：

1. 基准计划——这是发起人（企业）和项目之间的协议。
2. 运作计划——这是从基准衍生出的日常计划。

作为项目经理，你需要设置一个策略来合并运作计划和基准计划。以便在一天结束时，基准是记录计划，所有记录的偏差都是根据基准测量的

现在，如果情况发展到基准不再有效，例如，批准的影响战略意图的变更。这样就没有切实可行的方法来将运作计划与基准计划合并，那么重建基准则是合适的。

• 记录并存档与基准的所有偏差。

- 重新规划项目，这个重新规划将会成为第二个基准。

在项目总结时，将两个基准的偏差存档相加。这些成为记录的累积偏差。

#### 12.3.2.3 变更管理

**商业论证变更：**如果客户/用户或产品负责人建议更改需求（在商业论证中没有预料到）和企业提案的材料（会影响价值成本），那么何时重新评估商业论证呢？敏捷提供了两种方法：

1. 回顾评估——引领下一个待办事项列表。
2. 发布计划——将产品发布到企业中。

除了这些方法，每个业务可能都有处理商业论证变更的过程，这些商业论证变更将覆盖到项目方法上。

**项目计划变更：**应该有一个敏捷项目计划吗？是的，正如我们在书中其他地方讨论的，项目计划是用项目语言重写的商业论证，通过添加足够的内容确保在正确的路线上开始项目。

计划可以改变吗？当然可以。把这个计划当作一个模型。所有的模型都是临时的，缺乏所有的细节。随着细节变得日益明朗，修改计划、为企业引入变更管理流程可能是值得的。

---

**是否需要敏捷计划**

想想看：项目经理正站在一位拥有所有资金和影响力的高管面前，向他推销一个项目，并说："我没有书面计划，没有行动模式，对我想做的事情也没有严格的要求，但请相信我，我会完成它！"你会投资这个项目吗，哪怕只是一个试点项目，哪怕只是一个转型策略？

---

### 12.3.3 远程工作

在本书中，远程工作和虚拟团队被提到过很多次。从转型的角度来看，试点团队应该建立一种方法来评估他们在敏捷环境中的有效性，有几种技术可以被应用到一个试点项目中。这些技术可能包括：

- Skype（或同类工具）上的一对一私人聊天渠道。

- 云中的虚拟文档和工件存储库，提供文档编辑和协作服务。
- 虚拟任务板（存在这样的应用程序）。
- 每个人都在线，即使在本地。
- 会议室中每个人都要限制个人电话接入。
- 预先分发会议记录。
- 跨越时区的标准通话时间。
- 在可能的情况下召开视频会议。
- 使用像 WebEx 或类似软件做在线桌面共享。
- 即时消息沟通渠道（如 IM 等）。
- 参与分享共同的经历来建立信任。
- 访问远程的办公地去获得面对面的熟悉感。
- 建立行为的规则和约定，以及后续规范。

### 12.3.4 环境密度

无论是在敏捷项目还是传统项目中，同一工作地点和人员接触密度的影响并没有真正的区别。我们已经在其他地方讨论过虚拟团队沟通通道变窄导致速度降低。那么，与之相对的则是，抑制人员接触的密度可能产生意想不到的结果，即抑制生产率的提升。[9]

因此，这里是否有转型的因素？也许有的。这取决于传统项目设计的基于虚拟和远程的工作模式，这是企业常用的组织方式。

当然，2001 年在犹他州开会的敏捷实践者认为，敏捷方法最适合本地协同和近距离接触。如果可能的话，应该转型到该模型。

- 项目经理应该对分布式或虚拟团队的生产力降低期望。
- 如果一般情况下是分布式团队，那么同一地点办公则为提高生产率提供了机会。

与生产率相似，观察者们注意到创新似乎与密度相关：更大的密度产生更多的创新。我们看到这种现象在地理上密集的中心地区上演，这些中心地区成了创新的引擎。我们也可以在项目级别和企业级别上看到这种效果。最近出现了一种把虚拟工作者办公场所搬到"母舰"的趋势，这并非偶然。史蒂夫·乔布斯（Steve Jobs）以将皮克斯（Pixar）的卫生间布置在一个非常中央的位置而闻名，这样一来，各个部门的人就有足够的机会碰面并交换意见。

甚至有人研究，多远的距离可以让知识工作者通过密切合作来优化创新。其中一项研究成果就是所谓的"艾伦曲线"（Allen Curve），该曲线以其首席研究员的名字命名，它预测，随着人们的距离增加或分离，创新会以指数方式衰减。[10]

| 结对的力量 |
| --- |
| 与艾伦曲线相补充的是敏捷中的一些观察：天才和创新实际上是两个人一起工作的结果。创新不来自孤独的天才，也不来自更大的 6 人团队。[11] |

另外，也有对立的观点。

- 性格内向的人需要独处空间：如果接触时间长了，他们在人群中的工作效率会迅速下降。
- 性格外向的人恰恰相反：当从人群中蹦出想法时，他们的工作效率更高。

| 关于密度和同一地点的普遍建议 |
| --- |
| 对于那些转型到敏捷的人，普遍的建议是也要转型到最密集的环境。这还包括位于同一地点的作战室和公共会议区。 |

### 12.3.5 风险管理

也许风险管理中的故障安全计划（Fail-safe Scheduling）是敏捷特有的元素，因此值得在转型期间进行研究。故障安全计划有两个主要特点：

1. 可持续的计划节奏（敏捷原则）。
2. 对可能出现的未知情况提前预留缓冲时间。

#### 12.3.5.1 可持续的计划节奏

对于可持续的计划节奏最具影响力的贡献者是迭代中的富裕时间。这是通过团队不过度承诺来实现的。正如 Scott Ambler 和其他敏捷方法学家所观察到的，在迭代中一个团队的工作量不应该超过团队基准能力的 70%。然后，30%的时间可以作为缓冲来消化迭代中的变更，如果没有变更则可以用来处理待办事项列表中收集的大量技术债务。

#### 12.3.5.2　宽松的计划

另一种技术借鉴了传统关键路径计划中的关键链思想，插入空迭代作为溢出缓冲来消化技术债务（未完成的小的需求范围或测试），并允许不可预见的紧急测试需求。

#### 12.3.5.3　签字和批准

你可能不认为签字和批准是一个需要管理的风险，但是在敏捷社区中出现了这个问题。这就造成了一种风险情况：在应用敏捷方法时应该有一个发布签字过程吗？

问这个问题的人还会问：强加的签字会不会是官僚作风玷污了敏捷？

事实上，是的，但它可以是精益的。这里的考虑有：

- 它是进入代码库，还是进入商业生产？
- 如果进入商业生产，它只是一个缺陷修复还是一个新功能？
- 如果是新功能，是面向用户的吗？
- 如果是面向用户的，它是直接呈现还是需要培训和正式推出？

以上每一个都伴随着风险。那项目的风险有多大呢？因此，应该有一个将保证传递给企业的签字过程，而且签字机构应该是最接近问题的机构，也应该对风险承担责任。

### 12.3.6　试点

对有重大商业价值的项目更改其项目运行方法，最佳方法（无法替代）则是从有意愿的发起人支持的试点项目开始。为此，有很多关于敏捷试点的建议，可以总结如下：

- 选择一个你认为在技术上可以承担合理风险的项目。
- 以企业标准选择一个小项目，但需要足够大，可以实践重要的转型思想。

- 选择一个具有商业吸引力的项目，它将由企业提供足够的资源，并会吸引一些发起人。
- 不要选择一个有严格时间限制的项目，你需要时间来调试流程、工具和环境。
- 如果可以避免这些问题，不要从一个虚拟的远程团队开始。

这些想法被普遍认为是正确的。关于如何挑选试点团队，人们意见不一。有两种思想流派：

1. 精心挑选的 A 团队最有可能交付一个成功的试点项目，其团队成员渴望尝试敏捷并解决实际问题。这将是敏捷方法对企业和传统开发人员的良好形象大使。

2. 以普通的方式挑选一个好团队，虽然一些团队成员不情愿参与，但仍然会保持合作。这将会冒第一次不成功的风险。

前者是关于在真实项目中很好地处理敏捷实践，从而使企业确信敏捷是项目运行的好方法。尽管试点本身可能没有任何实际风险，但是这样一个精心挑选的团队可能留下这样的问题，即试点的结果是否可以被其他团队复制，试点的成功是否可以扩展到企业级。

后者更多的是测试敏捷的有效性，为了更快速地将敏捷扩展到企业级，在试验成功上会存在风险。

至于哪种做法是正确的，则取决于每个企业的具体情况。因此，并没有普遍正确的答案，尽管对于特定的情况，可以决定哪种方法是最好的尝试。

## 12.3.7 文化

### 12.3.7.1 改变环境

敏捷是一个高变化的环境，在许多方面肯定比传统项目更不确定。关于敏捷，我们可以说：

- 规则更少。
- 规则容易被违反。
- 过程宽松。

并不是所有的文化或个人都能很好地适应这种情况，需要一些过渡：

- **对变化的低容忍度**。这些人不寻求改变，也不寻求宽松的流程和简约的规则。如果这些变化发生了，他们对领导者也会有一定的期望，从建立和维护秩序、安全和公平开始。在需要发生变更的情况下，只要有坚定和自信的领导，即使激进的变革也可以被接受和容忍。如果有透明度、低腐败和公平竞争，很多问题都是可以容忍的。换句话说，小人物得到了公平的待遇。

另外，在某些文化中，敏捷可能蓬勃发展：

- **对变化的高容忍度**。这些人的思维是实验性和涌现式的，他们更有可能欢迎和支持敏捷的精益管理。混乱（即使有一点点混乱）也为创新提供了燃料，纳西姆·塔勒布（Nassim Taleb）在他的《反脆弱》一书中很好地阐述了这一点。[12] 颠覆性和古怪的行为是有价值的，或者至少不应该禁止。事实上，对于创新的变革，尤其是颠覆式创新，必须打破传统的监管过滤器，允许快速和开箱即用的反应；你不能像以前那样，通过诸如一根吸管来处理变革，或者看到足够的背景。

#### 12.3.7.2 能力

一直以来，都有关于核心能力的讨论，这些能力"是组织中的集体学习，特别是如何协调不同的生产技能和集成多种技术方法"。[13] 大家都知道，在一个最佳的商业模式中，核心竞争力造就了核心产品和服务，这些产品和服务正是企业及其战略意图的定义。

因此，那些影响集体学习以及协调和整合各种技术能力的企业和项目环境，往往会影响哪些能力是最重要的这一问题的答案选择。企业和项目建立的文化——信念、价值观和行为本身就是其核心。因此，在考虑向敏捷过渡时，敏捷宣言和敏捷原则与企业核心竞争力、产品、服务和文化的契合度是需要考虑的。

例如，在高度重视过程、稳定性和可预见性的文化中，所有支持这种心态的敏捷原则都受到高度重视：安全性、消除障碍、书面价值和原则。但是更宽松、更轻松、更精简的流程和规则，以及自组织、更自主的工作可能不适合。事实上，在那些重视传统方法的人眼中,这种诉求甚至可能被认为是不称职的。

克服这种偏见是目前一项重要的转型需求。

| 项目管理提示 | 有能力或无能力<br>• 与文化不符的能力可能被认为是不称职的。例如,在某些文化里对牛仔不欢迎。 |
| --- | --- |

#### 12.3.7.3 志愿者

一些项目是如此敏捷,以至于吸引并拥抱了志愿者。[14]如果企业传统上不倾向于志愿者角色,那么这可能是一个转型问题。

当然,有些文化欢迎并支持志愿者和志愿者项目。除了不领取工资,志愿者可能在其他方面与带薪员工也有不同,例如:

- 他们的培训和服从指示的意愿。
- 动机、责任和承诺。

在非营利组织的实际敏捷项目管理中,Karen R. J. White 告诉了我们关于志愿者的事情:

- 他们并不总是出现,也不经常给出通知或理由……他们就是不露面。
- 虚拟的志愿者团队几乎是不可想象的。你必须亲自见面和打招呼。
- 如果他们真的来了,他们可能在重要的时刻离开,但这些事情还没有重要到足以阻止他们离开。
- 他们可能有地盘意识,倾向于做自己喜欢做的事情;有时对帮助或指导有敌意。

如果志愿者在他们正常的身份和舒适区外工作并且认为这是增值的,他们通常会很容易地采取行动。他们并没有对主办组织做出战略性的承诺——他们没有薪水,没有福利,没有升职,没有办公室,也没有一个可以长期待在一起的地方。

- 志愿者对他们正在从事的项目及项目所在组织的成功都非常投入。相对于项目的正式要求,志愿者投入了更多的时间和精力。
- 存在明显的效率低下:劳动力便宜;如果你需要的话还有很多。

- 保持精益的压力大为减轻，但是开销可能高一些，并且它的影响可能不会在计划中被预料到。
- 达到带薪员工的基准可能过于乐观（请参阅前面关于效率低下、管理费用和承诺的要点）。

志愿者团队就像其他团队一样团结；领导者会一如既往地涌现；有时还需要解决主导地位的问题。要知道，志愿者对被利用很敏感，因为他们通常无法接触到高级管理层、组织上的问题升级和呼吁。志愿者对于是否成为老师的宠儿非常敏感，不要厚此薄彼！

| 项目管理提示 | 差异与区别 |
|---|---|
| | - 通常会有年龄和经验上的差异，这可能是相当惊人的，比如作为高管和高级技术人员的志愿者可能都会受到 20 多岁的年轻人的监督。<br>- 年轻的管理者需要意识到年龄是有代价的，年长的一代可能行动会慢一些，等等。 |

### 12.3.8　思考与讨论

在讨论影响项目管理向敏捷方法转型的众多因素中，哪些因素对你的情况影响最大？为什么？

## 12.4　项目组合管理转型

如果你是项目组合经理，那么需要一些敏捷性！

### 12.4.1　目标

- 研究范围管理的影响因素，这是敏捷转型所特有的。
- 在项目组合管理背景下讨论团队管理。

### 12.4.2 范围管理

转型到敏捷项目组合管理会带来一个真正独特的问题：在项目组合中，每个项目的范围在战术上涌现的管理效果。问题的本质是这样的：项目组合经理通常的任务是以一种对企业最有利的方式在项目之间分配范围。但是如果范围是涌现式的，该如何完成呢？

这是通过使用我们以前讨论过的常用工具来实现的：耦合、多样化和冗余。期望的特点是整个项目组合的一致性和内聚。影响范围分布的因素通常有：

- 架构单元之间的自然线或接口，有利于将每个单元与一个最佳的项目团队放在一起。
- 设置项目间的冗余，以实现故障保护计划，并消化不可预见的外部事件的冲击。
- 通过将架构单元分配到不同的项目中来达到解耦，以便控制或分散风险。
- 需要利用项目之外的力量。

如果范围在战术上是涌现的，那么如何管理商业利益呢？对于项目组合经理来说，即使每个项目都忠实于它的战略意图，这些目标中的一个或多个也可能因为涌现和战术上的范围变化而受挫。因此，从转型的角度来看，可以尝试影响待办事项列表，其目标不仅是保持战略意图，而且保持范围分布的效果。

- 在项目组合管理办公室中保留一名架构师来监督架构单元的分布，并在与战略意图相关的项目中维护这些单元。
- 制定协议以控制可能影响冗余的变更。
- 部署解耦技术，如缓冲和冗余、封装、固定接口和中间层通信。
- 批准一次性对象的开发，以防止相关项目由于错过里程碑而导致待办事项冻结和锁定。

### 12.4.3 团队管理

与范围管理不同，项目组合经理对于项目组合中项目团队的有效工作有一定的职责和权限。例如，项目组合经理可以对以下事项做出决策：

- 同地或异地办公。

- 同处一地的团队紧密结合在一起，有利于创新和准确、及时的沟通。
- 虚拟团队是松散的，但会以可承受的成本提供独特服务。
- 管理发布顺序。发布在项目之间按照项目组合下的用例进行排序，同时也根据企业吸收变化的能力进行排序。
- 在项目之间建立安全和公平。目的是优化一致性和最小化项目之间的非价值、非精益活动，减少不和谐因素。

不可避免地，在团队之间，以及团队与更高级别的项目组合目标之间的责任关系将变得紧张：

- 项目关注价值收益、资源利用和达标基准。
- 项目组合关注客户满意度和商业成功的度量，通过商业交付结果以达成战略里程碑。

| 项目管理提示 | 管理压力 |
|---|---|
| | • 当每个项目都在为资源配置和待办事项列表开发寻求局部优化时，项目之间会有竞争和分歧。<br>• 存在对项目组合最优的商业目标，但是会妥协于项目的涌现式和迭代式的范围。 |

### 12.4.4 思考与讨论

我们假定要处理一起紧张关系：项目组合的商业目标与项目自身的涌现式范围存在冲突。你会用什么方法来处理这种紧张关系？

## 12.5 公共部门的敏捷转型

公共部门项目也可以是敏捷的，即使会有更多的规则。

### 12.5.1 目标

- 研究在公共部门环境中影响敏捷转型成功的因素。

在第 11 章，我们讨论了合同。合同是承包商在公共部门工作的有力工具。因为对于大多数公共部门来说，为敏捷开发签订合同是一项正在进行的工作，所以读者应该把第 11 章看作关于合同的转型问题的讨论，因为它适用于公共部门。

在本部分中，我们将研究与合同不同的公共部门的转型问题。

### 12.5.2　范围和变更管理

一方面，公共部门项目可能没有多少公众期望，它们只是公共管理的一部分。另一方面，许多公共部门项目吸引了广泛且多样的公众关注。这些可能与敏捷方法相冲突，并且必须被纳入转型计划中：

- 敏捷团队做出有关待办事项列表的决策的自主性可能受到限制。
- 忠实地保持战略意图，同时控制资源消耗是有压力的。
- 公共监督规则和法规可能不允许精益管理。
- 对失败的容忍度很低（经常失败、过早失败很难让公众接受）。
- 进度延迟比成本超支更容易被容忍（而敏捷更关注进度而不是成本）。
- 政治可能胜过项目管理或团队选择和决策。
- 公共责任始于计划。

### 12.5.3　代理偏见与规则

不管所处的公共环境如何，每个公共部门都有自己的偏见和规则，更不用说商业术语了，不管它是哪个更大的公共环境的一部分。虽然为公共部门工作可能是承包商的核心能力，但这种能力是有条件的：

1. 承包商以客户代理机构的语言和文字表达能力。
2. 由成功的业绩记录发展起来的各方之间的信任（业绩记录将移植到其他机构，但信任不会）。
3. 熟悉和理解客户代理的标准和标准文件。
4. 了解客户代理的偏见。

因此，显而易见的是，转型试点的任何计划都应由与该机构有熟知关系的代理或承包商负责。

另外，许多（如果不是大多数的话）公共机构已经将向敏捷的转型纳入了它们的战略思维，虽然不是在它们的战略计划中。因此，在公共部门将有很多机会可以使用敏捷方法，甚至标准委员会和监管者也在发布更多旨在支持敏捷原则的标准。

### 12.5.4 价值成本

价值成本通常是一个效用问题（一般是对用户的价值）。

- 战略意图是对效用的第一个描述，即结果对客户/用户和发起人来讲到底意味着什么。
- 使命完成可能胜过所有传统的项目指标。失败将不是一个选项；要不惜一切代价取得成功。
- 公共预算是神圣不可侵犯的，通常比项目或机构的里程碑要神圣得多。但是每个项目都有一些关于财务业绩的目标。
- 投资回报在公共部门并非完全没有意义。许多部门有收益回报或成本效益分析的财务衡量标准。

这个问题是永恒的：尽管有些书宣称"你可以测量一切"[15]，但是公共利益往往在金钱上是无法量化的，因为在公共部门的环境里因果关系往往非常模糊。这样的环境有循环因果关系但没有明显的入口或出口。[16]

---

**值得吗?**

更复杂的是，投资回报率或 NPV 或 EVA[17] 的统计可能都是不利的，但正如叙述中所设想的，项目的收益对于公司战略的成功是至关重要的。因此，项目及其运作重点转向最小化项目负面度量的风险，同时最大化提高长期收益的回报。

---

### 12.5.5 思考与讨论

如果你的机构希望在方法上是敏捷的，但是在原则和规则上是传统的，那么有什么可能的补救方法来实现敏捷呢？

## 12.6　小结

我们这一章的主题是，真正最适合团队、项目、项目组合和企业的方法是敏捷方法。本章讨论了一些从传统方法转型的问题，而传统方法转型的起点是企业管理中的领导力。

在 12.1 节中，我们假设在企业和项目团队之间有一个大交易，项目对战略意图的忠诚承诺允许企业给项目在战术上涌现的自由。

因为敏捷是关于客户满意度的，所以 12.2 节是关于客户关系的。有两个要点，每个都与客户可能不熟悉他们在敏捷项目中的角色有关：

1. 承诺与团队紧密合作。
2. 通过培训，将客户提升到与团队合作的能力水平。

项目设计是 12.3 节的主题。考虑到同地办公、虚拟团队和远程工作、环境密度和其他因素，关于如何设计最适合企业的项目，读者应该将这个部分及本书的其他章节作为指导。但最重要的是，任何向敏捷的转型都应该包括一个试点项目。当然，我们警告说，如果试点团队是经过挑选的一个 A 团队，那么试点可能不能很好地扩展或预测其他项目的常规结果。

12.4 节将我们带入项目组合，这也许与项目本身同样重要，因为敏捷的涌现式范围直接与项目组合中的范围分配策略有关。项目组合管理中有各种各样的工具可以帮助管理范围分布，并且在某种程度上，这些相同的工具也适用于团队管理。团队在地点和项目之间的分配将影响项目组合目标，导致一些关于如何在企业中进行处理的转型问题。

12.5 节虽在最后，但绝不是最不重要的，考虑到资金和项目的数量，公共部门包括政府项目、非营利项目甚至志愿者项目，都在进行转型。这一模式的目的是加强"合同"一章中的一些构想，这些构想也是公共部门项目方面的一个重要工具。

## 12.7 本章注释

1. 请参阅 Mike Cohn 的博客：http://www.mountaingoatsoftware.com/blog/the-one-true-way-to-be-agile.

2. Heifetz, R. *Leadership Without Easy Answers*, Harvard College, Cambridge, MA, 1994.

3. 这三种风格是对情境型领导的 Hersey-Blanchard 模型的四种领导风格的模仿，请参阅：http://en.wikipedia.org/wiki/Situational_leadership_theory。Hersey-Blanchard 模型也有供追随者使用的样式，领导者和追随者的风格之间有映射关系。

4. 请参阅 Mike Griffiths 的博客：http://www.leadinganswers.typepad.com

5. 源自 Mike Griffith's CASPER 列表：相反的、缺席的、转换的、被动的、难以捉摸的、隐居的。

6. S4 是对之前讨论过的 Hersey-Blanchard 情境领导理论的参考。

7. 请参阅 http://en.wikipedia.org/wiki/Prospect_theory 对展望理论的解释。

8. 关于敏捷建模的一些最好的资料可以在 ambysoft.com 上找到，这是 Scott Ambler 的网站。

9. Avent, R. The Gated City.

10. 请参阅：en.wikipedia.org/wiki/Allen_curve

11. 请参阅：www.nytimes.com/2014/07/20/opinion/sunday/the-end-of-genius.html

12. Taleb, N., *Antifragile: Things That Gain from Disorder*, Random House, NY, 2012.

13. Prahalad, C.K. and Hamel, G. *The core competence of the organization*, Harvard Business Review, May-June, 1990 at https://hbr.org/1990/05/the-core-competence-of-the-corporation.

14. 志愿者不是实习生、无薪实习生、兼职人员或合同工。他们是熟练的实践者，选择把时间花在这个项目上。

15. Douglas W. Hubbard, *How to Measure Anything: Finding the Value of*

*Intangibles in Business*, John Wiley, NY, 2007.

16. "奇特的"指的是具有循环因果关系的环境，没有明显的入口或出口。请参阅 http://en.wikipedia.org/wiki/Wicked_problem。

17. 净现值（NPV）和 EVA 是对项目结果的现金流的度量。通常，现金流应该是正的，即投资少于收益。

# 附录 A

# 方法论

> 当你不知道自己在说什么的时候,精确是没有意义的。
>
> ——约翰·冯·诺依曼(John von Neumann)

附录 A 描述了四种敏捷方法 Scrum、XP、Crystal(Clear 和 Orange)和看板的实践细节,作为对第 1 章里概要介绍的补充。

## A.1 Scrum

> "Scrum 是一个管理复杂项目最令人困惑、看似矛盾其实正确的过程。"
>
> ——肯·施瓦伯(Ken Schwaber)

### A.1.1 Scrum 以管理为中心

Scrum 首先是一种管理机制,在如何组织工作、应用人才、与客户紧密合作及如何向所有相关方交付高质量结果等方面,Scrum 相对传统项目模式来说是一种思想上的转变。Scrum 是一个管理框架,它可以把许多不同的实践包含到一个项目过程中。在这四种方法中,Scrum 对管理概念的规定最多;它只建议最佳技术实践。

Scrum 也适用于软件以外的行业。事实上正如第 1 章所述，日本最早将 Scrum 的变体应用于工业项目。然而，在本书中 Scrum 是与敏捷宣言相一致的以软件为中心的方法论。

以下几点是 Scrum 的主要思想，其中许多思想也与在所有敏捷方法中是一样的：

- 可工作的软件是衡量成功与否的主要标准，是团队活动的主要焦点。
- 客户由产品负责人代表，产品负责人在团队中；其他用户和客户也是密切协作的，可以及时地提供评估和反馈。
- 产品应该随着客户的影响而增量地演进。
- 经验控制下的精益工作对于敏捷所需的速度和灵活性至关重要。
- 小型的、位于同一地点的、自组织的团队以最少的投入努力做最大的产出。
- 项目经理通过促进团队合作、扫清障碍和减少对团队生产力的阻碍来增加价值。

### A.1.2　最初的 Scrum

Scrum 最初并不是一个软件项目管理过程。实际上，Scrum 是与任何项目都相关的，适用于所有性质的项目。第 1 章介绍了竹内弘高和野中郁次郎早期在工业产品上所做的工作。他们将观察到的项目行为类比为橄榄球运动：在橄榄球联盟中，Scrum 是由八个具有不同职能的队友组成的一个团队，他们为了一个共同的使命相互协作以获得控球权并将球送入球门：

- 进球不是从一个队传给另一个队。
- 踢球和传球这样的练习并没有严格的顺序，Scrum 的战术是情景化的，而且变化很大。
- 领导权来自团队内部。虽然有教练提供了框架，但团队不是集中管理的。
- 游戏动态性从每个 Scrum 开始，允许对优势、劣势、机会和威胁进行近乎实时的评估。

表 A-1 总结了竹内弘高和野中郁次郎的思想，这些思想与敏捷项目思维是非常相关的。

表 A-1 竹内弘高和野中郁次郎的思想

| 特 征 | 说 明 |
|---|---|
| 内在的稳定性 | • 管理层设定了延伸目标和具有挑战性的需求，但在其他方面给予了团队很大的自由 |
| 自组织团队 | • 团队活力具有创业的属性，制定自己的准则并选举自己的领导者<br>• 用竹内弘高和野中郁次郎的话说，团队被驱动到"零信息"的状态，较少地依赖先前的知识，更多地依赖团队的集体智慧，客户的加入更增强了团队的集团智慧<br>• 当一个团队能够自主运作，从参与者那里获得知识，并设定自己的目标时，它就成功地实现了自组织。在某些情况下，自组织的目标可能超越管理层设定的目标 |
| 重叠的项目阶段 | • 项目阶段没有严格按照"完成到结束"的形式按顺序进行，没有严格按照"完成到结束"的形式阶段性地进入和退出，也没有严格要求成员之间交接工作的顺序<br>• 团队工作的开展就像橄榄球 Scrum 那样，阶段是允许和鼓励重叠的 |
| 多样式的学习 | • 学习的方式多种多样：成员之间的距离很近，可以从用户那里了解市场、客户和业务；跨职能的成员之间也可以相互学习 |
| 精细控制 | • 管理轻松，在管理可能导致混乱的模糊性、不确定性和障碍时允许自我控制<br>• 进行度量并报告度量结果，但度量的成本从属于向客户交付价值的目标<br>• 竹内弘高和野中郁次郎列出了七种具体的控制机制：选择合适的人；鼓励供应商模仿团队行为；容忍错误；奖励和激励绩效；鼓励倾听；创造一个开放的工作环境；管理活动从一个阶段到下一个阶段的节奏和速度 |
| 组织级别的学习传递 | • 鼓励将团队以外的知识传递到整个企业，以创造更多的企业知识库和永久性投资 |

继续以橄榄球运动做比喻，教练扮演 Scrum Master 的角色，球迷扮演产品负责人的角色。除此之外，还有一些思想与敏捷方法是一致的，而有些是 Scrum 特有的。

- 时间盒：游戏严格按照时间来管理，将整个游戏分为 1/4 或者 1/2，相当于冲刺（Sprint）。某些重复的活动有严格的时间盒限制，如超时。
- 里程碑：游戏本身是由最后的里程碑驱动的，实际上就是发布计划。
- 自适应性结果：尽管有一个要赢的目标和策略，也投入了大量的资源，但比赛的结果是不可预测的，尤其是比分。
- 比赛计划：比赛计划是团队使命的业务计划架构。除了计划，战术是及时的，由球队在球场上制定。

## A.1.3 当代的 Scrum 方法

Scrum 广为人知是因为它在软件行业的应用。在软件行业里 Scrum 最著名的领袖是肯·施瓦伯和杰夫·萨瑟兰，但是还有许多其他人做了早期的工作并继续为 Scrum 社区做出贡献。Scrum 的主要特性在表 A-2、表 A-3 和表 A-4 中给出。大多数 Scrum 实践对所有敏捷方法都是通用的。Scrum 方法是干净和简单的，反映了对轻触式集中管理的强调和对开发团队的高度信任。

图 A-1 说明了基本的 Scrum 冲刺。

表 A-2 Scrum 中人的因素

| 人的因素 | 说　明 |
| --- | --- |
| 团队 | • Scrum 项目的工作由 5~10 人、最多 15 人的小规模团队完成<br>• 团队是自组织的<br>• 团队是多学科的，不仅仅包括软件科学<br>• 团队完成迭代时不需要移交项目 |
| 产品负责人 | • 产品由产品负责人出资，产品负责人负责产品愿景和业务需求<br>• 产品是项目所有的商业结果 |
| Scrum 负责人 | • 团队由 Scrum Master 指导和帮助，Scrum Master 即 Scrum 项目经理<br>• Scrum Master 负责扫清障碍，打破所有的内部和外部壁垒，提供轻触式管理<br>• 当团队遇到无法解决的问题时，Scrum Master 要进行管理 |

表 A-3  Scrum 的实践

| 实　　践 | 说　　明 |
| --- | --- |
| 产品代办事项列表<br>冲刺待办事项列表 | • 待办事项列表是等待实现的、优先级加权的需求列表<br>• 产品待办事项列表里的需求被分配给冲刺,并成为冲刺代办项列表<br>• 每个冲刺结束后都要重新评估产品待办事项列表<br>• 未满足的需求在产品待办事项列表里重新排列优先级 |
| 用户故事 | • 在开发过程中,通过与开发人员面对面交谈,用户故事更加充实和详细<br>• 从这个意义上说,详细的需求正好是开发过程的及时输入<br>• 在冲刺过程中,需求被认为是固定的 |
| 冲刺 | • 冲刺是指在日历上的 30 天,在此期间团队在分配给冲刺的固定范围的需求上工作 |
| 时间盒 | • 时间盒是一种将特定活动限制在规定时间内的做法<br>• 时间盒内的范围是可变的 |
| 每日站会 | • 团队每天召集一次简短的站会,通常把时间限制在 15 分钟内<br>• 每位团队成员发言<br>• Scrum Master 主持<br>• 不邀请外部的相关方<br>• 不讨论解决方案<br>• 主要议题是每天的工作目标和任何阻挠成功的障碍 |
| 重构 | • 重构是一种设计和开发实践<br>• 重构意味着在不改变外部性能和属性的情况下,改变内部设计以提高质量并符合标准<br>• 重构是一种实践,它可以使项目快速、流畅、有节奏地进行 |

表 A-4　Scrum 方法

| 方法步骤 | 说　　明 |
|---|---|
| 0. 创建项目愿景 | 0. 项目立项是为了满足需求，执行商业战略以达到一个商业目标<br>• 目标包括产品愿景、将受益的用户和相关方社区、投资计划、里程碑和收益计划 |
| 1. 收集需求和用户故事到产品待办事项列表中 | 1. 无论项目产出是产品还是流程，需求都是以用户故事的形式收集起来，并由产品负责人进行优先级排序的<br>• 未分配的待办事项列表可能在项目过程中发生变化 |
| 2. 冲刺规划会议将待办事项列表映射到冲刺中 | 2. 通过一个或多个冲刺规划会议将客户和最终用户需求的待办事项列表映射到一个固定持续时间的冲刺<br>• 这些会议的作用是为团队加载特定冲刺的工作负载<br>• 冲刺团队中的产品负责人和包含在团队中的用户完全了解待办事项列表的分配<br>• 与以计划为中心的方法不同，对特定结果的预测是在冲刺级别而不是在项目级别<br>• 所有的结果符合商业计划书中描述的产品愿景 |
| 3. 执行冲刺开发 | 3. 将待办事项列表第一次分配给第一个开发冲刺是最重要的<br>• 随着冲刺里功能的交付和用户更加了解自己的需要及需求，待办事项列表和用户故事将被修改 |
| 4. 结束会议或者经验总结会议 | 4. 为了纠正进入下一个冲刺的错误，有必要在冲刺完成之前及时地反馈和回顾冲刺的执行情况 |
| 5. 发布产品 | 5. 冲刺的结果可能发布，也可能不发布<br>• 当进行待办事项列表的分配时，创建发布计划 |

Scrum 是一种以日常活动为中心的方法论，由 Scrum 负责人松散地管理，其中团队每 30 天执行一组用户故事的开发并将其投入生产

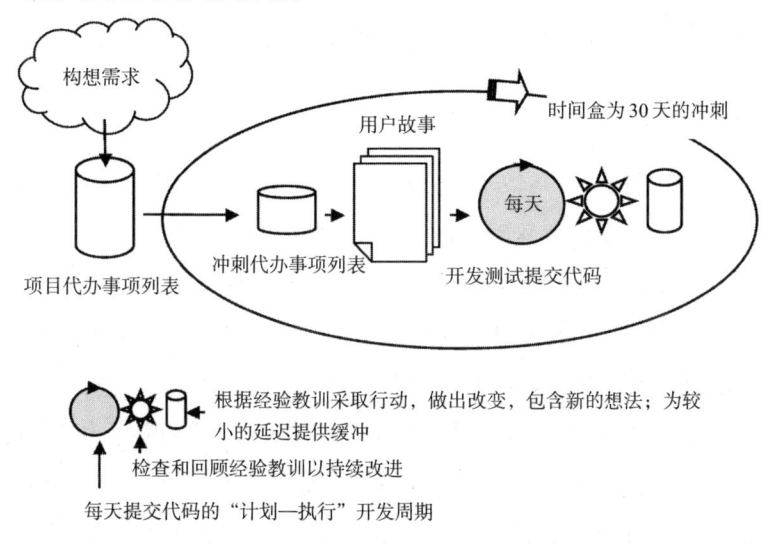

图 A-1　Scrum 方法

## A.2　极限编程（XP）

XP 是我试图在软件开发实践中调和人性和生产力并分享这种调和的尝试。

——肯特·贝克

### A.2.1　XP 强调规范

在应用这种方法时，那些在传统方法方面经验丰富的项目经理应该感到安慰，因为许多实践是熟悉的。然而，与传统方法相比有些方法也是极端的，例如测试驱动开发（Test Driven Development，TDD）。

重构（Refactoring）已经在 Scrum 的讨论中介绍过，肯特·贝克将其纳入增量设计中。当然，增量设计的形式已经存在了几十年，其形式多种多样，甚至在硬件开发方面也是如此。敏捷方法中的增量设计包括从增量到增量的演化，遵循

客户的优先顺序而不是预先的大设计。

结对编程是另一个极端的实践，它与 20 世纪 80 年代强调安静、专注、独立的工作空间的程序员生产率思想有些背道而驰。

### A.2.2 XP 的区别

XP 在支持的实践上与其他敏捷方法有点不同，它的方法有点"极端"，从测试的角度开始。这个概念被 XP 的支持者称为测试驱动开发，对于那些受过结构化分析教育的人来说，这听起来很奇怪。在结构化分析中，设计从完整的需求规格开始。但 TDD 以一个测试脚本开始，该脚本以测试的形式记录需求，并通过测试失败来验证产品基准中还不存在这种功能。

肯特·贝克无疑是 XP 方法最重要的贡献者，但他也得到了很多其他专家的帮助：马丁·福勒、沃德·坎宁安和罗恩·杰弗里斯都是克莱斯勒第一个 XP 应用项目的同事，此后一直是 XP 方法论的倡导者。首先，肯特·贝克的团队将该方法应用于企业项目，或多或少地制定了规则和实践。肯特·贝克在 1999 年出版的《极限编程解释——拥抱变化》一书中对 XP 做了很好的概述。[1] 在有了应用 XP 的五年经验之后，他在 2005 年该书第 2 版时对价值观、原则和实践做了修订。

### A.2.3 XP 的价值观和原则

表 A-5 中给出的五个价值观并不是规定 XP 方法如何开展的，而是为实践者建立了一个思想框架。所有的敏捷方法都非常强调参与者的个性和人性，肯特·贝克还强调了 XP 所要求的社交变化及人的因素在 XP 价值观中的重要性。[2]

表 A-5　XP 价值观

| 价值观 | 说　　明 |
| --- | --- |
| 沟通 | 沟通对建立团队意识很重要 |
| 简单 | 无意和不必要的复杂性是一种危险。简化以提高质量。然而，最简单的设计可能仍然很复杂 |
| 反馈 | 有关缺陷的信息用于改进过程 |

续表

| 价值观 | 说明 |
| --- | --- |
| 勇气 | 面对恐惧时采取有效的行动 |
| 尊重 | 关心项目,尊重项目中的每个人 |
| 其他 | 由团队和项目根据环境要求来选择 |

表 A-6 中列出的 14 条原则论述了团队可能遇到的许多环境和过程影响因素。[3] 原则为实践者提供了指导,他们可以根据情况灵活应用。

表 A-6 XP 的原则

| 原则 | 说明 |
| --- | --- |
| 人性化 | 提供安全感、成就感、归属感和亲密感 |
| 经济学 | 总要有人为这一切付钱 |
| 互惠互利 | 这是最重要的 XP 原则 |
| 自相似性 | 重用好的设计 |
| 改进 | 只要努力,一切都可以改进 |
| 多样化 | 团队需要多样的技能来降低风险 |
| 回顾 | 思考工作是怎么完成的及为什么这么做 |
| 流 | 维持一定的项目节奏,避免某段时间内没有行动和产出 |
| 机遇 | 将变化视为创新的动力 |
| 冗余 | 用多种方法解决问题以避免灾难 |
| 失败 | 如果你在成功上有困难,那就失败;失败传授知识和经验 |
| 质量 | 质量不是一个控制变量 |
| 婴儿步 | 把复杂的事情分解成可管理的部分 |
| 接受责任 | 不能指定责任,而是承担责任 |

最后,XP 是一种方法论。实践嵌入过程中,该过程会频繁地发布产品。每个版本都由许多有时间限制的迭代组成,迭代的范围和目的与 Scrum 方法中的冲刺相似,每个迭代都完成一些需求。XP 中的需求是开发团队在发布规划期间所做的倾听和访谈中收集的。需求首先被记录为更高层次的场景,然后被分解为用

户故事，然后被转换为测试脚本。测试脚本是迭代中的初始设计步骤，这对熟悉传统方法的人来说有点困惑。另一个令人感到不习惯的观点是，在 XP 最纯粹的形式中（至少在小规模项目上是这样的），对于一个跨越多个发布的系统设计没有方法上的要求。然而，在本书中我们用架构来设计所有项目的框架。

如表 A-7 和表 A-8 所示，共有 24 个实践，分为 13 个主要实践和 11 个次要实践。[4]

表 A-7　XP 的主要实践

| 实　　践 | 说　　明 |
| --- | --- |
| 坐在一起 | 团队所有人坐在一起工作 |
| 完整团队 | 团队具备所有必要的技术和业务技能 |
| 信息工作空间 | 用可视化的方式持续沟通 |
| 充满活力地工作 | 不要工作到筋疲力尽，保持可持续的节奏 |
| 结对编程 | 两人坐在一起，一起进行编码 |
| 故事 | 用故事进行计划，故事是客户功能的单元 |
| 周循环 | 详细地做每周计划 |
| 季度循环 | 按季度提前做计划 |
| 松弛 | 在进度计划中设置缓冲 |
| 10 分钟构建 | 设计时间短的、大量的构建 |
| 持续集成 | 严格维护产品基础，使每个人都在使用最新的设计 |
| 测试优先编程 | 测试驱动的设计 |
| 增量设计 | 每天设计一点系统 |

表 A-8　XP 的次要实践

| 实　　践 | 说　　明 |
| --- | --- |
| 真实客户参与 | 客户应致力于团队参与 |
| 增量部署 | 根据客户吸收变化的能力来管理产品发布的节奏，同时可能需要遗留系统操作 |
| 团队连续性 | 团队只要是有效的，就保持在一起 |
| 收缩团队 | 随着生产力的提高，团队会缩小以便保持速度不变 |

续表

| 实　　践 | 说　　明 |
|---|---|
| 根本原因分析 | 总是找出问题的根因，使用大野耐一的"五个为什么"方法来深入研究 |
| 共享代码 | 任何人都可以修改任何代码以改进系统 |
| 代码和测试 | 代码、测试脚本和测试条件是项目的永久构件；代码和测试脚本有助于缩小虚拟团队中不同开发人员之间的差距 |
| 单一代码库 | 设计的完整性通过保存一份黄金副本来维护；测试和开发副本是临时的权宜之计 |
| 每日部署 | 每天集成新的设计；如果客户能快速消化变化，则每天将新的设计发布到生产 |
| 协商范围的合同 | 工作订单以短序列来签订合同，以便参数在短周期内是稳定的 |
| 按用付费 | 收益流是货币化的系统使用 |

### A.2.4 XP 的过程

XP 中有两个压倒一切的过程思想：通过高度规范的实践和简单化设计来提升效率；根据客户对重要性和紧迫性的优先级增量地构建产品，交付客户价值。第一个开发周期从设计最简单的、可能成功编码的对象开始。此后，再对更复杂的对象进行编码。

| | |
|---|---|
| 项目管理提示 | 架构和 XP<br>● 将 XP 应用到更大规模项目中的经验丰富的项目经理和系统工程师通常会创建架构，并确定有关特性、功能和性能的关键成功因素。 |

表 A-9 总结了 XP 的过程。注意，在过程步骤方面，它与图 A-1 中的 Scrum 非常相似。

表 A-9　XP 的过程

| 过程步骤 | 说　明 |
|---|---|
| 0. 创建产品愿景 | 0. 项目立项是为了满足需求，执行商业战略以达到商业目标<br>• 目标包括产品愿景、将受益的用户和相关方社区、投资计划、里程碑和受益计划 |
| 1. 收集和评估需求 | 1. 项目结果无论是产品还是过程，需求都是以"用户故事"的形式进行收集，并由产品负责人进行优先级排序的<br>• 未分配的待办事项将在项目过程中发生变化 |
| 2. 发布计划会议 | 2. 一个或多个发布计划会议将客户和最终用户的需求待办事项列表映射到固定持续时间的发布中 |
| 3. 开发迭代 | 3. 第一次将待办事项列表分配到第一个开发迭代是最重要的<br>• 随着迭代交付了功能和用户更加了解他们需要和想要什么，预计待办事项列表和用户故事将被修改 |
| 4. 刺探和迭代 | 4. 为提升质量而进行重构，纠正严重的错误 |
| 5. 结束会议或者经验总结会议 | 5. 为了纠正进入下一个迭代的错误，必须在迭代完成之前对迭代执行进行及时的反馈和回顾 |
| 6. 发布 | 6. 迭代的结果可能发布，也可能不发布<br>• 当进行待办事项列表的分配时，创建发布计划 |

# A.3　Crystal

　　计算机必须支持人们自然舒适的工作方式……我关心团队是否茁壮成长、软件是否能被交付。让员工接受培训和使用轻量级的流程是上述两者的关键。

——阿利斯泰尔·科伯恩

## A.3.1　Crystal 方法是以人为本的

　　Crystal 方法是以人为本的。它的中心思想是，人驱动方法并对结果负责，而不是对文档和度量那样的管理工件负责。因此，Crystal 提倡最小化文档和其他开销，依赖和最大化人的交互。与 XP 形成鲜明对比的是，Crystal 假设人们不会严格地遵守一组规则，它可以容忍各种不同的行为。事实上，它认为人们的行为有时是不理智、不可预测的，并且不能保持不变的生产力。换言之，人不是完全线性的。因此，规划必须考虑到这一点。每个团队都有权制定自己的行为和责任的最低标准。

## A.3.2　Crystal 的开始

阿利斯泰尔·科伯恩在 2001 年参加犹他州 17 人联盟会议之前就开始宣传他的观点。从一开始，他就提倡小型、高度互动的团队，但很快就意识到不是一种规模就能适用于所有的项目。他认为 Crystal 是一组方法，这些方法可以由团队规模、项目复杂性和实践细节区分开。为了简单起见，他将每种方法用不同的颜色来标记，这些颜色从透明色（Clear）开始。关于 Crystal 方法的主要著作是出版于 2005 年的 *Crystal Clear: A Human-powered Methodology*。[5]

Crystal Clear 适用于 6~9 人团队规模的最简单的项目。最理想的情况是团队所有人都积极、面对面工作及进行大量的互动。阿利斯泰尔·科伯恩认为：人容易犯错，不善于重复做高度规范的工作，而且通常无法满足一次又一次相同质量的要求。坦率地说，如果 Crystal 与 XP 有争论，那就是在这一点上：作为一种方法，虽然 XP 不需要太多文档，但它对规范和遵守规则的要求太高了。

科伯恩博士认为，从一个人到另一个人，对绩效的预期应该有一些差异，甚至是不可预测的。他将这称为人类行为的非线性属性。[6] 他反对计划驱动的项目开发生命周期（PD-PDLC）的计划前提假设：就像把组件插入插槽那样，人也是可以基于角色替换的，只要满足角色规范的要求，他们就能够按照计划模型日复一日地执行任务。他认为，根据角色模型的表现来预测结果的计划，最终必然会很糟糕。

> **非线性行为**
>
> 非线性行为简单地说是指一个过程或活动的输出与输入不成比例关系，甚至在输入的方向不变的情况下，输出的方向也可能发生变化。
>
> 线性行为与非线性行为正好相反。线性系统遵循输出按比例和方向跟随输入的规则；在输入是零时，输出可能为零或其他偏差值。

### A.3.3 Crystal 知识体系

与我们将要讨论的其他敏捷方法一样，Crystal 也有自己的知识体系。顶层有七条原则。尽管这些原则是 Crystal 方法的，但它们适用于所有敏捷方法；如果从增值的角度来看，它们也适用于所有的项目方法。大多数原则都源于先前的质量运动，但是 Crystal 方法做了更好的分组并且更容易被内化。其主要观点如表 A-10 所示。[7]

表 A-10 Crystal 原则

| 原则 | 说明 |
| --- | --- |
| 频繁的交付 | 只要客户能接受，就使产品尽可能频繁地投入生产 |
| 渗透式沟通 | 通过语言、手势和多种方法的结合进行交流；倾听周围发生的事情 |
| 回顾改进 | 总是回顾过去以寻求改进 |
| 个人安全 | 对事不对人，只攻击问题而不攻击个人 |
| 专注 | 在处理问题时不要并行工作、多路复用 |
| 容易接触到主题专家 | 能够快速、轻松地找到主题专家 |
| 技术环境 | 使技术环境有效支持项目目标 |

Crystal 方法的实施策略如表 A-11 所示。[8]

表 A-11 Crystal 方法的实施策略

| 实施策略 | 说明 |
| --- | --- |
| 360 度探索 | 从多个角度看待构想的需求 |
| 早期的胜利 | 做一些简单的事情投入生产，并加强"可以做"的态度 |

续表

| 实施策略 | 说明 |
| --- | --- |
| 行走的骨架 | 构建一个可以工作的端到端功能,并可以用于增量地构建更多的功能;让客户可以提前看到产品 |
| 增量式的重新架构 | 做好在每次发布后重新检查架构的准备 |
| 信息发射源 | 信息发射源是指仪表盘、白板、时事通信和其他媒体传播;原则是开放的团队沟通,使信息易于查找和使用并且易于维护 |

Crystal 包含许多日常技术,其中许多是从其他方法借鉴而来的。由团队根据实际情况自行决定是否应用它们。阿利斯泰尔·科伯恩指出,如果有人有一个好主意,那就付诸实施。这就是表 A-12 中第一项技术,即方法塑造。

表 A-11 和表 A-12 所列的实施策略和方法可以用于过程之中。表 A-13 给出了 Crystal Clear 的过程步骤。

表 A-12 Crystal 的方法

| 方法 | 说明 |
| --- | --- |
| 方法塑造 | 为每个项目的独特方面制定项目方法 |
| 回顾研讨会 | 利用回顾研讨会彻底检查经验教训 |
| 闪电战计划 | 快速射击、即时计划、使用计划游戏或其他快速手段进行计划;请参阅第 7 章中的规划扑克的详细信息 |
| 德尔菲方法 | 采用来自许多独立专家的估算;请参阅第 7 章中的德尔菲方法的详细信息 |
| 每日站会 | 与 Scrum 中的会议类似,用来听团队成员每天计划的时间盒限制的会议 |
| 基本的交互设计 | 与用户、客户和发起人分享设计经验 |
| 过程缩微 | 使用缩小的过程来运行团队过程的基准,以便快速返回基准数字 |
| 燃烧图 | 跟踪已计划、已开始和完成的对象的控制图,本章末尾的图 A-2 是燃烧图的一个示例 |
| 并排编程 | 参见 XP 中的结对编程 |

表 A-13 Crystal Clear 的过程

| 过程步骤 | 说　　明 |
| --- | --- |
| 项目 | • 项目有三个主要的构件：章程、交付物（一个或多个）、总结收尾 |
| 交付 | • 交付由一个或多个迭代、实际的上线事件（实际上是最终有一个事件或里程碑的过程）和回顾时间组成 |
| 迭代 | • 迭代是由计划活动开始的，然后是日常活动：每日站会、设计活动、编码和单元测试、集成到代码库、回顾和庆祝 |
| 情节 | • 设计情节是实际的设计活动<br>• 根据计划分配给迭代的待办事项列表需求，通过 UML 用例和 CRC 卡等工具进行设计<br>• 允许对实际设计进行重构，以便通过基于 CRC 数据和用例对轮廓进行编码来快速启动对象 |

## A.4　看板

> 一种……过程管理系统，它告诉生产什么、何时生产及生产多少。
> ——维基百科[9]

看板在软件开发中与敏捷方法组合在一起使用，它是一种工作流实践，并不是一种完整的方法。

### A.4.1　过程中主导权和忠诚的转移

看板[10]一词取自日本的生产管理过程，在这一过程中有一系列连续的步骤，每一步都需要原材料或半成品（也就是库存）来完成特定任务。对所有看板系统来说，最重要的是完成特定任务或特定过程步骤所需的库存在最低水平。有足够的库存可供使用或及时提供，这样多余的库存就不会储存在工作站中。

熟悉约束理论（Theory of Constraints，TOC）[11]的读者将立即认识到该理论对看板过程的影响。TOC 告诉我们，当恰恰足够的库存通过整个系统时就会出现最佳生产，这样最小吞吐量的最紧约束就会以最大容量运行。在约束之前堆积库存是不必要的，也不是精益的。

然而，看板的重点并不是管理库存本身，而是根据需要对库存提出需求，通过过程步骤拉动结果以满足客户需要。因此，看板和所有敏捷方法一样，将管理主导权从对资源消耗的预测转变到结果。随着主导权从投入到产出的转变，忠诚也从预测转变为客户需求。

### A.4.2 工作流元素

大多数工作流系统都有共同的元素，敏捷看板也不例外：
- 有序步骤的规定过程。
- 管理、控制或约束进入过程流的新工作的方法。
- 安排新工作的顺序或优先级的方法。
- 从一个步骤移动到另一个步骤的标准。
- 在步骤之间移动或在步骤中提供的库存。

### A.4.3 敏捷看板元素

看板是一个有效的小型团队工作流程工具，因为它有助于可视化和与在制品的直接交互。一般来说，敏捷看板是这样设置的：
- 如本书正文所述，有一个待办事项列表。
- 有一个或多个预先定义的过程以某种顺序应用于待办事项列表，每个过程都有一些步骤。
- 待办事项列表中的一项在某个步骤进入一个过程，它被处理，然后它进入过程的下一个步骤。这就是在制品。
- 对每一个在制品的剩余工作量进行估算；该估算驱动着一个燃尽图。燃尽图的管理如本书正文所述。
- 控制系统将在制品调整到特定的个数限制，这样整个系统就不会被压垮。

通过看板可以实现在制品情况的可视化。实际上，看板看起来很像传统方法的流水线板。故事、需求或工作项都写在卡片、符号、便签或其他工件上。每个在制品的每个步骤都会在板上放置卡片。当一步结束时，卡片会一步一步地移动。

- 最初，所有卡片都在待办事项列表中，没有一张是在制品。
- 最后，所有的卡片都完成了，没有一张在在制品列表中。
- 在这期间，有些卡片在待办事项列表中，有些在在制品列表中，有些已经完成。

### A.4.4 没有时间盒限制

熟悉流水线系统的人认识到，维护平滑的工作流是主要目标。任何阻碍工作流的因素都会导致库存在障碍物之前的积压。我们在所有的流水线系统中都能看到这一点，包括液压系统、汽车交通和电磁传播。这些障碍物通常会引起入射能量或库存的反射；这些反射通常会对流水线产生干扰、破坏或导致错误的新库存。再次，我们将其视为液压系统中的波浪、滚动的交通堵塞、电磁系统中的驻波或多路径干扰。

基于这些原因，敏捷看板没有时间盒限制，平滑的工作流是最重要的。在待办事项列表中的工作完成之前，需要仔细管理在制品的限制。平滑的工作流是精益的，因为约束所反映的不可用的能量是不消耗的；一个平滑的工作流是无差错的，减少了返工，提高了精益生产。平滑的工作流是可预测的，或者比混沌的反射流更可预测。尽管如此，一切可能并不像预期中那么顺利。小任务可以放在一边，重构可以推迟，或者一些待办事项列表的工作可以推迟。所有这些我们称为债务。由于债务是在待办事项列表中收集的，所以它也成为潜在的在制品。

### A.4.5 管理发布

一般通过管理待办事项列表来管理发布，待办事项列表一旦完成就成为发布包。正如时间盒方法一样，随着待办事项列表的逐步完成，它也会根据客户需求、企业策略和协议进行集成和测试，看板也会成为发布过程的驱动因素。

在时间盒方法中，空迭代可以在计划中用作缓冲区来保护发布日期，缓冲区可以吸收不可预见的不测事件，而看板系统中没有自然缓冲区。因此，项目经理可以用关键链[12]的方式进行一些计划缓冲以确保发布里程碑。

## A.5 小结

附录 A 中描述的四种方法都是在实践中被证实非常有效的敏捷方法。Scrum 也许是最容易应用的；XP 是最严格的，应该是最可预测的；Crystal 认为人是容易犯错的，方法必须根据具体情况而定；看板是从生产管理中汲取最佳原则，并将其应用到开发过程中。

每种方法都得到了广泛的支持，包括热情的粉丝、业内思想领袖及撰写过大量文章和博客的人。在本书中，你可以看到很多关于其他材料的参考文献，这些参考文献可以充实许多观点。

## A.6 附录 A 的注释

1. Beck, K. with Andres, C., *Extreme Programming Explained*, Addison-Wesley, Boston, 1999.

2. Beck, K. with Andres, C. (2005), op. cit. Chapter 4.

3. Beck, K. with Andres, C. (2005), op. cit. Chapter 5.

4. Beck, K. with Andres, C. (2005), op. cit. Chapters 7 and 9.

5. Cockburn, A., *Crystal Clear: A Human-powered Methodology for Small Teams*, Addison-Wesley, Boston, 2005.

6. Cockburn, A., *Characterizing People as First Order Nonlinear Components*, 1999.

7. Cockburn, A., *Crystal Clear: A Human-powered Methodology for Small Teams*, Addison-Wesley, Boston, 2005, 19-39.

8. Cockburn, A. (2005) op. cit., 46-55.

9. 见：http://en.wikipedia.org/wiki/Kanban_(development).

10. 看板大致可以翻译成你能看到的广告牌或招牌，但它已经成为卡片的意思，甚至一种信号，即当库存降到最低水平并暴露看板卡片时，这种暴露就是供应商刷新库存的信号。因此，库存不是按工作站级别的预测进行管理，而是根据实际需要提供给工作站的。

11. Goldratt, E., *The Goal: A Process of Ongoing Improvement*, North River Press, 1992.

12. Goldratt, E., *The Critical Chain: A Business Novel*, North River Press, 1997.

燃烧图（见图 A-2），无论是燃尽图还是燃起图，都显示了开发要发布的对象的计划与挣值进度。

运作计划的工作量与燃尽本周对象所需的工作量之间的差异就是未完成的工作量。

当红—绿—重构处于重构状态时，对象被认为是完成了。

| 对象 | 分配给 | 复杂性 | 基准工作量 | 迭代周 | 运作计划的工作量 | 燃尽的工作量 | 未完成的工作量 | 计划的红—绿—重构 | 实际的红—绿—重构 | 红—绿—重构的偏差 |
|---|---|---|---|---|---|---|---|---|---|---|
| 1 | AB | 10 | 40 | 1 | 45 | 40 | 5 | 绿 | 绿 | 否 |
| 2 | BC | 25 | 100 | 1 | 100 | 100 | 0 | 红 | 红 | 否 |
| 3 | RF | 25 | 100 | 1 | 100 | 100 | 0 | 红 | 红 | 否 |
| 4 | JG | 5 | 20 | 1 | 25 | 25 | 0 | 重构 | 重构 | 否 |
| 5 | RH | 10 | 40 | 1 | 45 | 40 | 5 | 绿 | 绿 | 否 |
| 1 | AB | 10 | 40 | 2 | 40 | | 40 | 重构 | | |
| 2 | BC | 25 | 100 | 2 | 100 | | 100 | 红 | | |
| 3 | RF | 25 | 100 | 2 | 100 | | 100 | 红 | | |
| 6 | JG | 5 | 20 | 2 | 20 | | 20 | 重构 | | |
| 5 | RH | 10 | 40 | 2 | 40 | | 40 | 绿 | | |
| 7 | AB | 10 | 40 | 3 | 40 | | 40 | 绿 | | |
| 2 | BC | 25 | 100 | 3 | 100 | | 100 | 红 | | |
| 3 | RF | 25 | 100 | 3 | 100 | | 100 | 红 | | |
| 8 | JG | 5 | 20 | 3 | 20 | | 20 | 重构 | | |
| 9 | RH | 10 | 40 | 3 | 40 | | 40 | 绿 | | |
| 7 | AB | 10 | 40 | 4 | 40 | | 40 | 重构 | | |
| 2 | BC | 25 | 100 | 4 | 100 | | 100 | 重构 | | |
| 3 | RF | 25 | 100 | 4 | 100 | | 100 | 重构 | | |
| 10 | JG | 5 | 20 | 4 | 20 | | 20 | 重构 | | |
| 9 | RH | 10 | 40 | 4 | 40 | | 40 | 重构 | | |
| | | | 1200 | | 1215 | 305 | 910 | | | |

图 A-2　燃烧图

# 附录 B

# 术语表

下面的术语表定义了本书中使用的术语。

| 术 语 | 定 义 |
|---|---|
| 自适应 | 对环境做出响应,然后能够改变行为或结果;适应环境需要有反馈。自适应的情况通常是涌现式的 |
| 敏捷方法与实践 | 敏捷方法更多的是情景驱动,较少的集中管理,更多的是自我管理,强调对客户需求的近乎持续的响应。即使结果在一开始并不能预测,也不是按照计划进行的,但重点依旧是结果的质量。例子,XP(极限编程) |
| 闪电战计划 | 通过游戏或其他快速的方法来进行快速、及时的规划 |
| 燃烧图 | 燃烧图是关于已经做了什么和还需要做什么的图表。燃烧指的是工作量,燃烧通常与完成相关。燃起或燃尽指待办事项列表中工作数量的起伏,代表工作完成或剩余多少 |
| 企业 | 主持项目的组织或企业,可能是一个政府单位、非营利组织,或者是一个较大企业中的一个业务部门。组织、企业和业务可以互换使用 |
| 日历 | 一种确定固定时间单位的开始、结束和持续时间,并与年、周或月有关系的系统 |
| 混乱 | 描述系统对刺激做出敏感性反应的概念。对相对较小的刺激具有大的、不可预测的反应的系统是混乱的或接近混乱的 |

续表

| 术语 | 定义 |
|---|---|
| 费率 | 费率是每个单位时间个人或实体对付款组织收取的费用。费率可以是基本工资，可以是由福利因素提高的工资，也可以是包括福利和间接费用提高的费率。在一些组织中，特别是在签订合同的情况下，费率可能是标准成本。标准成本是按劳动力或工作类别划分的固定费率，与个人薪酬无关；在某些情况下，标准成本大于实际薪酬，而其他情况相反。其他也可能使用实际薪酬的滚动平均值作为费率。标准成本有时被计算为滚动平均值 |
| CMM | CMM 是卡内基梅隆大学开发的能力成熟度模型。它将软件和系统工程与产品集成在一组推荐的实践中，这些实践以一种方法学的粗粒度的框架来表示。CMM 是卡内基梅隆大学的服务标志 |
| COCOMO | COCOMO 是构造性成本模型的首字母缩略词，它强调了该模型对项目构造阶段的关注。COCOMO II 是由巴里·勃姆博士和他的同事在 1981 年开发的 COCOMO 81 的演进模型 |
| 复杂性 | 复杂性的本质是描述有多少方式进行系统交互，一个系统可以有多少独特的状态，以及一个刺激引起多少反应 |
| 围堵 | 试图防止缺陷从代码库蔓延的概念 |
| 承包商 | 提供商、供应商或者承包商均可互换使用，以表示执行受合同约束的工作的实体。项目是与承包商签订合同的实体 |
| 价值成本 | 预算的代名词；与计划价值（PV）同义 |
| CRC 卡 | 在 CRC 建模中，类—职责—协作者是一个对象的模型，它指定一个类名（如订单）、一个或多个职责（如知道）和协作者（如库存） |
| 关键路径 | 关键路径是网络中的最长连接路径 |
| 客户 | 作为项目主要受益的人和组织，终端用户（或者用户）是有详细领域知识的客户。客户可能是组织外部的，也可能是组织内部的 |
| 债务 | 从迭代或发布中遗留下来的工作单元，通常范围很小。债务在项目待办事项列表中按优先级排序，并填充到需要完成的待办事项列表中<br><br>债务可以是技术性的，如在测试没有完成，也可以是功能性的，如在功能或特性中没有完成 |

续表

| 术　语 | 定　义 |
|---|---|
| 定义的过程控制 | 定义的过程控制是一个来自制造业的概念，在第二次世界大战后由戴明等人的工作大力推动。它假定了成品中可接受的可定义的误差限度、测量方法和校正方法 |
| DoD | 美国国防部 |
| EIA | 电子行业协会 |
| 涌现的 | 系统的一种特性，简单规则和部件的相互作用产生非常复杂的系统和响应，即输出。涌现的系统输出基于代理和代理流程，它们以看似不可预知的方式交互，适应环境，但受治理规定的规则限制 |
| 熵 | 对于软件系统而言，不可用的容量或能力的度量 |
| 史诗 | 顶级商业描述或主题，所有用例和用户故事都是根据它来开发的 |
| 情节 | 迭代中的实际设计活动。情节是一个 Crystal 方法术语 |
| 完成到开始 | 完成到开始是紧前关系图中的一种进度紧前关系。它意味着任务的结束活动必须完成，后续任务的开始活动才可以开始 |
| 甘特图 | 甘特图是以分开的条形表示活动的条形图。条形的长度是该活动的计划持续时间。项目的整体时间线可以通过将不重叠的条形段相加来计算。条形之间的依赖关系通常不显示 |
| IEC | 国际电工委员会 |
| IEEE | 电气和电子工程师学会 |
| 信息发射源 | 发射源是仪表盘、白板、时事通信和其他的用于显示和分发信息的媒介 |
| 投资 | 企业为资助一个项目而投入的资金。投资是项目资产负债表中商业方面的资金；资金需求是与投资相对应的项目估算。投资和需求可能并不相等 |
| ISO | 国际标准化组织 |
| JAD | 联合应用设计，用户和开发人员坐在一起进行设计会议的实践。JAD 会议可以是敏捷迭代的一部分 |

续表

| 术　语 | 定　义 |
|---|---|
| 知识领域 | 一组关于如何完成任务或活动的知识，它们之间有共同的联系。例如，风险管理 |
| 方法或实践 | 在知识领域内进行特定活动的方法。一般来说，有一些输入驱动着可操作的步骤，从而产生结果。例如，对进度结果的蒙特卡洛模拟 |
| 方法论 | 相互连接以产生一定结果的活动，每个活动都有具体方法或实践。实际上，方法论就是一个项目的生命周期（如 PDLC 理论）。例如，Crystal Clear |
| $N^2$ | $N$ 个个体之间的沟通路径数，由公式 $N\times(N-1)$ 给出，当 $N$ 较大时，该公式可约等于 $N^2$ |
| 非传统的方法 | 参见敏捷方法 |
| 运作模型 | 运作模型是项目组织图的同义词。运作模型还代表项目操作中个人的角色、职责和关系，包括非全职的或管理上指派的人员 |
| 渗透式沟通 | 渗透式沟通指的是通过渗透作用进行的沟通：在你的附近吸收信息，无论这些信息是直接还是间接提供给你的 |
| 流水线 | 流水线是描述使用计分卡指标来获取流水型数据的术语 |
| 项目管理协会 | PMI，一个为项目经理服务的专业协会 |
| 实践标准 | 一种达成一致的实践方法，其中协议由一个标准团体（组织）管理，该团体在标准社区中有资格证书。例如，ISO/IEC 12207 软件工程实践标准 |
| 过程 | 与方法论类似，过程是相互连接以产生一定结果的活动，但是具体方法可能没有指定。例如，项目启动过程 |
| 过程缩微 | 团队过程的基准，带有用于快速周转基准数字的缩小的过程 |
| 产品 | 对客户有用的项目的预期结果或交付物，并符合客户的质量理念：特性、功能、应用效率、使用效率、环境兼容性、经济可行性和可支持的整个使用寿命。产品可能是有形的，也可能是无形的，它可能是面向内部或外部客户的过程、系统、应用程序或产品 |

续表

| 术　语 | 定　义 |
|---|---|
| 产品基础 | 当前正在生产的产品基于"黄金备份"。"黄金备份"是与所有其他备份进行比较的标准。每次发布时,都会向产品基础添加新产品的增量 |
| 提供者 | 参见承包商 |
| PSP | 个人软件过程,是卡内基梅隆大学的服务标志 |
| 拉 | 一个精益方法的概念,将来自客户社区的外部想法引入设计,而不是依靠开发人员的心血来潮来推出新想法 |
| RAD | 快速应用设计,快速响应设计和编码的原型方法 |
| RAM | 资源分配矩阵,运营模型和工作分解的矩阵表示 |
| RUP | 统一软件开发过程,来自 IBM/Rational 的一组实践 |
| 自组织 | 当一个团队能够自主运作,从参与者那里获得知识,并设定自己的目标时,它就成功地实现了自组织。在某些情况下,自组织的目标可能超越管理的目标 |
| 六西格玛 | 六西格玛是一个质量管理过程。在此过程中,将遵循一个问题分析协议,在 100 万个机会中允许大约 3.4 个缺陷以实施错误控制。感知错误并反馈纠正信息,使过程在六西格玛范围内 |
| SOA | 面向服务的体系架构 |
| 相关方 | 主要是供应链中的业务单位或个人,或者为项目提供一些资源,但对项目的成功没有特定的承诺的个体。换句话说,参与但不承诺 |
| 故事点 | 将一个故事点作为开发一个产品单元的工作量,并将其相对复杂性降到最低;实际上,一个故事点产生一个结果单元 |
| 供应商 | 参见承包商 |
| 团队 | 团队是一种社会结构,在这种结构中,所有成员都以个人工作和相互协作的方式来实现一个共同的目标,而这个目标只有通过全体成员的共同努力才能实现 |
| 时间线 | 时间线是以时间为单位度量的,但没有对日历的引用。当时间线被附加到日历上时,它就变成了日程表 |

续表

| 术　语 | 定　义 |
|---|---|
| 时间盒 | 时间盒是一组多职能活动的规定时间长度。范围被修改以适应时间盒，而不是相反。每天的站立会议都有一个时间盒。每个开发迭代和规划波都是时间盒的 |
| TPM | 技术绩效度量，这是对技术成果的定期度量，将成果与基准进行比较，然后采取行动来减少差异 |
| 传统方法 | 从一开始就计划好的方法，并根据计划进行集中管理以产生结果。重点是根据计划的说明（我们在其他地方已经描述过的 PD-PDLC）来预测结果。例如，瀑布 |
| TSP | 团队软件过程，这是卡内基梅隆大学的服务标志 |
| UML | 统一建模语言，一种用于指定角色和系统交互的文本和图表语言 |
| 不确定性 | 不确定性是不知道危险事件带来的风险或暂时无法缓解的风险 |
| 统一建模语言 | 参见 UML |
| 用例 | UML 中的文本或图表规范，它指定了参与者和系统的特定操作场景 |
| 用户 | 参见客户 |
| 速度 | 通常应用于所有敏捷方法，Velocity 是一个 XP 术语，它是对吞吐量（实际发布到生产的对象）的度量 |
| 行走的骨架 | 构建一个微小的、端到端的功能，该功能可以工作，并可用于增量地构建更多的功能；尽早让客户看一下 |
| 瀑布 | 这是传统方法的另一个名称，尽管容易引起误解，因为大多数传统方法都有步骤间的反馈。瀑布是一个顺序的项目计划的名字，它大致是从收集需求，到设计解决方案，到开发和测试，然后交付结果。它的名字来自图表中步骤系列层叠的样子。为了改进瀑布式顺序，在 20 世纪 70 年代添加了回到先前步骤的迭代 |
| WBS | 工作分解结构，描述项目可交付成果如何关联和组织的方法 |
| 奇特的 | 一种问题的描述方式，通过解决方案来描述问题。一般来讲，问题具有很多相互竞争和循环的依赖，使得前期无法进行问题陈述 |